Réussir le CAPES d'Histoire-Géographie

1

Réussir le CAPES d'Histoire-Géographie

Ouvrage coordonné par Marc Belissa et Marc Deleplace

Vincent Challet
Dominique Chevalier
Marie-Jeanne Ouriachi
Loïc Rivault
Nicolas Rouget

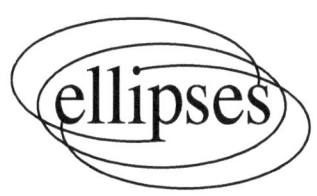

ISBN 9782340-005136
©Ellipses Édition Marketing S.A., 2015
32, rue Bargue 75740 Paris cedex 15

Le Code de la propriété intellectuelle n'autorisant, aux termes de l'article L. 122-5.2° et 3°a), d'une part, que les « copies ou reproductions strictement réservées à l'usage privé du copiste et non destinées à une utilisation collective », et d'autre part, que les analyses et les courtes citations dans un but d'exemple et d'illustration, « toute représentation ou reproduction intégrale ou partielle faite sans le consentement de l'auteur ou de ses ayants droit ou ayants cause est illicite » (art. L. 122-4).
Cette représentation ou reproduction, par quelque procédé que ce soit constituerait une contrefaçon sanctionnée par les articles L. 335-2 et suivants du Code de la propriété intellectuelle.

www.editions-ellipses.fr

Les auteurs

Marc Belissa est agrégé, maître de conférences HDR en histoire moderne, Université Paris Ouest Nanterre : chap. 3, 4, 5, 14.

Vincent Challet est agrégé, maître de conférences en histoire médiévale, Université de Montpellier : chap. 13.

Dominique Chevalier est maîtresse de conférence HDR en géographie, Université Lyon I/ESPE : chap.12, 21.

Marc Deleplace est ancien vice-président du jury du CAPES, maître de conférences en histoire contemporaine, Université Paris Sorbonne : chap. 1, 2, 5, 9, 11, 16, 17.

Marie-Jeanne Ouriachi est agrégée, maîtresse de conférences en histoire ancienne, Université de Nice : chap. 15.

Loïc Rivault est agrégé, PRAG en géographie, Université Rennes II : chap. 8, 10, 18, 20.

Nicolas Rouget est agrégé, maître de conférences en géographie, Université de Valenciennes : chap. 6, 7, 8, 19.

Tous les auteurs sont engagés dans la préparation des concours dans leurs universités respectives et ont été membres du jury du CAPES.

Introduction

1. Les épreuves

Le concours du CAPES/CAFEP externe d'histoire et de géographie a connu lors de la session 2014 une redéfinition significative des épreuves qui le composent. Cette redéfinition s'inscrit principalement dans la logique d'une professionnalisation du concours. Comprendre ces nouvelles épreuves et s'y préparer avec les meilleurs chances de réussite suppose de bien mesurer cette évolution, qui participe d'une redéfinition plus générale des cadres de la formation des enseignants au sein des universités et des Écoles supérieures du professorat et de l'éducation (ESPE) installées à la rentrée scolaire 2014.

Placé à l'articulation du M1 et du M2, le concours joue en effet un double rôle. D'une part, il est, selon un principe plus général qui s'applique à l'ensemble de la fonction publique d'État, un moyen de recrutement des enseignants. D'autre part, il s'intègre dans le processus de formation des enseignants. Avoir conscience de cette double réalité permet de comprendre que l'enjeu du concours n'est pas seulement ponctuel (bien que cet aspect soit décisif puisqu'il conditionne l'entrée dans le métier d'enseignant dans les meilleures conditions), mais qu'il s'inscrit dans une perspective de plus long terme.

C'est le sens qu'il convient de donner à ce caractère professionnalisant proposé par les dernières réformes, donnant naissance à un CAPES « rénové ». D'où la nécessité de comprendre ce que recouvre la notion de « professionnalisation » pour mieux appréhender les attentes du jury du concours. D'où également la nécessaire prise de conscience par le candidat que sa préparation relève du processus de formation professionnelle dans lequel il s'est engagé. Cela implique une préparation d'autant plus soignée que — même s'il est difficile pour un candidat à un concours de s'abstraire du but immédiat à atteindre — le travail réalisé lors de cette préparation conditionnera en partie une entrée heureuse dans le métier lors de l'année de formation en alternance que constitue désormais l'année de M2.

Autre conséquence de cette nouvelle économie générale du concours : la préparation doit combiner et réinvestir à la fois l'acquis des années de formation de licence — l'essentiel de ce que nous pourrions qualifier de compétences techniques en histoire et géographie, c'est-à-dire la maîtrise des formes d'exercices intellectuels propres à ces disciplines — et les premiers éléments d'une approche du métier d'enseignant, par une réflexion sur les programmes scolaires et les formes de leur mise en œuvre. C'est dire que les formations dispensées autour des stages de M1 et l'expérience acquise lors de ces stages, toute sommaire qu'elle soit encore, doivent contribuer à une meilleure approche des dimensions didactiques et pédagogiques que comportent désormais trois des quatre épreuves du concours. En effet, hormis l'écrit 1 (composition) qui relève surtout de la dissertation, l'écrit 2 (commentaire de documents) ainsi que les deux épreuves orales (« mise en situation professionnelle », qui se substitue à l'ancienne leçon, et « analyse de situation professionnelle », qui fait suite à l'épreuve sur dossier) font une place non négligeable à ces dimensions.

Économie générale des épreuves

Il n'est plus aujourd'hui possible d'aborder la préparation aux différentes épreuves de manière différenciée. Ne pas reconnaître la nécessité d'une préparation intégrée, ne pas comprendre que chacune des dimensions du concours participe de l'ensemble des épreuves qui le composent, serait affaiblir sa préparation et ses chances de réussite. La lecture du rapport 2014 du jury suffira à s'en convaincre[1].

La perspective professionnalisante du concours impose de prendre en considération quatre dimensions dont la combinaison seule, et non la simple juxtaposition, permet d'aborder avec succès les différentes épreuves, tant écrites qu'orales. Ces dimensions sont les suivantes : dimension scientifique (c'est-à-dire maîtrise des connaissances propres à chacune des disciplines concernées), dimension épistémologique (c'est-à-dire intelligence des processus de formation de la connaissance historique et géographique), dimension didactique (c'est-à-dire réflexion sur la formation des savoirs scolaires), dimension pédagogique enfin (c'est-à-dire réflexion sur les moyens de la transmission des savoirs). Chacun des termes que nous employons est sujet à discussion, mais ce n'est point ici notre objet. Notre souci est d'éclairer le candidat sur les implications pratiques de ce constat dans la préparation au concours.

Dimensions scientifiques et épistémologiques

La dimension *scientifique* est celle qui paraîtra la plus immédiatement à portée du candidat, en ce qu'elle s'apparente le mieux à ces techniques acquises au cours de son cursus de licence. Nulle préparation, et nul exercice professionnel, ne peut en effet faire l'économie d'une maîtrise suffisante des contenus, tant notionnels que factuels, propres aux disciplines dont il faut assurer l'enseignement. Toute la culture historique et géographique acquise dans les années antérieures à la préparation au concours, toute celle également acquise de manière autonome par les étudiants en histoire et en géographie, renforcée par une approche raisonnée et approfondie de la littérature des questions au programme du concours de l'année, doit pouvoir être ici mobilisée. C'est dire que cette partie de la préparation au concours exige un programme de lecture soutenu et adapté, ce que l'on retrouvera dans les chapitres de ce volume.

---

1. On trouvera le rapport du jury à l'adresse suivante : http://eduscol.education.fr/histoire-geographie/se-former/examens-et-concours/concours-externes-du-second-degre/capes-externe-dhistoire-et-geographie.html?feuilleCSS=chrome#c2361

Mais cette dimension scientifique ne prend tout son sens, relativement au concours et à l'exercice du métier, qu'éclairée par la dimension *épistémologique*. Le mot rebute parfois, faute d'en comprendre la portée. L'épistémologie qu'il convient de mobiliser dans le cadre du concours n'est pas une réflexion *a priori* sur ce que devrait être la discipline histoire ou la discipline géographie. Elle n'est donc pas perdue dans les limbes de la philosophie comme on le croit trop souvent encore (que les philosophes nous pardonnent ici cette image !). Elle consiste en une réflexion menée aussi bien par les historiens et les géographes que par des auteurs issus d'autres champs des sciences sociales et humaines (y compris des philosophes), sur les *pratiques effectives* des historiens et des géographes. Elle les saisit donc à l'œuvre, dans leur atelier en quelque sorte, image que nous empruntons à Antoine Prost. Cette épistémologie, qui ne dit pas toujours son nom, confine donc à toute forme de réflexion qu'un auteur peut conduire sur ses choix d'objet et de méthode, tels qu'il les expose le plus souvent, en bonne pratique selon Henri-Irénée Marrou[1], dans l'introduction de son ouvrage. Mais elle sourd également de nombre de pages au sein desquelles elle agit de manière implicite. Nulle production de connaissance, soit historique, soit géographique, qui ne mette en jeu les principes de raisonnement par lesquels elle s'élabore. Ce n'est donc pas, contrairement à ce dont certains candidats pourraient se persuader à tort, *terra incognita*, que cette dimension, mais plutôt une terre parcourue jusqu'alors par eux à la manière de Monsieur Jourdain. Il leur faudra donc, par des lectures adéquates que l'on retrouvera dans ce volume, passer de l'implicite à l'explicite.

Dimensions pédagogiques et didactiques

La dimension didactique pourra paraître plus étrange au candidat qui affronte pour la première fois le concours. Aussi aborderons-nous en troisième lieu la dimension pédagogique. En effet, et d'une certaine manière, la didactique est à la pédagogie ce que l'épistémologie est à la science historique ou géographique : une réflexion sur des pratiques. Mieux vaut donc préciser le champ de ces pratiques avant d'en aborder la théorisation.

La dimension *pédagogique* peut se comprendre comme le pendant de la dimension scientifique. Elle consiste comme elle en une pratique qui met en jeu la maîtrise de contenus notionnels et factuels. Mais il s'agit ici d'élaborer les moyens concrets de leur transmission. C'est dire qu'il est difficile de parler pédagogie sans parler élèves, sans parler relation cognitive entre professeur et élève. Cette dimension revêt bien des aspects, relevant pour une part de savoirs empiriques. Tous ne sont pas à prendre en considération dans le cadre du concours, et l'on ne saurait trop conseiller aux candidats de ne puiser dans leur expérience pratique de stage qu'avec discernement. Cela paraîtra évident pour

---

1. Henri-Irénée Marrou, *De la connaissance historique*, Paris, coll. « Points », Seuil, 1975 (1re éd. 1954).

les épreuves écrites. Les épreuves orales du concours ne se déroulant pas devant un public d'élèves, elles ne peuvent non plus s'assimiler à la production de séances de cours présentées hors contexte.

C'est ici qu'intervient la dernière dimension, la dimension *didactique*. Tout comme l'épistémologie, la didactique dont il est ici question ne peut se résumer à une réflexion théorique *a priori* sur ce que devraient être les pratiques d'enseignement. Elle ne peut, pas davantage que la dimension pédagogique, relever d'une démarche qui viserait à identifier ce que l'on appelle parfois les « bonnes pratiques ». Elle ne saurait par conséquent revêtir un caractère normatif. Cela serait contradictoire avec le principe toujours réaffirmé au long des textes officiels, ainsi que dans les attendus généraux des programmes d'enseignement, de la *liberté pédagogique*, c'est-à-dire du libre arbitre dont dispose un enseignant pour identifier et élaborer les moyens pédagogiques qu'il jugera les plus adaptés pour remplir sa mission d'instruction et d'éducation, à la seule condition de répondre aux attentes intellectuelles, culturelles et civiques des programmes. La réflexion didactique tient donc ici (et cela ne couvre certes pas tout le champ de la réflexion didactique[1]) dans l'intelligence de l'économie générale des programmes d'enseignement, dans une réflexion sur la formation des savoirs scolaires, sur les contenus donc, mais aussi sur certaines modalités intellectuelles de la pratique pédagogique, bref sur la dimension méthodologique des apprentissages scolaires, lesquels reposent, dans leur principe, sur les techniques construites dans la pratique scientifique. D'où l'importance accordée en géographie, quelle que soit l'épreuve considérée, à la *production graphique*. D'où celle accordée de même, quelle que soit l'épreuve considérée (à l'exception de la composition) à la maîtrise de *l'analyse documentaire* en histoire.

La combinaison de la réflexion pédagogique et didactique est donc le pendant et le complément de la combinaison de la réflexion scientifique et épistémologique. Ces quatre dimensions, redisons-le une dernière fois, ne doivent pas être pensées séparément dans le déroulement des épreuves, au risque d'en manquer l'objectif.

Voyons maintenant leur pondération selon les différentes épreuves[2].

---

1. L'interrogation sur les processus cognitifs et d'apprentissages, appréhendés du côté des élèves, relève, par exemple, davantage de l'année de M2, en articulation avec une pratique de classe systématique cette fois, et non ponctuelle comme lors du stage de M1.
2. Le détail des aspects méthodologiques fait l'objet des chapitres de ce volume. Il ne nous retiendra donc pas ici. Il s'agit seulement d'aider le candidat à comprendre comment se combinent les différentes dimensions que nous avons évoquées au cours de ces épreuves.

Les épreuves écrites

L'écrit comporte deux épreuves complémentaires, qui se déroulent en cinq heures toutes deux, et sont toutes deux affectées d'un coefficient 1 : l'épreuve de composition, le premier jour des écrits, l'épreuve de commentaire de documents, le second. La discipline de l'épreuve de composition, histoire ou géographie, est tirée au sort. La discipline n'ayant pas donné lieu à la composition s'impose pour la deuxième épreuve. Ainsi les écrits, comme les oraux, comportent obligatoirement une épreuve en histoire et une épreuve en géographie.

La composition

Cette épreuve s'apparente très étroitement à une dissertation : il s'agit de répondre à un sujet libellé en une phrase, sans l'aide d'un corpus documentaire. Elle peut donc sembler la plus accessible au regard des habitudes des candidats, la plus proche d'un exercice bien connu d'eux. Cependant, il faut attirer l'attention sur le fait que si sa principale composante est la dimension *scientifique*, telle que nous l'avons précédemment définie, la dimension *épistémologique* n'est pas absente. En effet, la réalisation d'une introduction dans les règles, c'est-à-dire comportant définition et délimitation du sujet, suivies d'une problématisation adéquate débouchant sur l'annonce d'un plan, n'est pas indifférente à cette dimension. L'élaboration d'une problématique adéquate suppose la capacité à replacer le sujet dans la perspective d'un état actuel de la réflexion scientifique (démarche qualifiée d'historiographique pour l'histoire). Ce n'est autre chose que mobiliser des éléments d'épistémologie de l'histoire ou de la géographie, selon le sens que nous avons attribué à cette expression. Sans doute les références à cet état de la question ne doivent-elles pas absorber un temps excessif de la réflexion du candidat. Sans doute également ne doivent-elles pas apparaître comme un discours systématique plaqué sans précaution sur le sujet, quel qu'il soit. En revanche, une contextualisation précise et adaptée au sujet dans la littérature scientifique, dans les débats dont il peut faire l'objet, sera toujours bienvenue. De même, avoir conscience que l'organisation du développement, de l'argumentation, n'est pas étrangère à ces réflexions d'ordre épistémologiques, parfois qualifiées dans ce cas de méthodologiques, ne peut que contribuer à en renforcer la cohérence, à condition bien entendu que de telles incises éventuelles soient toujours fondées sur des exemples pertinents. Dans le cas d'une composition en géographie, une production graphique sera demandée.

Le commentaire de documents

Ce deuxième écrit repose sur l'analyse d'un dossier documentaire réuni sous une thématique libellée sous forme de sujet. Le dossier peut comporter un document à caractère épistémologique, en lien étroit avec le sujet, ainsi que des extraits de programme scolaire ou de fiche-ressource tirées du site *Eduscol*. En effet, l'épreuve comporte deux parties complémentaires, notées chacune sur dix points. La première partie consiste en une analyse scientifique du dossier soumis au candidat. Elle s'apparente à un commentaire composé et met en jeu les techniques de l'analyse documentaire, lesquelles ne sont pas exactement identiques selon que le dossier est en histoire ou en géographie. La seconde partie, intitulée « exploitation pédagogique », doit inscrire le sujet ainsi traité dans le cadre des programmes de l'enseignement secondaire. Le niveau retenu pour cette réflexion est au libre choix du candidat, mais l'éventuelle présence de documents relatifs aux programmes de cet enseignement doit le guider. La production attendue du candidat dans cette seconde partie répond à trois éléments : l'énoncé justifié des principales notions et connaissances qu'il retiendrait pour un enseignement du sujet ; un écrit de synthèse montrant sa capacité à exposer sous forme ramassée l'essentiel de son propos ; si le sujet est en histoire, l'analyse à but pédagogique d'un document ou d'extraits de documents tirés du dossier, s'il est en géographie, une production graphique complétant l'écrit de synthèse.

Répondre aux attentes de cette épreuve suppose donc de combiner réflexion scientifique et épistémologique dans la première partie, didactique et pédagogique dans la seconde, sans solution de continuité entre les deux[1].

Les épreuves orales

Elles présentent le même équilibre que les épreuves écrites. Lors du tirage au sort du premier jour des oraux (voir chapitre 2), le candidat tire la matière de l'oral de mise en situation professionnelle. Si cette matière est l'histoire, la géographie s'imposera pour la seconde épreuve orale, et inversement. Le concours est en effet totalement bivalent, ce qui suppose que le candidat apporte une égale attention à la préparation dans ces deux disciplines. Chacune des deux épreuves orales est affectée du coefficient 2.

Épreuve de mise en situation professionnelle

Cette épreuve se prépare en quatre heures, le passage devant le jury dure une heure. Le candidat tire, le jour de son passage, un sujet. Pour le traiter, il dispose d'un accès à la bibliothèque du concours, bibliothèque dont il peut retirer cinq ouvrages ainsi que trois articles et une source (s'il passe en histoire) ou quatre documents et des fonds de cartes (s'il passe en géographie), qu'il conserve à sa disposition jusqu'à la fin de son passage devant le jury. Il dispose en outre, dans la salle de préparation cette fois, de recueils de documents ainsi que des programmes de collège et lycée.

En effet, l'épreuve de « mise en situation professionnelle », tout comme la seconde épreuve écrite, comporte deux aspects. D'une part, lors d'un exposé

---

1. Pour plus de précision sur ce dernier point, voir les chapitres 5 et 8 du présent volume.

que l'on pourrait qualifier de classique, le candidat développera la matière scientifique impliquée par le sujet. À nouveau, l'appui sur des éléments de réflexion épistémologique (comme lors de la composition) pourra contribuer à renforcer la problématisation. Cet exposé prendra également appui sur des documents choisis par le candidat (soit parmi les sources à disposition en bibliothèque, soit parmi les documents à disposition dans les salles de préparation). D'autre part, cet exposé scientifique doit déboucher sur des propositions à caractère pédagogique et didactique. Il s'agira, cette fois selon le principe du second écrit, de reprendre des éléments de l'exposé scientifique pour les replacer dans le contexte de l'élaboration de savoirs scolaires. En histoire, le candidat devra reprendre dans cette perspective l'analyse de l'un des documents qu'il aura mobilisés lors de son exposé scientifique, ou d'un document qu'il aura spécifiquement choisi à cette fin. En géographie, le candidat devra proposer une production graphique de son cru.

Le temps d'exposé du candidat est de trente minutes en tout, celui de l'entretien avec le jury de trente minutes également.

Épreuve d'analyse de situation professionnelle

Pour cette épreuve, qui se prépare en deux heures[1], avec un temps de passage d'une heure devant le jury, le candidat se voit fourni par ce dernier un dossier divisé en trois sections, réunies sous une thématique d'enseignement commune : une première section comporte des extraits de programmes ou de fiches ressources et la présentation d'une situation pédagogique (pages de manuels par exemple) ; une deuxième section un document à caractère épistémologique ou d'histoire des disciplines à l'appui de la problématique du dossier ; la dernière section comporte un document relevant de la dimension civique et sociale de l'enseignement de l'histoire ou de la géographie, ou touchant plus directement à l'enseignement d'éducation civique, mais en lien avec la thématique du dossier.

Le candidat dispose de 30 minutes de parole, pour analyser les enjeux scientifiques et didactiques du dossier. Il ne s'agit pas, comme nous l'avons signalé précédemment, pour lui, de juger la valeur des choix pédagogiques effectués dans la première section du dossier, mais, en s'appuyant sur les ressources de la deuxième section, de restituer les logiques qui ont pu présider à ces choix et d'en mesurer la cohérence au regard des attentes des programmes. Les ressources de la troisième section lui permettront d'aborder la dimension civique et sociale de la thématique d'enseignement retenue.

---

1. C'est du moins le temps de préparation alloué en 2014 et conservé pour la session 2015. Il pourrait être porté à quatre heures pour la session 2016, à la demande du président du jury (voir le rapport 2014). Ce changement n'invaliderait pas les propositions faites dans ce volume quant à la manière d'aborder cette épreuve.

Dimensions civiques et sociales

C'est dire qu'aux dimensions scientifiques, épistémologiques, pédagogiques et didactiques, il faut ajouter deux autres dimensions, étroitement liées : les dimensions civiques et sociales. Si nous ne les abordons qu'ici, c'est qu'elles relèvent essentiellement, dans le concours, de la deuxième épreuve orale (« analyse de situation professionnelle »), où elles sont explicitement sollicitées.

Elles sont cependant essentielles à une approche cohérente de la préparation au concours. En effet, le propre de toute activité d'enseignement, comme de toute activité de recherche, est d'être socialement déterminée. Dans le cas de l'enseignement, cette détermination prend la forme de finalités exprimées dans les textes officiels. Au-delà de fluctuations dans les expressions, l'enseignement d'histoire et de géographie répond, selon ces mêmes textes, à trois finalités premières : une finalité intellectuelle, une finalité civique, une finalité culturelle. Si l'on ajoute à cela que l'enseignement d'éducation civique au collège, et pour une part d'éducation civique, juridique et sociale, au lycée, est étroitement lié à l'enseignement de l'histoire et de la géographie, on admettra comme légitime que la dimension civique figure au rang des différentes dimensions de la réflexion attendue d'un futur enseignant. Quant à la dimension sociale, elle découle de cette association même. Dès lors que l'on évoque une finalité à l'enseignement, c'est bien de finalité sociale qu'il s'agit, c'est-à-dire d'un objectif situé au-delà de l'institution scolaire, d'un objectif qui répond à la volonté du système scolaire de former des citoyens « libres et responsables » comme le proclamaient les attendus du programme du collège d'histoire et de géographie de 1995.

C'est que ces dimensions touchent à deux questions qui, si elles ne sont pas au cœur de la préparation au concours, n'en sont pas moins sous-jacentes à un certain nombre d'interrogations sur la pratique du métier d'enseignant en histoire et géographie : la déontologie et l'éthique.

Éléments de conclusion

Pour nous résumer et clarifier à la fois les objectifs du concours et ceux du présent volume, nous pouvons retenir quelques éléments de synthèse :

1. Si nous présentons, par nécessité pratique, les épreuves du concours les unes après les autres dans chacune des deux disciplines concernées, en insistant à chaque fois sur un calendrier de préparation, il n'en faudra pas moins retenir qu'une bonne préparation est une *préparation intégrée*.
2. Il en découle que la préparation des écrits ne saurait se séparer artificiellement de celle des oraux. Cela paraîtra évident pour les lectures scientifiques, les questions de programme étant les mêmes pour les deux parties du concours. Mais on aura tout intérêt à considérer également que les lectures plus épistémologiques et didactiques sont nécessaires à toutes

les étapes du concours, puisque sollicitées dès la deuxième partie de l'épreuve de commentaire de documents.
3. Par ailleurs, tout ouvrage spécialisé sur une question au programme du concours comporte logiquement une part d'épistémologie. Relever cette part lors d'une lecture faite en vue de l'acquisition des connaissances factuelles et notionnelles nécessaires pour répondre à l'une de ces questions ne peut qu'être un gain précieux pour la préparation de l'oral d'analyse de situation professionnelle par exemple.
4. De même ne pourrait-on sans préjudice isoler la réflexion sur les dimensions didactiques et pédagogiques de celle sur les dimensions scientifiques et épistémologiques, dans la mesure où ces dernières concourent aux premières de manière logique : une réflexion sur les questions d'enseignement ne saurait faire l'économie des contenus et de leur élaboration scientifique.
5. Enfin, ni la dimension scientifique et épistémologique, ni les dimensions didactiques et pédagogiques, n'échappent aux conditions sociales de leur production. L'histoire et la géographie, en tant que matières d'enseignement n'échappent pas non plus à la question prégnante, et délicate, de leur implication dans la formation du citoyen.

Savoir maîtriser toutes ces dimensions conjointement, savoir les impliquer dans les différentes épreuves, selon un dosage que nous avons esquissé, ne peut donc que renforcer à la fois la préparation au concours, les chances de réussite à ce concours, et la préparation au métier d'enseignant en histoire, géographie et éducation civique. Cela est d'autant plus important que le caractère intégré des épreuves elles-mêmes peut se comprendre si l'on tient compte du fait qu'il n'y a plus à proprement parler, comme par le passé, de distinction à faire entre épreuves écrites (admissibilité) et épreuves orales (admission), mais plutôt considérer que l'admissibilité comme l'admission comportent en fait deux séries d'épreuves qui se correspondent de l'une à l'autre : la composition pour l'admissibilité et l'épreuve de mise en situation professionnelle pour l'admission d'une part, le commentaire de documents et l'épreuve d'analyse de situation professionnelle d'autre part.
1. La composition et l'épreuve de mise en situation professionnelle ont en commun que le candidat y est invité à élaborer, sans aucun support fourni par le jury, élaborer donc par lui-même, la matière de son exposé, écrit ou oral, en réponse à un simple libellé de sujet (ce qui ne signifie pas que le libellé soit simple...). Il est donc en situation de devoir organiser selon ses seuls choix la matière de ses exposés. L'unique différence réside en le débouché didactique de l'exposé de l'oral de mise en situation professionnelle[1]. Il s'agit donc avant tout d'évaluer la capacité du

---

1. Encore doit-on remarquer que le texte ministériel ouvre la possibilité de l'introduction d'un questionnement à caractère didactique au sein de la composition,

candidat à construire une démonstration argumentée, fondée sur une maîtrise des contenus scientifiques, articulée dans le cas de l'oral à une réflexion sur les possibilités de réinvestissement des savoirs exposés dans le cadre d'un enseignement.
2. Le commentaire de documents et l'épreuve d'analyse de situation professionnelle reposent toutes deux sur l'analyse d'un dossier fourni au candidat. Le matériau est donc ici déjà en partie élaboré. Ce sont les capacités d'analyse du candidat qui sont en priorité sollicitées ici, l'épreuve de commentaire de documents (admissibilité) partageant cependant avec l'épreuve de mise en situation professionnelle (admission) les modalités d'un passage de la réflexion scientifique à la réflexion didactique.

La préparation au concours constitue donc bien un ensemble cohérent dont la maîtrise des différentes dimensions qui la composent est globalement nécessaire à l'ensemble des épreuves d'admissibilité et d'admission, bien que selon des procédures et des pondérations variables. En cela, le concours est bien professionnalisant, puisque ces mêmes dimensions sont également nécessaires à un exercice raisonné et maîtrisé du métier d'enseignant en histoire et géographie.

---

ce qui ne fait que corroborer notre lecture de la logique interne des nouvelles épreuves.

2. Programmes et calendrier

Quelques précisions très pratiques nous ont paru utiles en tête de ce volume, afin de donner au candidat une idée plus précise du déroulement du concours, notamment de l'oral.

Le programme du concours

Ce programme est publié chaque année dans *Bulletin officiel de l'Éducation nationale*. Il comporte trois questions d'histoire (chacune sur une période historique différente). Les libellés des questions précisent toujours les limites chronologiques et les espaces géographiques concernés. Les trois questions de géographie sont toujours une question sur la France, mais thématisée, une question thématique générale, une question de géographie régionale. Ces questions sont en cohérence avec les programmes des agrégations externes de géographie et d'histoire.

Le programme est consultable sur le site *Eduscol*, de même que les rapports des jurys et les sujets d'écrit. Ce sont autant de ressources utiles pour la préparation. Il faut se reporter aujourd'hui au seul rapport 2014, puisqu'il correspond aux nouvelles épreuves, tandis que les rapports plus anciens sont désormais obsolètes.

Calendrier et déroulement des épreuves

Les épreuves écrites se déroulent sur deux jours consécutifs, au début du mois d'avril, selon le calendrier adopté pour la session 2014. La première épreuve est toujours l'épreuve de composition, la seconde l'épreuve de commentaire de documents. Ces épreuves se déroulent de 9 heures à 14 heures, dans des centres régionaux.

Les épreuves orales durent trois jours pour les candidats admissibles et ont lieu actuellement à Châlons-en-Champagne sur deux sites. La période des épreuves d'admission va de la mi-juin au 10-11 juillet environ. Le premier jour est consacré au tirage matière, les deux autres aux épreuves orales. Le tirage matière se passe sur le site de l'ESPE. L'épreuve de mise en situation professionnelle d'histoire se déroule sur le site de l'ESPE, celle de mise en situation professionnelle de géographie sur le site du lycée Oehmichen, comme les épreuves d'analyse de situation professionnelle. À chaque épreuve le candidat doit se présenter à l'accueil avec une pièce d'identité et sa convocation.

Le premier jour est donc celui du tirage matière. Ce tirage détermine la matière, histoire ou géographie, qui fera l'objet de l'épreuve de mise en situation professionnelle, l'épreuve d'analyse de situation professionnelle se passant automatiquement dans l'autre matière. Il a lieu le matin. Il est précisé au candidat, à l'issue de ce tirage au sort, le lieu de ses épreuves et l'horaire de visite de la bibliothèque pour l'épreuve de mise en situation professionnelle. Cette visite est essentielle pour repérer les ouvrages. Le candidat peut prendre des notes mais pas de photographie.

Les candidats disposent dans la journée de quelques heures pour assister à des épreuves. Assister à des épreuves orales peut être intéressant pour comprendre leur déroulement, et notamment comment se passe la reprise par le jury. Mais cela peut être également source de stress. Chacun agira en fonction de ce qu'il ressent.

Épreuve de mise en situation professionnelle

Voici, à titre d'exemple, les modalités de passage d'un candidat tirant à 7 heures du matin :

6 h 45 : arrivée du candidat à l'accueil, présentation de sa convocation et vérification de son identité.

7 h 00 : tous les candidats se rendent en salle de tirage, accompagnés par les autorités de concours qui les accueillent. C'est le début de l'épreuve.

7 h 02 : chaque candidat tire un sujet dans l'enveloppe correspondant à sa commission, le sujet lu à voix haute est recopié dans sa totalité afin d'être archivé.

7 h 10 : le candidat est conduit en salle de préparation. Après son installation, il complète les deux feuilles administratives puis prépare son sujet pendant quinze minutes. Il a à sa disposition les programmes des collèges et lycées, des dictionnaires, des atlas, des calculatrices, du matériel consommable (feuilles de brouillon, transparents vierges, feutres pour transparent, mais il est néanmoins conseillé aux candidats d'apporter leurs propres feutres permanents), enfin, est mis à disposition un classeur par question de programme contenant des documents projetables utiles pour illustrer des mises en situation professionnelle. Ils sont empruntables en nombre raisonnable.

De 7 h 25 à 7 h 55 (au maximum) : le candidat, en bibliothèque choisit cinq ouvrages et quatre documents (articles de revue, regroupés dans des classeurs thématiques selon les questions de programme, sources historiques, aéroposters, cartes IGN de différentes natures et à différentes échelles, cartes étrangères, cartes murales) ainsi que des fonds de cartes vierges en lien avec son sujet, en géographie, et remet en échange sa carte d'identité.

La préparation se poursuit, en salle, jusqu'à 11 h 10.

Dès 11 h 07, arrivée de l'appariteur. Celui-ci aide le candidat à se préparer matériellement et le dirige vers le jury.

11 h 13 : attente du candidat devant la porte de sa salle de commission.

11 h 15 : le candidat présente sa leçon (durée trente minutes) et répond aux questions formulées par le jury (trente minutes). La préparation effective est bien de quatre heures ; quinze minutes supplémentaires sont réservées pour le tirage, les allées et venues en bibliothèque et l'attente avant le passage devant la salle de la commission.

Épreuve d'analyse de situation professionnelle

Voici de même, à titre d'exemple, les modalités de passage d'un candidat tirant à 7 heures du matin :

6 h 45 : arrivée du candidat à l'accueil, présentation de sa convocation et vérification de son identité.

7 h 00 : Les candidats se rendent *dans les salles de préparation*, accompagnés par les autorités de concours qui les accueillent. C'est le début de l'épreuve.

7 h 02 : chaque candidat reçoit le dossier correspondant au sujet qu'il aura à traiter. Il recopie l'intitulé du sujet sur la feuille administrative qu'il signe.

7 h 10 à 9 h 10 : Temps de préparation. Les candidats disposent de dictionnaires de langue française et des programmes de collège et lycée (histoire, géographie, éducation civique et ECJS).

Dès 9 h 07, arrivée de l'appariteur. Celui-ci aide le candidat à se préparer matériellement et le dirige vers le jury.

9 h 13 : attente du candidat devant la porte de sa salle de commission.

9 h 15 : le candidat présente sa leçon (durée trente minutes) et répond aux questions formulées par le jury (trente minutes). La préparation effective est bien de deux heures ; quinze minutes supplémentaires sont réservées pour la distribution des sujets, les déplacements et l'attente avant le passage devant la salle de la commission.

Première partie
La préparation des épreuves écrites

3. Planning de travail (histoire)

Le CAPES d'histoire-géographie se prépare dès l'année précédant votre inscription au concours. Les questions ne se renouvelant que partiellement, vous avez la possibilité de réfléchir aux anciennes questions maintenues, voire à vous y initier en choisissant dans votre cursus des cours de licence correspondant à peu près aux périodes en question (par exemple, choisir un cours d'histoire de la France au XIXe siècle en L3 en prévision de la question d'histoire contemporaine « Citoyenneté, République, Démocratie en France, 1789-1899 »). Par ailleurs, on connaît généralement l'intitulé des nouvelles questions d'histoire au printemps, et, dès le mois de juin, la plupart des universités qui préparent au concours (dans le cadre des Écoles Supérieures du Professorat et de l'Éducation, ESPE) organisent des réunions pour les futurs candidats. Dans ces réunions, les enseignants préparateurs vous expliquent les grandes lignes de la (ou des) problématique(s) concernée(s) par les questions au programme et vous fournissent une liste d'ouvrages à lire pendant l'été. La préparation universitaire proprement dite étant très courte (du mois de septembre au mois de février en général, soit six mois à peine), il est donc indispensable de commencer à « débroussailler » les questions en juillet et août.

Pendant ces vacances studieuses, vous allez chercher à combler les lacunes de votre culture historique sur la période considérée. En effet, lors de vos études de licence (ou de master recherche pour ceux qui passent le CAPES après avoir obtenu ce diplôme), vous n'avez pas pu aborder toutes les périodes historiques et toutes les thématiques susceptibles de fournir la matière aux questions du programme. Il est donc banal de se trouver confronté pour la première fois, soit à une période, soit à une aire géographique inconnue lors de son année de préparation au CAPES. Pas de panique ! Si, par exemple, vous n'avez jamais abordé le monde islamique classique (nouvelle question d'histoire médiévale en 2015), sachez que la plupart des autres candidats non plus (sauf exception) et qu'une bonne préparation permet d'acquérir les connaissances de base exigées.

Comment combler ses lacunes historiques ? Comment « débroussailler » une question ? La méthode est toujours la même : aller du général vers le particulier. Votre premier travail est donc de vous procurer (en les achetant ou en les empruntant dans des bibliothèques) des manuels généraux sur la période. Rendez vous rapidement dans les bibliothèques municipales : les exemplaires intéressant la question sont souvent déjà empruntés dès les mois de mai ou de juin. Le plus souvent, les manuels spécifiques de préparation aux questions du concours ne paraissent au plus tôt qu'en septembre-octobre (il y a des exceptions), vous devrez donc commencer par des ouvrages généraux. Nous aborderons cet aspect de la préparation dans le chapitre suivant.

Idéalement, vous devez commencer votre année universitaire de préparation en ayant une vision générale et sommaire de chaque période au programme et en ayant commencé à établir une chronologie limitée (une cinquantaine de dates environ) que vous enrichirez plus tard.

En septembre, vous allez donc commencer la préparation universitaire proprement dite. Quelques règles doivent vous guider dans votre organisation et votre planning de travail.

La première est qu'il est nécessaire de ne pas négliger la préparation des épreuves de l'oral, même si l'essentiel de votre travail porte d'abord sur les épreuves écrites.

La deuxième est de ne jamais faire d'impasse. Ne pas étudier une des trois questions en fonction de ses goûts ou de ses dégoûts supposés est une attitude suicidaire au concours. Toutes les spéculations sur la période risquant de tomber à l'écrit sont vaines. Travaillez toutes les questions et de préférence de manière identique. De toute manière, vous tomberez sans doute sur une autre période à l'oral et votre objectif n'est pas l'écrit, mais la réussite au concours.

La troisième est la mise en place d'un groupe de travail. Il est beaucoup plus difficile de réussir le concours en travaillant seul que bien accompagné, mais il est souvent préférable de préparer à deux ou trois plutôt qu'à quatre ou cinq. Travailler en groupe peut aussi s'avérer décisif en cas de coup de déprime, fréquent dans la préparation… Certes, il n'est pas toujours facile de combiner les emplois du temps et les capacités de chacun, mais il semble indispensable de travailler au moins avec un autre candidat avec lequel vous partagerez le travail de lecture et de fichage et qui vous permettra de surmonter les périodes difficiles. Il faut être sûr que vos camarades travailleront à peu près à la même vitesse et avec la même détermination que vous, et que votre part du labeur commun ne sera pas disproportionnée. Bref, il faut savoir travailler en groupe mais avec discernement. Certains aspects de la préparation doivent être impérativement entrepris seul, tandis que d'autres gagneront à être abordés collectivement. Il faut donc soigneusement délimiter avec vos camarades ce qui relèvera du travail individuel et du travail de groupe.

Travail individuel	fichage et mémorisation des manuels, élaboration et mémorisation des chronologies générales et thématiques, travail sur des fonds de cartes, écriture.
Travail à deux	interrogation sur les chronologies, sur le vocabulaire historique.
Travail collectif	fichages d'ouvrages particuliers, confection de fiches repères biographiques, travail en commun sur un plan détaillé, prises de notes dans les cours (si vous ne pouvez assister à tous).

Quatrième règle : de l'ordre ! Les aspects matériels de la préparation ne sont pas les moins importants : classez vos notes selon les questions au programme (plutôt que d'avoir un seul cahier fourre-tout), numérotez les pages, organisez votre bibliothèque par période, adoptez un format unique pour vos fiches de préparation (de préférence un A4 recto seulement ou alors des fiches bristol 5x5 en recto-verso). Écrivez lisiblement pour que vos camarades puissent profiter de vos lectures collectives ou mieux encore, tapez vos fiches et faites-les circuler sous forme de fichiers Word. Utilisez des sous-chemises de couleurs différentes pour classer vos notes, vos cartes, vos chronologies. L'utilisation de fiches bristol 5x5 vous permet de réviser en tous lieux (dans les transports par exemple) sans prendre le risque de vous embrouiller dans vos feuilles.

Cinquième règle : faire un planning et s'y tenir. Votre planning de travail doit être élaboré dès le début de votre préparation. Soyez réaliste : si vous n'êtes pas capable de travailler huit heures par jour, si vous lisez lentement, ne prévoyez pas un programme trop chargé, l'essentiel est de suivre régulièrement son programme. La préparation des concours est une épreuve de fond, pas un sprint. On peut toujours déborder de son planning mais il faut à un moment ou à un autre retomber sur ses pieds et récupérer le retard accumulé. Le cadre (plus ou moins rigide) que vous vous imposerez vous permettra non seulement d'aborder tous les aspects des questions au programme, mais il vous donnera de plus l'assurance psychologique indispensable à la réussite alors que l'alternance de périodes d'activité frénétique et de moments d'épuisement facilite la panique.

Construisez votre planning sur les six mois de préparation, mais aussi semaine par semaine, voire jour par jour. Il doit comprendre les périodes de cours et de TD, les séances de travail collectif, les périodes de révision (avant les concours, mais aussi avant les concours blancs organisés dans toutes les préparations), des courtes périodes de loisir et de suffisantes plages de sommeil. Pour les étudiants parisiens qui peuvent avoir le choix entre plusieurs cours universitaires, il est inutile de se surcharger d'heures de cours. En revanche, pour les candidats ne pouvant, pour une raison ou une autre, suivre l'ensemble de la préparation, on peut recommander l'inscription aux cours par correspondance du Centre National d'Enseignement à Distance (http://www.cned.fr) dont la préparation est réalisée par des spécialistes et vous propose de nombreux exercices corrigés formateurs. Il existe également des préparations privées par correspondance[1]. Attention toutefois, l'inscription au CNED ne vaut pas inscription au concours.

Dans un premier temps, vous allez chercher à acquérir des bases dans toutes les questions au programme par la lecture et le fichage d'ouvrages généraux. Dans un deuxième temps, il convient d'approfondir vos connaissances en fichant des ouvrages particuliers (travail de groupe) et surtout en mémorisant des exemples, des repères chronologiques, biographiques et géographiques. Enfin, le troisième temps de votre préparation sera consacré à la révision, ce qui implique non seulement la relecture de vos dossiers (comprenant vos cours, vos

---

1. Par exemple au Collège Sévigné à Paris, http://www.collegesevigne.fr.

fiches, des cartes, des documents iconographiques, etc.), mais aussi d'en faire un résumé facilement mémorisable. Ces trois phases doivent vous amener à quelques jours de l'écrit que vous essaierez d'aborder un peu détendu par quelques jours de repos. Une dernière phase très courte sera exclusivement consacrée à la relecture de vos fiches. Limitez au maximum vos révisions de dernière minute, elles sont en général peu efficaces...

Le tableau ci-dessous résume les grandes lignes du planning de préparation, mais vous devez élaborer le vôtre en fonction de vos capacités et de votre emploi du temps personnel.

1re phase	Juillet-mi-novembre	lecture et fichage d'un ou deux manuels par question. élaboration de la chronologie de base. (travail surtout individuel)
2e phase	Mi-novembre-mi-janvier	Approfondissement des questions (travail individuel et collectif) : lectures et fichages d'ouvrages particuliers, fiches biographiques, vocabulaire, fonds de cartes, lecture de sources... travail sur des plans détaillés participation aux concours blancs
3e phase	Mi-janvier-mi-février	révisions individuelles, travail collectif sur des plans détaillés
4e phase	Mi février date des épreuves	révisions, repos

4. Préparation des épreuves d'histoire

Les lectures constituent la base de la préparation à l'écrit comme à l'oral. Mais devant la masse bibliographique que vous aurez à manier en un temps limité, il faudra faire des choix. D'où la question essentielle que doivent se poser les candidats : que faut-il lire et comment ?

Il faut distinguer d'une part les ouvrages les plus généraux (qui ne peuvent qu'introduire la question), les manuels de base, les recueils de sources (notamment en histoire ancienne et médiévale), les dictionnaires, les glossaires et les atlas que vous manierez régulièrement, et, d'autre part les ouvrages et articles spécialisés dont vous ne lirez et ne ficherez que des passages (le plus souvent l'introduction, la conclusion et la table des matières). Les premiers devront être fichés et mémorisés presque par cœur pour certains, tandis que des seconds, vous ne tirerez que des considérations problématiques particulières et des exemples qui donneront de l'épaisseur érudite à vos devoirs.

On abordera successivement ici les différents types d'ouvrages et outils de travail ainsi que leur rôle dans la préparation.

Les bibliographies

Au début de l'année universitaire, une bibliographie concernant les nouvelles questions au programme paraît dans la revue *Historiens et Géographes*, qui est l'organe de l'Association des Professeurs d'Histoire-Géographie (APHG). Il ne s'agit pas d'une bibliographie « officielle », mais elle en joue le rôle. Pour les anciennes questions, il suffit de se reporter aux numéros des années précédentes. Cette bibliographie, souvent commentée par les auteurs, est compilée par des spécialistes. Elle est en général très copieuse et constitue davantage un « état de la question » qu'une bibliographie de travail maniable pour vous. Elle est donc d'une certaine manière destinée plus aux préparateurs qu'aux candidats. C'est d'ailleurs souvent à partir de cette bibliographie que les sujets d'écrit ou d'oral sont confectionnés. Vous devrez néanmoins l'utiliser pour vous servir de référence et pour vous faire une idée de l'ensemble de la question au programme.

En effet, l'étude de la bibliographie d'*Historiens et Géographes* vous permet de vous faire une idée assez précise de l'actualité de la recherche et des champs historiques qui ont été récemment labourés par les historiens. Les questions au programme du CAPES sont souvent le reflet de l'état de la recherche et certaines thématiques sont plus à la mode que d'autres. Il vous faudra repérer ces thématiques et les problématiques qui les accompagnent, car vous les retrouverez forcément à l'écrit ou à l'oral. Maîtriser la bibliographie d'*Historiens et Géographes* ne signifie évidemment pas lire tous les ouvrages indiqués (ou même une petite partie d'entre eux), plusieurs années de travail n'y suffiraient pas. Mais vous devez être capables à l'issue de votre préparation, après avoir lu et manié les bibliographies, de savoir que, sur telle thématique, l'ouvrage de référence est celui de Mme X ou de M. Y et que la problématique centrale de ces ouvrages est telle ou telle. N'oubliez pas que la dimension historiographique est indispensable au CAPES : vous devez faire la preuve que vous êtes capables de maîtriser un champ de la recherche et d'en discerner les enjeux épistémologiques.

Lors de votre préparation universitaire, vous manipulerez d'autres bibliographies — plus resserrées en général — venant de vos enseignants et celles qui figurent dans les ouvrages spécifiques de préparation à la question.

Vous vous rendrez rapidement compte que ces différentes bibliographies se répètent et qu'elles conseillent certains ouvrages comme incontournables. Il faut donc croiser les bibliographies, repérer ces ouvrages qui constituent des références indispensables à la préparation et élaborer votre propre bibliographie par question en faisant la synthèse de toutes les bibliographies à votre disposition. Cette synthèse vous servira de bibliographie de travail, elle doit être forcément beaucoup plus resserrée que celle d'*Historiens et Géographes* ou que celles qui figurent dans les manuels. À la fin de votre préparation, vous devrez être capable de connaître la liste des auteurs et de leurs ouvrages les plus importants sur tel ou tel aspect de la question. À côté de votre bibliographie de travail synthétique, il est très formateur de se constituer des bibliographies thématiques, surtout dans la perspective de l'oral. Ainsi, en prenant l'exemple de la question d'histoire contemporaine « Citoyenneté, République et Démocratie, France, 1789-1899 », vous devez vous constituer des bibliographies particulières sur les institutions, sur les élections, sur la citoyenneté dans les colonies, etc. Chacune de ces bibliographies thématiques doit être très courte : trois ou quatre ouvrages maximum. L'objectif est de pouvoir citer ou utiliser rapidement l'ouvrage de référence sur tel ou tel aspect d'une question au programme. La bibliographie d'*Historiens et Géographes* étant classée chronologiquement et thématiquement, c'est à elle que vous devez vous reporter pour connaître l'ouvrage de référence sur un aspect particulier de la question.

Les manuels de base

Vos préparateurs vous ont fourni une bibliographie sommaire pour les vacances d'été, mais celle-ci, ne comportant que des ouvrages très généraux destinés à introduire la question, ne peut être considérée comme suffisante pour préparer le concours. Il faut néanmoins soigneusement les lire, les annoter et les ficher pendant l'été. Ces premières fiches constitueront la base minimum de vos connaissances sur les questions au programme.

Il est également indispensable de manier les manuels du secondaire qui peuvent constituer une bonne porte d'entrée dans certaines périodes (surtout en histoire contemporaine). La dimension pédagogique étant centrale dans l'architecture du nouveau CAPES, vous devez impérativement vous familiariser non seulement avec les programmes du secondaire mais aussi avec la manière dont les différents manuels des grandes maisons d'édition scolaire (Hachette, Belin, Magnard, Nathan, etc.) les mettent en œuvre. Vous trouverez ces manuels scolaires dans toutes les bibliothèques de préparation.

Les manuels universitaires constituent la base de votre préparation. Compte tenu du temps limité de celle-ci, il est inutile et contre-productif de multiplier les lectures et fichages. *Un ou deux manuels par question* doivent suffire à vous constituer la somme de connaissances minimales nécessaires pour la préparation. Raison de plus pour les choisir soigneusement.

Un bon manuel doit être synthétique (vous ne pourrez pas mémoriser un ouvrage de 500 pages), il doit avoir une dimension chronologique et thématique et de préférence couvrir l'ensemble de la période au programme. Il existe de nombreuses collections de manuels universitaires généralistes chez les principaux éditeurs (Armand Colin, Hachette, Belin, la collection Points-Seuil). Vous avez déjà au cours de vos études universitaires eu l'occasion de travailler avec ces ouvrages, ils seront toujours utiles lors de votre préparation, mais les périodes et les aires géographiques qu'ils couvrent ne sont pas forcément identiques à celles du programme, il faudra donc lire et ficher aussi un manuel spécifique s'il en existe. Plusieurs éditeurs comme le SEDES, Ellipses, Atlande, etc. se sont spécialisés dans les manuels destinés aux candidats aux concours. Ces ouvrages sont écrits par des spécialistes qui font aussi souvent la préparation dans leurs universités respectives. Ils sont donc à même de répondre aux besoins des candidats, mais il faut soigneusement distinguer les manuels proprement dits et les recueils de contributions ou d'articles spécialisés qui sortent chaque année et qui sont consacrés au programme. Les premiers seront particulièrement utiles aux candidats au CAPES, tandis que les seconds sont plus volontiers destinés à ceux qui préparent l'Agrégation. On peut tout de même recommander aux candidats au CAPES de lire au moins quelques-uns des articles les plus synthétiques de ces recueils de contributions pour nourrir leur stock d'exemples et de citations.

Il faut impérativement commencer et finir votre préparation par les manuels. Le détour par les ouvrages particuliers au cours de votre préparation a une autre fonction, celle d'approfondir ce que vous aurez déjà abordé dans les manuels généraux. Évidemment, on évitera de commencer sa préparation par des ouvrages trop volumineux ou trop spécifiques. Il faudra également revenir aux manuels lors de vos périodes de révision.

Les sources

L'histoire s'écrit avec des sources. Imprimées, manuscrites, épigraphiques, archéologiques, iconographiques, voire sonores pour la période contemporaine, vous ne pouvez pas les ignorer, en particulier pour l'histoire ancienne et médiévale pour lesquelles le registre des sources disponibles est plus restreint que pour les périodes postérieures. Le plus souvent, vos préparateurs accompagnent leurs cours de recueils de documents écrits ou iconographiques. Ces documents ne sont pas décoratifs. Leur lecture est indispensable pour acquérir une familiarité avec la période et la question. Repérez également les principaux recueils de sources propres à chaque question. Il n'est pas acceptable qu'un candidat ignore, par exemple, les œuvres de Thucydide pour l'histoire grecque ou de Grégoire de Tours pour l'histoire du Haut Moyen Âge.

Les sources littéraires sont également importantes. Vous pouvez profiter d'une question sur l'Angleterre au XVIIIe siècle pour lire quelques pages de Swift, ou d'une question sur la France du XIXe siècle pour lire un Balzac ou *L'Éducation sentimentale* de Flaubert. Vous pourrez ainsi joindre l'utile à l'agréable. Écouter un opéra de Mozart ou visiter une exposition et y découvrir des œuvres rococo ou néoclassiques vous apprendra peut-être autant de choses sur le XVIIIe siècle que la lecture d'un ouvrage général d'histoire de l'art. Soyez ainsi à l'affût de tout ce qui peut enrichir votre culture personnelle pendant l'année de préparation : expositions, concerts, lectures, voire films et documents sonores pour la période contemporaine. Vous y puiserez des exemples qui pourront faire la différence à l'écrit comme à l'oral. Il est vrai que les candidats qui habitent les grandes villes seront ici favorisés. Les Parisiens en particulier ont tout intérêt à profiter des possibilités culturelles infinies proposées par la capitale.

De plus en plus de sources iconographiques figurent dans les sujets d'oral. Vous devrez par conséquent prendre connaissance des grandes collections de recueils d'images susceptibles d'être utilisées par le jury. La collection *L'Univers des formes* chez Gallimard — qui contient plus de quarante volumes traitant de l'art de la plus Haute Antiquité jusqu'à la Renaissance — doit être connue. Sur des périodes plus restreintes, il existe également des recueils d'images que vous devez connaître. Ainsi, à titre d'exemple, en histoire de la période révolutionnaire, est-il indispensable de manipuler les cinq volumes des *Images et récit de la Révolution française* (Michel Vovelle) dans lesquels vous trouverez une riche iconographie. Enfin, les membres du jury choisissent souvent leurs documents dans des collections comme *La documentation photographique* ou les *Textes et documents pour la classe* (*TDC*). Il est donc utile de parcourir les volumes de ces collections qui correspondent aux questions au programme.

Dictionnaires, encyclopédies, glossaires et atlas

Les dictionnaires, les encyclopédies, les glossaires et les atlas sont des instruments de travail absolument indispensables à toute préparation. Un simple dictionnaire des noms communs et des noms propres vous rendra de nombreux services et vous évitera de mal orthographier un nom commun inhabituel ou d'estropier le nom d'un personnage historique. Rappelons (nous y reviendrons) que les jurys, à l'écrit comme à l'oral, sont particulièrement sensibles à la correction de l'orthographe et de la langue, ainsi qu'à la précision du vocabulaire ordinaire et historique. Un nom propre mal orthographié dans une copie ou sur le tableau lors de l'oral est un mauvais point, deux ou trois grosses fautes grammaticales sont rédhibitoires. Une bonne partie de vos correcteurs ont des enfants en âge d'être scolarisés dans le secondaire et n'ont aucune envie d'envoyer devant leur progéniture des enseignants incapables d'orthographier correctement des noms de lieux ou de personnages historiques, sans parler de ceux qui oublient les règles élémentaires des accords.

À côté des dictionnaires généraux existent des dictionnaires historiques dont vous devez, à cette étape de votre cursus universitaire, connaître l'existence. Ces dictionnaires peuvent être chronologiques (le *Dictionnaire de l'Ancien Régime* dirigé par Lucien Bély par exemple) ou thématiques (le *Dictionnaire européen des Lumières* dirigé par Michel Delon) ou encore concerner une aire de civilisation (le *Dictionnaire historique de l'Islam* de Janine et Dominique Sourdel), ou enfin thématique (le *Dictionnnaire historique de la Papauté* dirigé par Philippe Levillain). Ces instruments de travail indispensables vous rendront de grands services pour approfondir des points abordés trop rapidement dans les manuels. Il faut donc rapidement se familiariser avec ces grands dictionnaires historiques que vous trouverez parmi les « usuels » des bibliothèques universitaires.

Les grandes encyclopédies, en particulier l'*Universalis* ou la *Britannica* peuvent vous fournir des synthèses très complètes sur tel ou tel aspect de la question. À signaler également les encyclopédies historiques, comme l'*Encyclopédie d'histoire Bordas. La France et les Français* en quatre volumes. Le recours aux encyclopédies participatives sur le net comme *Wikipedia* doit être limité. On peut y chercher une date ou l'orthographe d'un nom ou un détail, mais dans la mesure où les articles n'y sont pas signés, on ne peut pas les utiliser comme références. On se méfiera en particulier des interprétations souvent éloignées de l'histoire scientifique.

On l'a dit, les jurys sont particulièrement attentifs à la précision du vocabulaire historique employé. Il n'est pas acceptable qu'un candidat ne sache pas ce qu'est un « parlement » ou une « élection » dans la France d'Ancien Régime. Vous serez donc particulièrement attentifs à utiliser les termes et expressions historiques *ad hoc*. Pour cela, les glossaires ou les lexiques historiques sont indispensables, en particulier pour les questions qui couvrent des espaces étrangers. Ainsi, la *hidalguia* espagnole n'est pas identique à la noblesse française au XVIIe siècle. Un « dictateur » pendant la République romaine n'a pas grand-chose de commun avec ce que l'on entend par là à l'époque contemporaine… Vous devrez donc vous constituer de petits glossaires spécifiques à chaque question (voir chapitre suivant).

Enfin, vous ne pouvez pas ignorer les atlas historiques. Il n'est pas acceptable par exemple qu'un candidat ne sache pas placer la ville de Tolède sur un fond de carte de la péninsule ibérique ou Bologne sur celle de la péninsule italienne. Certaines questions sont plus propices que d'autres à l'établissement de croquis à l'oral, mais toutes requièrent une connaissance précise des emplacements et des noms de lieux, *a fortiori* quand ces noms de lieux ont changé au cours de l'histoire (Dantzig devient Gdansk après la Seconde Guerre mondiale, Christiana devient Oslo en 1925, etc.)

Les ouvrages spécialisés

Vous devez aborder les ouvrages et articles scientifiques spécialisés après vous être familiarisé avec l'ensemble de la question dans les ouvrages généraux. Les manuels de base vous suffiront pour assimiler les connaissances minimums exigées par le jury, mais ce qui fait souvent la différence entre deux copies ou entre deux leçons est la capacité des candidats à mobiliser correctement des connaissances un peu plus érudites. Il ne s'agit pas de lire des thèses ou de très longs ouvrages spécialisés dont la perspective n'est pas celle du concours, mais il est souhaitable que l'on n'ignore pas ce que contiennent les grandes thèses qui font autorité dans tel ou tel champ historique ou les articles qui ont marqué des jalons importants dans l'historiographie. La littérature spécialisée enrichira donc vos exemples, mais aussi votre compréhension des problématiques scientifiques posées par la question au programme. Les manuels sont indispensables mais leur lecture répétée rend la préparation parfois fastidieuse, les articles et ouvrages spécialisés vous offrent la possibilité de sortir du cadre étroit de la synthèse et parfois de mieux mémoriser des exemples pertinents et plus parlants que ceux qui se trouvent dans tous les manuels. Tout dépend ici de votre capacité individuelle et collective de lecture. Vous pouvez aisément lire et ficher trois ou quatre articles et un ou deux ouvrages spécialisés par question. Les articles peuvent être lus et fichés *in extenso*, tandis que les ouvrages doivent être parcourus très rapidement. En effet, « connaître » un livre n'est pas le lire entièrement. Le jury sait bien que vous n'avez pas le temps de lire intégralement d'autres ouvrages que les manuels de base, mais il est en droit d'attendre que vous n'ignoriez pas totalement le contenu ou le sujet de tel ou tel ouvrage de référence que l'on retrouve dans toutes les bibliographies.

Le compte rendu de lecture d'un ouvrage spécialisé doit se focaliser sur l'introduction, la conclusion et la table des matières. On pourra éventuellement ficher de manière plus étendue un chapitre ou deux, mais guère plus. Une fiche d'article devra faire au maximum un recto A4, une fiche d'ouvrage deux rectos versos A4 (ou quatre pages) pour être facilement utilisable par vous-même ou par les camarades avec lesquels vous partagez ce travail de fichage.

Les bibliographies comportent souvent des ouvrages en langue étrangère : en anglais toujours, en allemand, en espagnol et en italien parfois. Faut-il se lancer dans leur lecture ? Le bon sens doit prévaloir ici. Si vous maîtrisez parfaitement l'une de ces langues et que vous la lisez aussi vite que le français, utilisez cette capacité au profit de votre groupe de travail, mais si votre lecture est lente et hésitante, il vaut mieux renoncer. On peut à la rigueur consulter ou lire des comptes rendus publiés dans les revues scientifiques anglo-saxonnes.

Ce conseil s'applique aussi aux ouvrages spécialisés en français. Comme vous n'avez guère le temps de lire plus d'un ou deux ouvrages spécialisés par question de manière un peu approfondie, vous pourrez vous tourner vers ces comptes rendus pour acquérir une vision rapide et synthétique de ces ouvrages spécialisés. Les grandes revues historiques scientifiques françaises[1] ou étrangères ont presque toutes numérisé une partie de leur contenu. Vous pourrez donc avoir accès par le biais de votre bibliothèque universitaire à une masse considérable d'articles et de comptes rendus au format pdf. Il faudra ici encore faire des choix, mais votre travail de préparation est incontestablement facilité par rapport aux candidats de la décennie précédente qui ne bénéficiaient pas toujours de tels fonds.

Fiches de lecture, résumés

Chaque candidat a ses propres méthodes de travail, mais on peut tout de même donner quelques conseils sur la manière de rendre ses lectures profitables à soi-même et à son groupe de travail. Toute lecture doit être accompagnée d'une trace écrite plus ou moins développée. Vous avez tout intérêt à « standardiser » vos fiches, c'est-à-dire à adopter une même présentation au sein de votre groupe de travail. Vous pouvez les taper pour les rendre plus lisibles, mais si vous les écrivez à la main, écrivez le plus distinctement possible pour mieux vous relire et pour partager. Ce sera aussi un bon exercice de calligraphie pour l'écrit. Écrire une fiche, c'est déjà la mémoriser. Quand bien même vous travailleriez seul, vous devez impérativement passer par l'écrit pour affiner votre réflexion, hiérarchiser l'information et en préparer la mémorisation.

En ce qui concerne les manuels, ils doivent être résumés en insistant sur les dates, les personnages, les lieux importants. La structure des manuels, exprimée dans leurs tables des matières, doit également être mémorisée. Elle pourra fournir une base de réflexion pour l'élaboration de plans détaillés de sujets. Si vous possédez personnellement ces manuels, n'hésitez pas à les annoter à même le livre. Pour les articles et les ouvrages spécialisés, il faudra faire preuve de plus de distinction. Vous pourrez dans un premier temps, noter les informations générales qui complètent celles des manuels et dans un deuxième temps, vous pourrez relever les éléments biographiques, géographiques, chronologiques, linguistiques, qui viendront enrichir vos fiches de « repères » et qui nourriront votre copie d'écrit par des exemples choisis.

---

1. Citons par exemple la *Revue d'histoire moderne et contemporaine*, la *Revue Historique*, les *Annales*, les *Annales historiques de la Révolution française*, la revue *Dix-huitième siècle*, etc.

Exploiter les traces écrites par des fiches repères

En effet, il ne suffit pas de lire et de constituer un répertoire de fiches, encore faut-il pouvoir utiliser et mobiliser rapidement à l'écrit et à l'oral ce que l'on a produit. Il est donc nécessaire de se constituer à partir de ses lectures des fiches que nous pourrions appeler les repères qui seront la matière première des révisions.

Ces repères sont constitués de vos notes de cours, de vos chronologies, de vos glossaires, de vos fiches biographiques et de vos fonds de cartes.

Vos notes de cours doivent être ordonnées selon le plan donné par l'enseignant. Si, à la première relecture, vos notes vous semblent confuses ou insuffisamment classées, réécrivez-les pour les rendre plus claires. Soyez particulièrement attentifs à l'orthographe des noms propres. Il serait contre-productif d'apprendre par cœur des noms de personnes ou de lieux fautifs. Les notes de cours ne sont qu'une matière première. Vous devez les affiner en supprimant les points secondaires et en insistant sur le plan. C'est pourquoi on ne saurait trop conseiller aux candidats de mettre en ordre leurs notes de cours au fur et à mesure de la préparation, par exemple en les tapant ou en les réécrivant au propre. N'oubliez pas de noter soigneusement les corrigés des exercices proposés par vos enseignants, ils vous seront utiles, notamment dans la perspective de l'oral.

La chronologie est la base de toute réflexion historique. On ne peut raisonner en histoire si l'on n'a pas une connaissance précise de la chronologie. Un devoir d'histoire sans date précise est donc plus qu'une faute, c'est un péché capital pour l'historien en général et pour le candidat aux concours en particulier. Certaines périodes historiques nécessitent une maîtrise très fine de la chronologie. Ainsi, vous ne pourrez espérer comprendre quoi que ce soit de la Révolution française sans une connaissance sans faille de la succession des événements (attention à ne pas oublier la double datation en calendrier grégorien et en calendrier républicain entre 1793 et 1805). D'autres périodes ou d'autres questions sont moins exigeantes, mais toutes nécessitent un apprentissage par cœur de listes de dates. C'est pourquoi les chronologies doivent être vos instruments de travail permanents. Il ne suffit pas de consulter une chronologie, il faut la manipuler constamment. Dans tous les manuels et toutes les préparations, on vous donnera des chronologies mais vous ne devez pas vous contenter de les reproduire, vous devez impérativement vous constituer vos propres chronologies, générales et thématiques, que vous enrichirez au fur et à mesure de votre préparation. Vous pouvez faire le choix d'arranger ces chronologies par thèmes, par aires géographiques, etc.

De même, vous devez vous constituer un lexique historique par question. Les termes politiques, juridiques, économiques, etc. ont une histoire qui leur est propre. Tout terme spécifique doit être utilisé dans son contexte particulier. Rien de pire que l'anachronisme en matière de vocabulaire. Ainsi, il n'existe pas de « Premier Ministre » avant l'apparition des régimes parlementaires proprement dit, les « diplomates » ne sont appelés ainsi qu'au XIXe siècle, les manufactures ne sont pas des « usines », etc. Ces lexiques doivent être appris par cœur comme les chronologies.

Les personnages historiques principaux de la question doivent également faire l'objet de courtes fiches biographiques. Ces personnages ne sont pas forcément les rois et les reines ou les principaux hommes politiques. Parfois, un personnage « secondaire » revêt une grande importance dans l'économie d'une question de concours. Dans la récente question d'histoire moderne sur « Le Prince et les arts en France et en Italie (XIVe-XVIIIe siècles) », il fallait autant maîtriser les biographies des principaux artistes de la période que celles des souverains. On mettra bien entendu en valeur ce qui relève de la problématique générale de la question plutôt que l'ensemble des faits importants de la vie du personnage en question.

Même si l'on ne vous demandera pas de carte de synthèse ou de croquis à l'écrit d'histoire, il faut s'exercer à remplir correctement des fonds de carte dans la perspective de l'oral et ne pas négliger les règles de base. Ainsi, on n'oubliera évidemment pas de faire figurer une échelle approximative et surtout une légende lorsqu'on sera amené à présenter une carte. La présentation doit être soignée et agréable à l'œil.

Enfin, n'oubliez pas de vous constituer un petit stock de données chiffrées utiles. Certaines thématiques s'y prêtent mieux que d'autres, mais des chiffres précis de la population d'un État ou d'une ville à un moment donné ou quelques données sur l'économie d'un royaume sont du meilleur effet dans une copie. Une trentaine de chiffres judicieusement choisis et préalablement mémorisés vous serviront à étoffer votre devoir écrit. N'essayez pas d'inventer de telles données, le jury est attentif et peu amène à l'égard des faussaires. À ce propos, il est utile de maîtriser les plus usuelles des mesures historiques et la valeur des principales monnaies. Un candidat doit savoir approximativement à quoi correspond une livre ou une lieue dans la France du XVIIIe siècle ou encore un talent dans la Grèce ancienne...

Résumons. À l'issue de votre préparation, vous devrez avoir constitué une bibliographie synthétique par question et de courtes bibliographies thématiques, avoir fiché intégralement un ou deux manuels généraux par période, avoir parcouru plusieurs manuels du secondaire, avoir repéré les principaux recueils de sources écrites et iconographiques, avoir utilisé les dictionnaires et atlas historiques. Vous devrez de plus avoir fiché un ou deux ouvrages spécialisés et trois ou quatre articles mais aussi lu trois ou quatre comptes rendus tirés de revues scientifiques. Votre production écrite devra comprendre une chronologie que vous aurez construite en « croisant » les différentes chronologies des manuels et celles données par vos enseignants, vos notes de cours (classées par thème ou par période ou par aire géographique), vos fiches de lecture, des fiches repères biographiques, un glossaire, quelques données chiffrées essentielles et des fonds de cartes. Enfin, il vous faudra mémoriser l'essentiel de cette production écrite en la lisant, la relisant et en s'interrogeant mutuellement avec vos camarades de préparation.

Un gros travail, mais qui peut être réalisé en étudiant régulièrement, en s'astreignant à suivre un planning préalablement élaboré et en profitant des exercices qui vous seront proposés.

Les exercices

Toutes ces données accumulées ne vous serviront guère si vous ne vous exercez pas aux épreuves avant de les passer. Dans toutes les préparations, on propose aux candidats un ou plusieurs concours blancs par période. Dans les TD, les préparateurs vous incitent également à présenter des plans détaillés de dissertation ou de courtes explications de documents. Participer pleinement à ces exercices est indispensable. Certes, vous avez déjà rédigé des dissertations dans le cours de vos études universitaires, mais elles avaient rarement le même format que celles proposées aux CAPES. Par ailleurs, on attend évidemment plus d'un candidat à un concours d'enseignement que d'un étudiant de licence et les écarts de notation entre la licence et le CAPES surprennent plus d'un étudiant. Pour les candidats les moins assurés sur leur méthode, les nombreux exercices proposés par le CNED peuvent être très utiles. Ne manquez jamais les possibilités qui vous sont proposées : colles d'écrit ou d'oral, concours blancs, exercices dans les TD. La dissertation et le commentaire de documents à l'oral sont des exercices qui nécessitent la répétition. Construire un plan détaillé est une gymnastique mentale et non le fruit d'un don particulier.

La participation aux exercices proposés dans le cadre des préparations universitaires est une condition indispensable de la réussite, mais elle ne suffit pas. Il faut — seul, ou mieux encore, dans le cadre de votre groupe de travail — multiplier les exercices d'élaboration de plans détaillés et/ou de commentaire de documents. Il faut également rédiger le plus souvent possible : parfois une introduction complète, parfois une conclusion ou une partie d'un sujet préalablement déterminé. L'écriture est elle aussi une discipline « sportive » qui nécessite des entraînements fréquents. Plus on écrit, mieux on écrit.

Fréquenter les bibliothèques

Depuis la rentrée 2013, les Écoles Supérieures du Professorat et de l'Éducation (ESPE) accueillent les étudiants se destinant aux métiers de l'enseignement primaire et secondaire et hébergent administrativement la préparation aux concours. Concrètement, en ce qui concerne le CAPES, la formation se fait dans le cadre universitaire. La plupart des candidats ont donc accès aux bibliothèques généralistes et spécialisées de leurs universités de rattachement.

Dans ce domaine, les candidats issus des grandes villes universitaires sont favorisés par rapport aux autres. Il est indispensable de fréquenter assidûment la

BU et la BUFR (bibliothèque d'UFR) quand elle existe. Même si les bibliothèques universitaires ne sont pas forcément toutes rénovées et également accueillantes, elles contiennent la quasi-totalité des ouvrages dont vous avez besoin. Certaines d'entre elles mettent même des salles de travail collectif à la disposition des candidats qui en font la demande. Par ces BU, vous avez également accès à de nombreuses bases de publications en ligne, notamment la plupart des grandes revues historiques en France. Le plus souvent, vous n'aurez donc pas à chercher bien loin les principaux articles contenus dans la bibliographie scientifique, ils seront disponibles d'un simple clic.

Les grandes bibliothèques parisiennes comme la Bibliothèque Interuniversitaire de la Sorbonne ou la Bibliothèque Sainte-Geneviève ou encore la Bibliothèque de Beaubourg seront utiles pour les ouvrages difficiles à trouver ou en raison de leurs horaires d'ouverture. Les candidats dans la région parisienne pourront également utiliser la BNF. Mais dans l'immense majorité des cas, les bibliothèques de vos universités ou des UFR suffiront amplement. Les bibliothèques municipales ont également parfois des fonds intéressants en histoire.

Si votre emploi du temps ne vous permet pas de vous rendre fréquemment dans une bibliothèque universitaire, vous pouvez bien entendu acheter la plupart des manuels, mais vous pourrez difficilement acquérir la littérature spécialisée (soit en raison du coût trop élevé, soit parce qu'une bonne partie des ouvrages ne sont plus disponibles en librairie). Les grandes librairies parisiennes et dans les villes universitaires possèdent le plus souvent leurs tables ou leurs rayons particuliers pour les concours. Fréquentez-les de temps à autre pour vous informer des ouvrages qui viennent de sortir ou des rééditions.

5. Les épreuves écrites d'histoire

Dans le nouveau CAPES figurent deux épreuves écrites : la « composition » qui est une dissertation et « l'analyse critique » suivie de « l'exploitation adaptée ».

La composition ou dissertation

Quand vous vous apprêtez à passer les épreuves du CAPES, vous avez déjà eu de nombreuses occasions de pratiquer l'exercice de la dissertation dans vos études universitaires. En théorie, la méthode de cet exercice vous donc est familière, mais la pratique montre qu'il faut sans cesse en rappeler les principes pendant l'année de préparation et que les copies qui montrent un défaut de méthode sont très nombreuses. Or les enseignants que vous deviendrez — si vous réussissez le concours — sont censés transmettre cette méthode. Il serait pour le moins contradictoire que vous ne puissiez pas la maîtriser vous-mêmes…

Comme tout exercice intellectuel, la dissertation est un exercice qui nécessite de la pratique, de la pratique et encore de la pratique. Il est donc indispensable d'avoir, dans l'année, réalisé plusieurs dissertations dans les conditions du concours. Les concours blancs vous en offrent la possibilité, mais il ne faut pas s'en contenter. Vous devez dans le cours de votre préparation faire des plans détaillés et même quelques dissertations entièrement rédigées dans le temps de l'épreuve (cinq heures) ou en temps limité (par exemple exercez-vous à rédiger une partie en une heure ou une introduction en une demi-heure). Vous apprendrez ainsi à mieux connaître vos capacités de travail et votre rythme propre. Nous rappellerons ci-dessous les principales règles de cet exercice, mais si vous vous sentez faible dans ce domaine, il peut être utile de vous reporter à un manuel spécifique comme celui de Pierre Saly *et alii*, *La Dissertation en histoire*, Paris, Armand Colin (plusieurs éditions) qui contient de nombreux exemples.

Maîtriser le temps de l'épreuve

Le temps de composition est à la fois long et court. Long, car vous n'êtes pas habitués à travailler cinq heures d'affilée sur un même exercice, et court parce que le temps pour construire et rédiger votre composition est compté.

Travailler cinq heures sur une dissertation nécessite une bonne forme physique et mentale. Les conseils sont ici de simple bon sens : dormez correctement les jours qui précèdent l'épreuve, alimentez-vous solidement, n'abusez pas des excitants comme le café, l'alcool ou la cigarette, pensez à vous munir d'eau et de quelques provisions énergétiques pour les coups de fringale. Une pause « pique-nique » au milieu de l'épreuve n'est pas du temps perdu, pendant que vous mastiquez, votre cerveau continue à travailler. Pour éviter la panique, prévoyez large pour votre temps de transport à destination du lieu de l'épreuve. Arriver avec une demi-heure d'avance paraît sage. Vous profiterez de ce moment pour vous concentrer et vous placer dans « l'ambiance » de l'épreuve.

Une fois les sujets distribués, gardez souvent l'œil sur votre montre (n'oubliez pas que les téléphones portables sont interdits en salle de concours, prévoyez une montre ou une pendule de table) sans pour autant paniquer. Une règle est impérative : il faut finir à tout prix dans le temps imparti. Tous les correcteurs le disent : mieux vaut un devoir plus léger mais équilibré et terminé. Hâtez-vous mais de manière organisée.

Ne cherchez pas à rédiger immédiatement. Il faut prendre le temps de la réflexion sur le sujet et celui de l'élaboration du plan détaillé que vous pourrez toujours modifier à la marge ensuite. Mais une fois la rédaction commencée, il est périlleux de modifier radicalement le plan. Il est donc essentiel d'y réfléchir longuement avant de commencer la rédaction proprement dite et de s'y tenir ensuite.

La plupart des préparateurs et des correcteurs recommandent un minimum d'une heure pour la lecture approfondie et la réflexion autour du sujet et pour la construction du plan détaillé. Comptez environ une demi-heure pour la rédaction de l'introduction et de la conclusion et un quart d'heure de relecture attentive en fin d'épreuve. Reste trois heures et quart que vous pouvez diviser en dix à quinze minutes de pauses et trois heures pour la rédaction des développements, soit environ une heure pour chaque partie (et donc vingt minutes par sous-partie). Compte tenu du temps de rédaction restant, il est vivement conseillé de rédiger directement au propre (à moins que votre écriture « rapide » soit illisible). À la rigueur, vous pouvez rédiger votre introduction et votre conclusion au brouillon avant de les reprendre au propre.

Ce planning de l'épreuve doit évidemment être adapté au rythme propre à chaque candidat, mais le cadre général est celui-là. Répétons-nous : il est impératif de terminer son devoir et de le conclure. La conclusion est un exercice en soi auquel les correcteurs sont attentifs.

Les attentes des correcteurs

La dissertation est une *démonstration convaincante* grâce à une utilisation de *connaissances précises* en vue du *problème posé*. Comme toute démonstration, la dissertation doit être structurée et organisée logiquement. La dissertation du CAPES est donc l'occasion de montrer vos capacités de compréhension d'un sujet et d'élaboration d'une problématique, de faire la preuve de vos talents de synthèse et de votre habilité à mobiliser des connaissances précises, et enfin de votre aptitude à écrire dans un français correct, clair et lisible. Toute la technique de la dissertation en histoire se résume à l'articulation de la démonstration (c'est-à-dire le plan), les connaissances, et la problématique. Pour chaque idée avancée dans la démonstration, il faut l'étayer par un fait précis, une date précise. Il ne s'agit pas de faire un exposé de philosophie de l'histoire ou de digresser à partir de vos cours (les sujets de CAPES ne sont jamais des « questions de cours »), mais de se poser une question (la problématique) et d'y répondre de manière organisée (le plan) à l'aide de faits précis (connaissances). Enfin une bonne dissertation doit être l'occasion de montrer sa familiarité avec l'historiographie d'une question : présenter les différents points de vue, comparer, relativiser.

Quelle est la « taille » idéale d'une dissertation de CAPES ? Elle dépend en partie de votre écriture, mais les correcteurs attendent une certaine « épaisseur » pour votre démonstration. Quatre à cinq copies doubles semblent être une bonne mesure. Les copies plus longues sont le plus souvent l'indice d'une difficulté à synthétiser et d'une tendance à « ressortir » ses cours au lieu de traiter le sujet, tandis que les copies plus courtes ne sont généralement pas assez érudites, voire incomplètes dans la démonstration. Or, une autre règle à respecter est l'exhaustivité : tous les aspects du sujet (mais rien qu'eux) doivent être traités et de préférence de manière équilibrée.

Les sujets des compositions au CAPES peuvent surprendre les candidats qui ont mal préparé le concours, mais pas ceux qui ont réfléchi au préalable sur l'esprit de la question et sur ses problématiques principales. Les sujets du CAPES couvrent toujours l'ensemble de la période chronologique et le plus souvent la totalité des aires géographiques de la question au programme. Ils doivent vous permettre de mobiliser toutes les connaissances acquises et toutes les grandes problématiques auxquelles vous avez été confrontés dans le cours de l'année.

Comprendre le sujet

Pas de panique à la lecture du sujet ! Il a été soigneusement élaboré et tous les candidats qui se sont sérieusement préparés peuvent le traiter. Refrénez les envies de fuite qui prennent tous les candidats. Faites le vide si cela vous arrive et surtout mettez-vous au travail rapidement.

On lit trop souvent de copies dont on voit de manière évidente que le candidat n'a pas réfléchi assez longtemps sur le sens du sujet. La phase de réflexion et de « décorticage » du sujet est pourtant *essentielle*. C'est elle qui va déterminer la direction principale de votre composition.

Commencez par lire et relire le sujet, puis tous ses termes individuellement. Revenez souvent à cet intitulé pour éviter de vous engager dans une fausse piste et faire un inévitable hors sujet. La première règle est de se placer à *l'intérieur* du sujet et de le comprendre. Il faut chercher à se mettre dans la tête de l'enseignant qui a proposé le sujet et se demander ce que le jury attend.

En étudiant la liste des sujets donnés au CAPES depuis une décennie, on se rend compte que le nombre de types de sujets est relativement limité. On trouve ainsi des sujets verbe à l'infinitif (2007, « Être romain en Afrique du Nord, 69-439 ap. J.-C. » ; 2008, « Tenir son rang dans la société anglaise, espagnole et française au XVIIe siècle »), des sujets mise en relations (2005, « Les civils et les violences de guerre, 1914-1945 » ; 2000, « Les paysans et l'individualisme en France et en Angleterre aux XVIIe et XVIIIe siècles »), des sujets thématiques (2003, « Les innovations et leur diffusion dans l'Europe de la Renaissance »). On constate qu'aucun sujet tableau ou bilan ou encore de sujet biographie n'ont été donnés depuis vingt ans.

Une bonne préparation devra donc couvrir les trois types de sujets les plus fréquemment proposés. Panachez ces trois catégories quand vous travaillerez sur des plans détaillés. Il est peu vraisemblable qu'un sujet biographie ne tombe à l'écrit, en revanche, ils sont présents à l'oral.

Face au sujet, il faut tout d'abord isoler ses termes principaux et surtout le mot-clé qui lui donne son sens. Ces mots-clés peuvent être des noms communs (causes, conséquences, conditions, bilan, tableau, régime, vie politique, etc.), des noms propres (Auguste, Louis XIV, France, Espagne, etc.) ou un verbe à l'infinitif (être, devenir, vivre, mourir, représenter, etc.). Il faut soigneusement réfléchir à ce qu'impliquent ces termes clés. Ainsi, dans le sujet de 2008 d'histoire moderne ci-dessus, les deux termes à définir étaient « Tenir » et « rang ». Il fallait donc évidemment s'interroger d'abord sur le sens de ces deux expressions dans leur contexte et ce qu'ils impliquaient quant à la problématique que vous alliez dégager. On doit faire de même pour tout autre sujet. Ainsi, un sujet qui contient le terme « régime politique » vous incite à traiter des institutions et de l'organisation des pouvoirs, tandis qu'un sujet comprenant l'expression « vie politique » induit une réflexion sur les pratiques. D'une manière générale, les sujets verbes à l'infinitif (qui se sont multipliés ces dernières années au CAPES comme à l'Agrégation) vous encouragent à réfléchir à un *processus* pratique et à une *expérience* individuelle ou collective. Ainsi, « Voyager en Europe, années 1680-années 1780 » (agrégation interne 2014) doit immédiatement vous amener aux questions « qui ? comment ? pourquoi ? » Les sujets avec un verbe d'état (être ou devenir) vous orientent plutôt vers une réflexion sur un statut social, professionnel, culturel, etc. « Être paysan au XVIIe siècle en France » ne doit pas se limiter à l'étude de la culture de la terre, car le paysan est aussi un contribuable, un fidèle, etc. Le verbe « vivre » vous renvoie du côté de la « vie quotidienne » et des modalités pratiques et culturelles.

À ce stade, il faut prendre garde aux confusions grossières. « L'économie » n'est pas la même chose que « les finances », « l'Église » n'est pas la « religion », « l'éducation » n'est pas la « culture ». Ainsi un sujet libellé « Le roi et l'Église en France, XVIe-XVIIe siècle » vous engage en direction des rapports entre le souverain et l'Église catholique en tant qu'institution, tandis que « Le roi et la religion, XVIe-XVIIe siècle » est un sujet qui met l'accent sur l'attitude du roi et de l'État monarchique face aux croyances en général.

C'est pourquoi après la définition des mots-clés du sujet, il faut passer ensuite à la compréhension de sa syntaxe. Le pluriel, le singulier, l'ordre des termes et les principaux mots de conjonction devront être attentivement examinés.

« Les contre-révolutions en France, 1789-1815 » n'est pas exactement le même sujet que « La contre-révolution en France, 1789-1815 ». Dans le premier cas, on insistera sur la diversité, dans le second sur l'homogénéité de l'opposition contre-révolutionnaire. « Les paysans et la Révolution française » est un sujet complètement différent de « La Révolution française et les paysans ». Dans le premier, on étudiera la manière dont les paysans ont accueilli la Révolution, leur participation, leur refus, etc., dans le second cas, on se concentrera sur la politique paysanne des Assemblées révolutionnaires. La présence de la conjonction de coordination « et » (très présente dans les sujets du CAPES) implique souvent une mise en relation et une hiérarchisation des termes. Ainsi « La France et la mer sous l'Ancien régime » est un sujet mise en relation, de même que « Pouvoir et territoire entre 323 et 55 avant J.-C. en Égypte, Chypre, Syrie et Anatolie » (donné en 2004). Il va de soi que l'inversion des termes impliquerait une autre approche… L'opposition des termes ou leur complémentarité est également porteuse de sens : « Révoltes et guerres civiles dans les monarchies française et espagnole, XVIe-XVIIe siècles » vous invite à ne pas vous limiter aux révoltes populaires et à traiter également les soulèvements nobiliaires. On remarquera que le « et » n'invite pas ici à une mise en relation, mais indique que plusieurs aspects d'un même phénomène sont à étudier de manière comparative dans deux aires géographiques distinctes. Parfois, l'intitulé comprend déjà les termes qui doivent orienter votre plan comme dans « Développement industriel, mutations de la salarisation et progrès de la consommation en Europe occidentale, 1880-années 1960 » (1998), mais dans ce cas, il ne fallait pas se contenter de reprendre tels quels ces éléments, il fallait montrer comment ils se combinaient et quelles relations de causalité (ou de concomitance) ils entretenaient dans l'aire géographique considérée.

Il faut ensuite comprendre et délimiter les bornes chronologiques et géographiques du sujet. Au CAPES, les sujets donnés couvrent l'ensemble de la période considérée et l'ensemble (ou presque) des aires géographiques au programme. Cela ne signifie pas que la définition des bornes du *sujet* soit donnée une fois pour toutes par le *programme*. Trop souvent, les candidats se contentent dans leur introduction de reprendre le sens des bornes chronologiques et géographiques du *programme* et non du *sujet*, c'est une erreur fondamentale. Telle date aura une signification générale pour une période qui ne correspond pas forcément à une date pertinente pour le sujet. Les dates (quand il y en a) qui accompagnent le sujet invitent à un questionnement. Ainsi, « La noblesse et la monarchie, France, 1559-1661 » invite à traiter une période de confrontation directe et de conflits, tandis que « La noblesse et la monarchie française, 1661-1714 » est un tout autre sujet dans sa problématique. Très rares ces dernières années ont été les sujets tableaux, mais il ne faut pas les ignorer (notamment en prévision de l'oral). Ils comportent le plus souvent une seule date, par exemple « La France en 1788 » ou « L'Empire colonial britannique en 1914 ». Ces sujets ne sont évidemment pas prétexte à raconter par le menu les événements marquants de l'année en question, mais plutôt à dresser un tableau des dynamiques et des résistances politiques, sociales, économiques et culturelles à l'œuvre à une date donnée. Certains sujets tableaux sont des sujets bilans. Ainsi, « L'Angleterre en 1660 » vous invite à dresser le bilan de l'Angleterre au moment de la restauration monarchique. Si le sujet ne comporte pas de date particulière, mais simplement une indication de période (comme c'est souvent le cas), il faut, dans l'introduction, définir le cadre chronologique du *sujet* (qui, répétons-le, n'est pas forcément exactement le même que celui du programme).

On procède de même avec le cadre géographique. Il faut ici se garder des anachronismes. Il n'existe pas de « Royaume d'Espagne » au XVIIe siècle, pas plus de « Royaume-Uni » avant 1800. On parlera « des États allemands » plutôt que de « l'Allemagne » et « d'États italiens » plutôt que « d'Italie » avant l'unification de ces États. Dans un sujet thématique ou mise en relation, l'intensité du phénomène à étudier n'est pas forcément identique selon les aires géographiques au programme. Ainsi, dans le sujet « Voyager en Europe au XVIIIe siècle » (agrégation interne 2014), la délimitation du cadre géographique du sujet implique que vous remarquiez dès l'introduction que les espaces du voyage ne sont pas homogènes dans la période : personne ou presque ne voyage en Hongrie, alors que la quasi-totalité des « touristes » (le mot apparaît à la fin du XVIIIe siècle) se rend en Italie.

Dégager la problématique d'un sujet, construire un plan détaillé

Après avoir défini les termes, puis délimité les bornes du sujet, il faut procéder à la « recherche d'idées », c'est-à-dire que vous devez coucher sur le papier tout ce qui vous semble essentiel : idées, dates, repères géographiques, chronologiques, biographiques, références à l'historiographie et à ses débats. Cette recherche doit rester libre dans le cadre du sujet et ne pas s'enfermer dans un plan *a priori*. Il ne faut pas chercher à ordonner immédiatement ce qui « passe par la tête ». La pratique montre qu'avec une brève notation, un mot, un nom, une date, une bribe de phrase, une liaison causale, on retrouve sans peine le fil. Cette étape du travail, délicate, doit prendre assez peu de temps et ne pas tourner à la rédaction d'un brouillon. C'est dans le cours de cette étape que prend corps votre problématique.

La problématique est tout simplement l'ensemble des questions posées par le sujet. On peut distinguer une problématique principale et les problématiques secondaires qui découlent de la première. Ces problématiques secondaires sont celles qui structurent vos trois parties. La problématique est rarement directement exprimée dans le titre. Même quand le sujet est rédigé sous forme interrogative, il invite à se poser *d'autres* questions. La problématique n'est pas une simple phrase jetée au hasard dans l'introduction, elle doit structurer votre devoir. Une copie sans problématique est assurée de récolter une note très faible.

Le travail de compréhension du sujet doit permettre de dégager un questionnement central. À partir de celui-ci, on élabore les questions intermédiaires du raisonnement. Problématiser consiste donc à rassembler diverses questions secondaires autour d'une question centrale qui recoupe tous les aspects du sujet. Pour problématiser, il faut revenir à la définition de l'intitulé du sujet et ne pas se contenter de dresser une liste de propositions interrogatives sans ordre logique. Une accumulation de questions n'est pas une problématique. En revanche, vous poser des questions simples peut vous aider à la construire. Face à un sujet que l'on a du mal à appréhender, il faut ainsi se demander « En quoi… ?, Pourquoi… ? Comment… ? Où… ? Dans quelle mesure… ? ». Ces interrogations simples vous amèneront à des réflexions plus construites.

Le plan découle de l'esprit du sujet et de la problématique que vous avez dégagée. On ne saurait trop insister sur la nécessité de soigner votre plan, de l'affiner et de le peaufiner dans la phase de réflexion initiale.

La tradition des concours veut que vous fassiez un plan en trois parties. Ce n'est théoriquement pas obligatoire, mais dans la pratique, tous les correcteurs l'attendent. Il y a également des raisons objectives pour préférer le plan en trois parties : il colle mieux au développement d'une pensée historique fondée sur une chronologie des événements et peut servir indifféremment à un plan strictement chronologique ou a un plan thématique ou encore à un plan mixte. Le plan en deux parties est en général incomplet ou manichéen (thèse/antithèse), le plan en quatre parties est souvent l'indice d'une absence de réflexion sur le sujet ou d'un manque d'esprit de synthèse. De toute manière, les membres du jury qui ont conçu le sujet l'ont fait en supposant que l'on pouvait le traiter en trois parties, autant les suivre en la matière…

Compte tenu du fait que les sujets tableaux ou bilan ont, semble-t-il, disparu des écrits du CAPES (mais pas de l'oral), on peut se limiter à trois grands types de plans : les plans chronologiques qui mettent en œuvre l'idée d'évolution, les plans thématiques dans lesquels il s'agit d'isoler les différentes composantes d'une réalité et d'en réaliser une synthèse, et les plans dialectiques qui combinent les deux premiers. Là encore, dans votre préparation, vous avez tout intérêt à manier ces trois types de plan évolutifs.

Disons-le de suite : les plans strictement chronologiques ou strictement thématiques ne sont pas conseillés par le jury. Que la dominante de votre plan relève de la première ou de la deuxième catégorie, il faudra toujours inclure du thématique dans le chronologique et inversement. L'idéal est le plan dialectique ou chronologico-thématique. Si le sujet s'y prête, définissez trois grandes périodes délimitées par des dates-tournants significatives (que vous expliquerez, cela va de soi). Cela vous permettra d'intégrer la dimension chronologique indispensable. Si le sujet est plus volontiers thématique, définissez trois grands thèmes mais n'oubliez pas de montrer comment les phénomènes évoluent dans le temps en mettant encore ici en avant les dates charnières dans les sous-parties.

En réfléchissant à votre plan, posez-vous des questions simples : cette partie ou cet aspect du plan sont-ils hors sujet ? Les parties et les sous-parties s'enchaînent-elles logiquement ? Le devoir est-il équilibré ?

Ne partez pas d'un plan abstrait *a priori*, partez toujours du sujet et non d'un hypothétique plan passe-partout. En revanche, ne bannissez pas forcément les « plans bateaux » (aspects politiques, économiques et sociaux, aspects culturels) ou qui vous semblent trop évidents. Parfois, la simplicité est préférable à la complexité. Mieux vaut un plan simple et maîtrisé qu'une « usine à gaz ». Il convient néanmoins si vous choisissez un « plan bateau » de le justifier et de l'annoncer plus finement qu'en reprenant la trilogie « économie, politique, culture ».

Un plan doit nécessairement partir de la « recherche d'idées », cette phase pendant laquelle vous allez noter au brouillon, plus ou moins dans le désordre, les réflexions, les thèmes, les exemples et les dates qui vous semblent importants pour traiter le sujet. N'hésitez pas à vous servir de trois couleurs pour relier les faits et les idées qui formeront les trois parties, multipliez les flèches, les renvois entre vos notes pour structurer votre pensée. À partir de ce brouillon, vous allez relier entre eux les éléments de votre démonstration et constituer des « blocs » homogènes correspondant chacun à une question. Reportez sur une autre feuille la structure ainsi dégagée et cherchez ensuite à constituer des sous-parties homogènes selon le même critère (chaque sous-partie doit correspondre à une problématique de troisième niveau). Si vous arrivez à résumer ce que vous avez l'intention d'écrire en une seule phrase simple et courte, vous êtes sur la bonne voie. Si non, c'est que vos sous-parties ne sont pas bien structurées. Recommencez.

À l'intérieur des sous-parties, définissez l'idée centrale de chaque paragraphe et organisez-les selon un lien logique (par exemple d'antécédence ou de causalité). Ce travail de subdivision doit, comme celui de division en parties, éviter les « tiroirs vides », souvent symptômes d'un mauvais *a priori*.

À l'issue de cette phase d'organisation, assurez-vous que vous n'avez pas dévié du sujet en vous reposant la question essentielle : cet aspect de la question est-il dans ou en dehors du sujet ? Si la réponse est positive, vous pouvez alors « remplir » vos sous-parties et vos « chapeaux » de paragraphes par les exemples, les dates, les idées que vous avez au préalable couchés sur le papier lors de la phase de « recherche d'idées ». Ne cherchez pas à cette étape de nouvelles subdivisions au sein de vos paragraphes, vous les « remplirez » lors de la rédaction proprement dite.

Une fois achevé, le plan détaillé se présente sous la forme d'une demi-page de texte au maximum (avec des renvois aux autres pages de brouillon sur lesquelles vous avez noté les dates, les personnages, etc.), avec une dizaine de rubriques au maximum (l'idéal étant neuf, bien entendu) regroupées en trois parties.

La forme et le style de la dissertation

L'histoire est une science humaine mais elle est aussi une discipline littéraire. Beaucoup d'étudiants de licence semblent l'oublier. Les candidats au CAPES ne peuvent avoir la même ignorance. On attend d'eux qu'ils écrivent dans un français clair, sans faute d'orthographe (une coquille par page n'est pas rédhibitoire) et sans grossière faute de grammaire ou de syntaxe. Une relecture attentive d'un quart d'heure minimum doit vous permettre d'éliminer la quasi-totalité des « fautes de plume » se produisant nécessairement quand on écrit rapidement. S'il reste trop de fautes d'orthographe ou de grammaire, votre note s'en ressentira évidemment. Personne n'a envie d'envoyer devant les élèves du secondaire des enseignants incapables d'écrire correctement. De toute manière, il est fort rare qu'une copie truffée de fautes d'orthographe ou de français soit bonne sur le fond, car, comme l'écrit Boileau, « ce qui se conçoit bien s'énonce clairement ».

Par ailleurs, vous devez impérativement soigner la forme matérielle de votre copie. Écrivez lisiblement, avec une encre foncée, n'abusez pas du « typex » et préférez l'effaceur d'encre (si vous utilisez un stylo-plume), si vous devez rayer, faites-le proprement à la règle, et surtout aérez votre texte. La structure de votre devoir doit « sauter » aux yeux du correcteur. Pour cela, adoptez des sauts de ligne égaux : trois lignes entre chaque partie, mais aussi entre l'introduction et la première partie ainsi qu'entre la troisième partie et la conclusion. Sautez une ou deux lignes entre les sous-parties et faites des retraits de paragraphe au début de chacun d'entre eux. N'allez à la ligne qu'en fin de paragraphe et non au milieu du développement de votre idée. Votre copie sera beaucoup plus lisible et le correcteur ne perdra pas le fil de votre démonstration, il pourra ainsi se concentrer sur le fond plutôt que sur la forme.

Pour éviter les fautes de syntaxe, simplifiez votre écriture. Les correcteurs détestent le jargon pseudo-scientifique, les phrases complexes et alambiquées. Les candidats ont tendance à multiplier les incises et les propositions subordonnées, c'est une grave erreur. Si l'une de vos phrases fait cinq lignes, méfiez-vous, il est en général préférable de faire deux ou trois phrases simples qu'une seule compliquée. Vous n'avez (probablement) ni le talent ni surtout le temps d'écrire comme Marcel Proust dont la syntaxe parfaite était le fruit d'un travail acharné. De même, soyez attentifs à ponctuer correctement votre texte. Les étudiants ont tendance à sous-ponctuer et à omettre les virgules quand elles sont pourtant nécessaires. L'usage du point-virgule ou des deux points change le rythme parfois monotone de vos phrases. En revanche, on évitera le point d'exclamation, sauf exception.

Dans le même ordre d'idée, évitez particulièrement le style relâché ou parlé, l'utilisation du « je » ou du « moi », mais aussi du « nous » trop pompeux. On préférera les tournures impersonnelles, le « on » et les formules nuancées comme « on peut penser que… », « il semble que… ». N'utilisez les termes idéologiquement marqués que dans leur contexte historique (on évitera de parler de « lutte de classes » au XVIe siècle). Vous devez bannir tous les termes aux connotations ambiguës ou péjoratives, mais aussi les phrases pompeuses, le registre de l'invective, le ton du pamphlet, celui de l'ironie et surtout les envolées oratoires qui finissent toujours en hors sujet.

Une des erreurs le plus souvent commises par les candidats est l'utilisation abusive du futur sous toutes ses formes pour décrire des faits passés. Il s'agit là d'une faute qui doit être corrigée promptement. Bannissez systématiquement le futur proche (Louis XVI *va* faire ceci…), utilisez soit les temps du passé (mais attention à la concordance des temps et aux formes fantaisistes du passé simple), soit le présent de narration (plus simple et plus sûr).

Le vocabulaire employé (et surtout le vocabulaire historique) doit être précis. Un terme inadéquat n'est pas rendu correct quand on l'entoure de guillemets. Le langage journalistique (« au niveau de », « gérer »), la métaphore sportive (« mettre la pression ») doivent être toujours bannis. Le péché capital de l'historien est l'anachronisme, on évitera donc soigneusement d'employer un terme pour un autre. Ainsi, un officier de Louis XIV n'est pas un « fonctionnaire », même entre guillemets.

Il est souvent préférable d'utiliser les termes étrangers dans leur forme d'origine plutôt que dans une traduction approximative : la *gentry* anglaise n'est pas une « noblesse » au sens français du terme, un *letrado* n'est pas un « intellectuel ». Quand vous utilisez ces termes étrangers, vous devez les souligner (avec une règle) et les placer entre guillemets, ce qui, en typographie, signifie « mettre en italiques ». Vous n'oublierez pas de faire de même pour les titres d'ouvrages que vous citez. Les abréviations sont à proscrire, sauf celles qui sont entrées dans le langage courant (ONU, SDN, OTAN, etc.). De même, n'oubliez pas que la plupart des nombres doivent être écrits en toutes lettres et non en chiffres. Font exception à cette règle les grands nombres (150 000 et non « cent cinquante mille ») et les données chiffrées utilisées pour illustrer votre propos (52 % de la population et non cinquante-deux pour cent).

Les candidats font également souvent un usage incorrect des majuscules. Seuls les noms propres en prennent une, mais il existe de nombreuses exceptions selon l'usage commun. On n'oubliera pas que les noms de peuples prennent une majuscule, mais pas les adjectifs (les « Anglais », mais « la flotte anglaise »). Les noms de communautés religieuses ne prennent généralement pas de majuscules (les juifs, les catholiques), mais l'Église si (à distinguer de l'église qui est un bâtiment). Le terme « État » prend une majuscule, mais attention à ne pas le confondre avec un « état » (social) ou les « états » de la France d'Ancien régime. Certains noms d'institutions ou d'événements particuliers prennent également toujours une majuscule : la Faculté, l'Assemblée nationale, la Petite Entente, la Constituante, la Révolution française, la Réforme, etc.

La rédaction

Dans quel ordre rédiger ? Beaucoup de correcteurs conseillent d'écrire la conclusion en même temps que l'introduction, la seconde répondant fondamentalement à la première. D'autres conseillent de rédiger l'introduction *après* avoir écrit la plus grande partie du devoir.

Dans la pratique, la chose n'est pas toujours facile. En effet, votre réflexion s'est approfondie entre le moment où vous avez élaboré votre plan détaillé et celui où vous arrivez à votre conclusion. Par ailleurs, il est souvent rassurant de commencer « par le commencement », c'est-à-dire de rédiger l'introduction en premier afin de maîtriser les grandes lignes du plan et de terminer par la conclusion qui doit rappeler les principales lignes de votre composition. Il n'y a donc pas de règle absolue en la matière. Choisissez en fonction de votre habitude personnelle de travail. Si vous rédigez l'introduction à la fin de la phase d'écriture du développement, n'oubliez évidemment pas de laisser une page et demie en blanc au début de votre copie et commencez votre première partie sur la troisième page.

Les correcteurs ne cessent de le répéter : l'introduction est la partie capitale de votre devoir parce qu'elle indique que vous avez compris (ou non) le sujet, que vous avez été capable de construire une problématique pertinente et un plan adapté. Il n'est donc pas faux d'affirmer que l'opinion du correcteur est déjà en partie faite après avoir lu votre introduction. C'est dire qu'il faut la soigner particulièrement. Or, le défaut majeur de la plupart des introductions est qu'elles sont ternes et trop longues.

L'introduction *introduit* le sujet. Il est donc indispensable de s'y interroger sur les termes du sujet et d'en exposer les limites, notamment chronologiques. Elle doit définir les termes du sujet, délimiter son champ (chronologique et géographique) et surtout présenter la problématique. Le plan doit apparaître clairement à la fin de l'introduction. Rappelons que dans une dissertation d'histoire, il n'est pas d'usage de faire figurer le découpage en parties numérotées dans le texte ou dans l'introduction. La structure du plan doit être claire sans qu'elle porte de titre (d'où la nécessité de séparer nettement les parties en sautant des lignes), ni même d'astérisque ou de tiret ou tout autre signe. Les dates charnières doivent apparaître clairement dans l'annonce du plan.

Résumons : l'introduction doit donc être composée d'une « accroche », de la définition des termes du sujet, de la délimitation de ses bornes chronologiques et géographiques et donc de l'analyse du sujet, puis vous devez présenter la problématique générale, ainsi que les problématiques secondaires qui en découlent et enfin vous devez annoncer le plus clairement possible votre plan. Reprenons le contenu de ces différents paragraphes successifs que l'on distinguera par des retours à la ligne et un retrait de première ligne.

L'introduction doit être relativement brève (une page et demie semble être le bon calibrage). On peut la commencer par une « accroche » *significative* pour le sujet et très brève (quelques lignes au maximum). Ce peut être un exemple (que vous ne développez pas) ou une citation d'historien, etc. Attention à ne pas faire « d'introduction à l'introduction », c'est-à-dire un développement censé expliquer une évolution antérieure. Entrez directement *dans* le sujet mais ne le déflorez pas en développant tel ou tel aspect. Soit ces considérations doivent trouver leur place dans le sujet (et elles doivent alors être placées dans le développement), soit elles sont en dehors du sujet et il faut donc immédiatement les écarter. Ainsi, on ne commencera pas une dissertation sur « Les paysans et la Révolution française » par un développement sur la paysannerie depuis Louis XIV, ni même sous Louis XV.

L'analyse du sujet reprend votre travail de réflexion mené pendant l'heure initiale. Elle doit impérativement comprendre l'analyse de tous les termes *significatifs* du sujet, ainsi que ses bornes chronologiques et géographiques.

La problématique découle de cette analyse. Elle ne doit pas se résumer à quelques propositions interrogatives. Votre rédaction doit mettre en valeur la logique interne de votre démonstration.

En histoire ancienne et en histoire médiévale (très rarement en histoire moderne et contemporaine), on attend également de vous une présentation critique des sources disponibles. À quel endroit placer ce court paragraphe ? Soit après la définition des termes et des bornes du sujet, soit après l'énonciation de la problématique, avec une phrase de transition du type « Nous disposons de plusieurs types de sources pour répondre à cette question… ».

Les bonnes copies au CAPES se distinguent par leurs capacités à décrire, même rapidement, les principaux travaux historiques se rattachant au sujet proposé. Les questions au programme sont, on l'a déjà dit, souvent le reflet de l'état de la recherche historique. Vous devez faire la preuve de votre compréhension des grandes lignes des champs de recherche et des principales problématiques. Les correcteurs attendent ainsi que vous présentiez (en introduction ou dans le corps du devoir) les grands débats historiographiques auxquels le sujet se rattache. Ils souhaitent également voir figurer les noms des principaux historiens spécialistes de la question posée par le *sujet*. Ainsi, sur la question de l'idée républicaine en France entre 1789 et 1899 (question au programme de 2015), on attendra les mentions de Maurice Agulhon, de Claude Nicolet ou, parmi les chercheurs plus récents, de Yannick Bosc. Sur les exils politiques au XIXe siècle, il sera de bon ton de montrer que l'on connaît les travaux de Sylvie Aprile. N'essayez pas de faire croire que vous avez vraiment lu *in extenso* ces ouvrages, mais vous pouvez utiliser ici vos fiches de lectures sur des ouvrages particuliers en extrayant des citations (exactes) des auteurs en question. Attention à ne *jamais* citer de manuels ou de travaux de synthèse rédigés dans la perspective du concours. Seuls les ouvrages particuliers, les articles ou les thèses peuvent être cités, car les auteurs des synthèses ne sont pas toujours les chercheurs qui ont directement travaillé sur ces problématiques.

L'introduction s'achèvera par l'annonce du plan qu'il vaut mieux un peu lourde qu'absente. On essaiera cependant de la présenter avec un minimum de légèreté. Proscrivez toutes les expressions comme « il convient de montrer », « il est intéressant d'étudier », « je traiterai dans une première partie », etc. On leur préférera l'usage habile des « d'abord, ensuite, enfin » ou nettement mieux encore, on résumera en trois brèves phrases, reliées et hiérarchisées, la substance des trois parties.

Votre plan annoncé, vous devez le suivre scrupuleusement dans votre développement. Si votre plan détaillé l'est suffisamment, le plus dur est fait et il ne reste plus qu'à écrire. Vos trois parties sont divisées en autant de sous-parties et elles-mêmes ont été divisées en paragraphes. Chaque paragraphe doit être le développement d'une idée générale illustrée par un ou deux exemples que vous commenterez. Les exemples doivent être variés et pris dans l'ensemble de la période historique et dans les aires géographiques concernées. Il convient de ne pas trop les développer : cinq lignes suffisent amplement pour un exemple. Reste donc à intégrer de manière intelligente et logique vos connaissances. Entre les parties doit exister un lien logique qui se matérialise par des phrases de transition. Elles ont pour fonction de conclure la partie précédente (c'est-à-dire de répondre à la question initiale de la partie en question) et d'introduire la partie suivante (c'est-à-dire d'annoncer ce que vous allez dire). Évitez soigneusement les répétitions et les formules du type « nous venons de voir… », « nous allons maintenant voir… » qui alourdissent considérablement la lecture alors que la transition a justement pour but de la fluidifier. Inutile par conséquent de rédiger une transition entre la troisième partie et la conclusion. Idéalement, vos transitions devraient pouvoir se lire dans la continuité et indiquer ainsi le mouvement général de la démonstration.

La conclusion doit être plus rapide que l'introduction, ce qui ne signifie pas qu'il faille la bâcler, notamment parce que le correcteur doit garder une bonne impression du devoir en arrivant à la dernière ligne. Elle ne doit, en aucun cas, être l'occasion d'accueillir des développements dont on n'a pas su trouver la place dans le plan. La conclusion doit comporter deux « parties » (qui ne seront pas distinguées en deux paragraphes). La première doit avant tout répondre au questionnement annoncé dans l'introduction. Faut-il résumer ce qui a déjà été écrit ? En théorie non, mais dans la pratique, il n'est pas inutile de le faire pour peu que l'on évite la simple répétition de formules déjà utilisées dans le développement. La conclusion doit faire apparaître très clairement les idées principales, puis répondre à la problématique centrale, c'est-à-dire à la question principale posée au début de votre dissertation. Dans un deuxième temps, vous devez terminer votre conclusion par une ouverture du sujet soit à un problème connexe, soit à une période historique postérieure. Cette ouverture sur le futur ne doit pas chercher à rattacher à tout prix le sujet donné à l'actualité la plus brûlante. Elle peut aussi s'ouvrir seulement sur la période suivant immédiatement celle qui a été traitée. Tout est ici affaire de mesure et d'échelle, l'ouverture doit être intellectuellement valide et non plaquée.

L'épreuve de commentaire de documents

Au contraire de la composition, cette épreuve — nouvelle au CAPES externe — peut dérouter le candidat. Elle fait appel à des compétences techniques qui lui paraîtront éloignées de celles acquises au cours de ses études. Mais si cette épreuve recèle des éléments de pratique qui doivent être acquis au cours de la seule année de préparation au concours, le candidat n'est pas aussi démuni qu'il pourrait en avoir le sentiment. Le texte ministériel — qui seul constitue une référence législative en la matière[1] — dit à la fois très peu et beaucoup. Rappelons les quelques lignes de ce texte : « Commentaire de documents : à partir d'une analyse critique des documents scientifiques se rapportant au programme, le candidat propose une exploitation adaptée à une classe donnée. Il expose et justifie ses choix, ses objectifs et ses méthodes. Une production graphique peut être demandée. Durée : 5 heures. Coefficient 1. »

Notons tout d'abord la relativement faible durée de cette épreuve — cinq heures — au regard de ses ambitions. C'est peu pour répondre à deux objectifs de nature différente : l'analyse scientifique d'un dossier documentaire et une proposition d'exploitation pédagogique des éléments de ce même dossier. Cela implique de définir de manière aussi précise que possible une marche à suivre, c'est-à-dire non seulement un *ordre d'approche du sujet*, dans les différentes parties de l'exercice, mais également une *gestion du temps*, essentielle à la réussite de l'épreuve. Se pose ensuite la question du sens à donner à ces deux expressions — « analyse critique », « exploitation pédagogique » — et de leur articulation.

On relèvera que la question de leur articulation, essentielle à une bonne compréhension de l'épreuve, est donnée par le texte ministériel lui-même. D'une part, le texte indique une marche à suivre : « à partir d'une analyse critique des documents scientifiques se rapportant au programme, le candidat propose… ». Le point de départ de l'exercice réside donc dans l'analyse critique qui mobilise des compétences acquises de longue date par tout étudiant formé aux études historiques. Ce que confirme d'autre part la définition première de l'épreuve comme une épreuve de « commentaire de documents ». Cette référence à ce qui fonde historiquement la pratique scientifique de l'histoire dans le dernier tiers du XIXe siècle est à prendre en considération avant toute autre chose[2]. En effet, chacune des deux expressions citées précédemment peut être rapportée à cette notion fondamentale de « document historique ». Si l'expression « documents scientifiques » se rapporte en priorité à la partie qualifiée « d'analyse critique », elle sert en même temps de pivot pour passer à la partie « exploitation adaptée », qui est bien celle du dossier documentaire, au moins d'une partie de celui-ci.

---

1. Les rapports des jurys constituent quant à eux une jurisprudence des épreuves, essentielle, mais qui n'a pas force de loi. De fait, des inflexions peuvent intervenir d'une session à l'autre. Il importe donc de toujours revenir au cadre législatif.
2. Nous sommes au fondement de la méthode critique initiée par la *Revue historique* dans l'éditorial du premier numéro de janvier 1876, écrit par Gabriel Monod, et formalisée vingt ans après, alors que s'institutionnalisent les séminaires de recherche, dans le prolongement de la réforme universitaire de 1896, dans l'*Introduction aux études historiques* de Langlois et Seignobos, publiée en 1898, manuel pratique destiné aux étudiants de ces séminaires.

Un commentaire de documents historiques

« L'analyse critique » possède deux dimensions complémentaires : l'une renvoie à la technique du commentaire de document, telle qu'elle est pratiquée par les historiens, l'autre à celle du commentaire composé, expression utilisée dans le rapport du jury 2014, et qui fait écho à une autre pratique de la science historique, celle de l'analyse d'un corpus documentaire. L'expression « commentaire de document » renvoie de manière immédiate à l'une des pratiques les plus caractéristiques de la démarche historique : la critique documentaire, dont les étapes ont été fixées presque immuablement par les « pères fondateurs » de la discipline histoire en France entre 1876 et 1898. Le commentaire de document repose sur quelques principes de base qu'il n'est jamais inutile de rappeler, ne serait-ce que pour pouvoir ensuite prendre quelque distance critique avec les principes de la méthode critique elle-même…

Parmi ces principes, il faut d'abord retenir qu'un document n'est jamais isolé et qu'il convient de le situer dans l'ensemble auquel il appartient. C'est que l'on appelle la *nature du document* qui suppose de pouvoir identifier celui-ci au regard de catégories existantes : document diplomatique, juridique, législatif, correspondance publique ou privée, plus largement écrits du « for privé », mémoire, etc. Ces différentes catégories peuvent (sans obligation) guider la mise en ordre et la présentation du dossier documentaire. Mais l'identification ne saurait se limiter à désigner la catégorie à laquelle appartient le document. En effet, toute démarche d'analyse historique doit être guidée par le souci de lui trouver une raison d'être en fonction de l'interprétation historique qui est le but de toute démarche historique : la compréhension du sens donc. Le document historique n'est pas que le média qui permet d'atteindre à la connaissance du fait historique[1]. Il est lui-même, dans sa structure, donc dans sa forme, la source d'une partie de cette connaissance. Ainsi, par exemple, il importe peu d'identifier comme une correspondance privée la lettre du Frère Arthur sur les plantations de Martinique adressée par lui à l'abbé de La Mennais[2] si cette

---

1. C'est la position qu'une lecture trop rapide d'Henri-Irénée Marrou pourrait conduire à adopter, puisque ce sont les termes qu'il emploi et la raison d'être qu'il assigne en première instance au document historique dans *De La Connaissance historique* en 1954.
2. Les exemples sont repris d'un sujet imaginé à partir d'un sujet de l'agrégation interne 2014, dont les documents sont accessibles dans leur intégralité à l'adresse suivantes :
http://cache.media.education.gouv.fr/file/agregation_interne/08/2/s2014_agreg_int_hist_geo_3_298082.pdf.
Notre sujet d'exemple pour le CAPES reprendrait l'intitulé : « Administrer les sociétés coloniales (Afrique, Asie, Antilles) 1850-1950 », ainsi que les documents 3 (photographie du vice-roi des Indes et du nizâm d'Hyderâbâd), 6 (lettre de Lyautey à sa sœur, écrite en 1894 au Tonkin, publiée en 1920, alors que Lyautey est résident général au Maroc), 7 (cartes des statuts territoriaux en Afrique et Asie du Sud-est, 8 (point de vue de Mc Donald publié en 1907), 9 Lettre du Frère Arthur à La Mennais sur les plantations de Martinique (1849) : les principaux extraits de ce texte analysé

catégorisation ne s'accompagne pas d'une interrogation sur ce type de correspondance, c'est-à-dire sur les positions respectives de l'émetteur et du récepteur et sur les motifs de cette lettre.

Ce qui conduit naturellement au deuxième élément de base de la critique documentaire : la contextualisation, autrement dit *la date du document*. Mais cette date n'est rien en elle-même. Elle n'est pas davantage significative si on se contente de la rapporter à un contexte général donné *a priori*. Certes, ici, on rapprochera aisément la date de 1849 pour la Martinique de l'abolition de l'esclavage intervenue l'année précédente. Mais il sera plus efficace de relever que le texte lui-même fournit ce contexte comme pertinent : « Je conserve toujours la coutume que j'avais contractée du temps de l'esclavage ». En effet, on peut avancer que le contexte historique n'est pas une réalité donnée *a priori* quel que soit le sujet, mais qu'il sourd du document lui-même, ou plus souvent du corpus documentaire. Ainsi la référence à l'esclavage, même dans le contexte des Antilles de la fin des années 1840, ne s'impose-t-elle pas nécessairement. Combien de ces correspondances privées de la même époque ne s'en soucient guère, qui ignorent volontairement ou non ces réalités étrangères au cercle social dans lequel, aussi intime que soit la correspondance, elle se déploie. Ce qui importe ici est que l'auteur s'inscrit lui-même dans la référence à l'esclavage et à son abolition. Encore ce caractère décisif est-il lié au fait que l'activité décrite tient à la condition sociale créée historiquement par l'esclavage. De ce point de vue, les phrases : « je ne contracte point d'obligation envers les maîtres » et « L'administration a établi un atelier/.../ où sont employés les nègres trouvés en vagabondage » sont aussi significatives que la référence directe au temps de l'esclavage. En effet, ces phrases entérinent la permanence de deux réalités liées à l'esclavage : qu'il existe des maîtres (ce qui génère des formes de rapports sociaux qui survivent manifestement à la disparition de la situation historique qui en est l'origine) et que les « nègres » (terme lui-même hérité de l'esclavage et dont il ne faudrait ici surestimer la charge négative dans le vocabulaire de l'époque) continuent de chercher à échapper à leur condition. Ce « vagabondage » n'est pas celui d'une main-d'œuvre désœuvrée ou en quête de travail, mais bien la continuation du « marronage » du temps de l'esclavage, et traité comme tel par « l'administration ». Mais pour pousser plus loin cette nécessaire contextualisation, il faut prendre en compte un dernier élément : le cercle social dans lequel s'inscrit cette correspondance, toute privée qu'elle soit.

La contextualisation sociale est le complément indispensable à la contextualisation chronologique et géographique. Ainsi, dans notre exemple, le Frère Arthur évoque la demande du gouverneur et son engagement matériel pour

---

ici sont : « Je conserve toujours la coutume que j'avais contractée du temps de l'esclavage qui est de ne jamais prendre un repas chez personne […] car je ne perds point de temps et ne contracte point d'obligation envers les maîtres […] » ; « L'administration a établi un atelier de discipline au pied des montagnes des Pitons où sont employés les nègres trouvés en vagabondage ».

« acheter des anneaux aux nouveaux libres pauvres qui désiraient se marier, afin que le défaut de moyens ne les empêchât pas de recevoir le sacrement du mariage quand ils y seraient disposés ». Outre les éléments d'analyse relatifs aux rapports sociaux hérités de l'esclavage que comporte cette phrase, ce passage peut et doit être rapproché de deux éléments, l'un interne au document — le souci de Frère Arthur de ne rien devoir aux maîtres dans ses pérégrinations — l'autre externe qui tient à la personnalité de récipiendaire de la lettre : l'abbé de La Mennais. En effet, ce dernier professe alors le souhait (depuis la fondation du journal *L'Avenir* en 1830) de voir l'Église prendre ses distances avec le pouvoir temporel monarchique, position qu'il défend encore après son élection à l'assemblée en 1848. On peut rapporter cette correspondance, et le passage sur les maîtres, à ce mouvement qui envisage une sécularisation des rapports entre Église et pouvoir politique.

Une analyse scientifique de documents historiques

La structure de cette épreuve n'est pas un simple commentaire de document, mais l'analyse d'un dossier documentaire. En effet, la composition de ce dossier, regroupant des documents de nature fort diverse, interdit de le traiter comme un corpus, au sens que ce mot revêt dans la recherche historique. Rappelons ici ce que Michel de Certeau (*L'Écriture de l'histoire*, 1975) écrit à ce propos. Il pose comme fondement de la recherche — ce qu'il désigne comme son « acte inaugural » — le geste qui consiste dans un même mouvement à séparer et réunir ce que l'historien a pu rassembler dans l'archive[1]. Séparer puisque l'historien écarte du corpus ce qui lui est étranger en termes de signification historique, réunir puisque c'est par cette procédure — qui repose sur un choix de cohérence logique ouvrant la voie à la possibilité de l'interprétation historique — que l'ensemble des documents retenu forme véritablement un corpus.

Si donc le dossier ne constitue pas en lui-même un corpus, une partie des procédures de l'analyse scientifique vers laquelle tend le commentaire du document historique se trouve interrompue. Et compte tenu du temps limité de l'exercice, maîtriser cette interruption est essentiel pour parvenir au bout du travail attendu.

L'analyse historique consiste à séparer les unités de sens d'un ensemble discursif (au sens général du terme, ainsi, l'analyse iconographique, par exemple, par un vocabulaire propre, procède de la même logique) afin de les considérer dans leur unité, puis, après les avoir liés à nouveau entre eux selon une logique propre à l'historien, reconstruire un ensemble qui formera lui-même

---

1. L'archive n'est pas le document : celui-ci entre d'emblée dans les procédures de l'organisation rationnelle de la pensée scientifique, il est déjà élaboration par la recherche historique, celle-là est le chaos originel, le matériau brut. Voir Arlette Farge, *Le goût de l'archive*, Paris, Le Seuil, 1989.

unité de sens, selon une logique et une organisation différentes de celle du matériau d'origine.

Que le dossier ne soit pas un corpus n'empêchera pas de lui appliquer une large partie de ces procédures. Mais cela implique, d'une part de limiter la part de commentaire proprement dit à cela seul qui servira une analyse scientifique conçue non en fonction de l'ensemble des possibles ouverts par le commentaire, mais strictement en fonction des grandes idées organisatrices du propos, donc de la *problématique*, qui revêt par conséquent une importance décisive[1].

Ce qui nous amène à évoquer la structure du sujet qui ne se réduit pas au seul dossier documentaire, mais comporte un *libellé* qu'il faut prendre en compte. En effet, ce libellé peut et doit orienter la réflexion du candidat. Autrement dit, le choix de la problématique n'est pas ici entièrement libre. L'analyse des termes du sujet revêt donc une importance décisive, *bien qu'elle ne doive pas conduire à privilégier l'énoncé du sujet au détriment du dossier*. Quant aux procédures d'analyse du sujet, nous renvoyons au chapitre 4 de ce volume, puisqu'elles sont identiques à celle qui guide l'analyse d'un sujet de dissertation.

Cela étant, la question de la problématique est d'autant plus importante qu'elle entraîne avec elle la deuxième dimension de l'exercice : l'exploitation pédagogique.

Une utilisation pédagogique de documents historiques

L'idée d'utilisation pédagogique renvoie à deux réalités complémentaires de l'exercice du métier d'enseignant : la conception de l'enseignement (contenus, méthodes, formes d'activité), la mise en œuvre pratique en classe. Est-il possible de tenir ces deux éléments ensemble ? La chose est difficile si l'on tient compte du *temps* disponible pour cette épreuve. Il faut cependant explorer ces deux dimensions.

La première implique de situer le propos que l'on voudra tenir dans un ensemble plus large, en cohérence avec les programmes et donc proposer les éléments d'une séance au sein d'un thème précis. La démarche n'est pas anodine. Elle demande d'analyser les programmes eux-mêmes selon des procédures qui ne sont pas étrangères à l'analyse scientifique et au commentaire de document historique. En effet, il importe — avant d'éventuellement révoquer en doute les choix faits par les concepteurs de programme au regard des logiques de la discipline et de son enseignement — de chercher en premier lieu à restituer la construction logique de ces programmes. N'intervient pas ici — bien

---

1. Décisive notamment dans la possibilité d'organiser le dossier, non plus selon la nature des documents (ce qui ne signifie pas que l'on puisse la taire dans la présentation), règle que nous avons respectée dans notre premier exemple (envoi du 27 octobre dernier), mais selon une logique synthétique de type commentaire de documents, puisque c'est en définitive de cela qu'il s'agit, ce qui nous guidera dans le traitement du sujet 2014 (III).

qu'elle en relève dans le cadre de la recherche — la question des conditions politiques de leur production. Ce serait aller trop loin et risquer de manquer le but. En revanche, rapporter ces programmes et leur structure aux principes de la discipline historique et aux finalités de son enseignement (intellectuelles, culturelles, civiques si l'on veut suivre un triptyque classique), sera non seulement pertinent, mais *indispensable*. Il s'agira ensuite d'exposer selon quelle progression pourrait se découper la séquence considérée, ce qui reviendra à en énoncer les grandes articulations logiques, et donc les concepts et notions qui en guideront et justifieront l'élaboration.

C'est ici que nous touchons à la deuxième partie, conséquence logique de la première : aborder la question de la mise en œuvre en classe. La trop courte expérience acquise lors des stages de M1 n'autorise pas à pousser ici très loin le propos, et les attentes du jury ne vont pas principalement dans ce sens. Mais l'on pourra au moins envisager comme possible d'être en mesure de répondre à quelques considérations liées au niveau de classe et au programme retenu, notamment pour le lycée ou filières et options qui peuvent être d'une certaine incidence sur les choix opérés. Il s'agira plus sûrement d'identifier les situations de classe, donc les formes d'activité, que l'on retiendrait, et de les exposer de manière suffisamment lisible pour le correcteur. Des formes relevant de la trace écrite pourraient trouver ici leur place (c'est l'un des trois aspects de cette partie de l'exercice énoncé dans le rapport 2014).

Mais si nous revenons maintenant au texte ministériel lui-même, c'est bien de l'utilisation pédagogique de documents historiques qu'il s'agit. Et nous pourrions donc renverser entièrement notre propos. En effet, aborder cette partie de l'exercice *a priori*, n'est-ce pas s'aventurer sur un terrain aussi incertain que celui qui consisterait à comprendre l'analyse scientifique comme le traitement d'une dissertation sur document, au lieu de placer le dossier au point de départ de notre réflexion ?

Si nous suivons cette autre logique, le point névralgique de l'exercice consiste à montrer comment on mettrait en œuvre pédagogiquement les principes du commentaire de document en histoire. Ce type de réflexion n'élude pas le rapport à l'analyse des programmes, non plus que la question de l'organisation d'une séquence de cours. En effet, la compréhension, donc la justification des choix pédagogiques dans la mise en œuvre d'une réflexion et d'un travail sur le document en histoire, ne peut s'accomplir que par un retour au contexte de l'exercice de ce travail, c'est-à-dire le contexte scolaire défini par les programmes, les choix structurels des séquences opérées en fonction d'eux, et par le rapport de ces programmes aux structures de la discipline, donc à l'historiographie et à l'épistémologie de l'histoire.

C'est dans ce cadre général que s'inscrit non seulement le concours du CAPES, mais également la pratique effective du métier d'enseignant. Les compétences disciplinaires ne prennent sens qu'à condition de les appuyer sur toute leur épaisseur intellectuelle. Autrement dit, s'orienter vers la seule pratique de classe présentée en à-plat (dire comment vous feriez avec des élèves), serait risquer de ne pas donner toute sa dimension à l'épreuve, et partant toute sa dimension à votre travail.

Réalisation pratique de l'épreuve

Ces différentes considérations méthodologiques destinées à bien mettre en évidence la structure de l'épreuve conduisent à énoncer quelques propositions sur l'aspect formel concret de votre travail. Le retour au texte ministériel et au rapport 2014 nous y aidera.

L'épreuve comporte en effet *deux moments distincts* qu'il faut respecter pour assurer à votre devoir la lisibilité attendue. L'analyse critique doit se distinguer formellement de l'exploitation pédagogique. On peut considérer que chacune de ces deux parties doit être précédée d'une introduction spécifique dont la nature et la fonction varient : la première relève, à peu de chose près, de l'introduction d'une dissertation, la seconde est d'une nature différente puisqu'elle doit permettre de contextualiser et de problématiser votre propos en fonction des finalités et programmes de l'enseignement scolaire. Chacune d'elle revêt une structure interne également spécifique.

Au-delà de cette présentation formelle, le candidat aura tout intérêt à aborder les deux aspects de l'épreuve ensemble. Ce qui veut dire penser et organiser son travail de la manière suivante :

1. Il faut dans un premier temps *analyser le sujet posé* (définition et délimitation des termes du sujet) à la manière d'un sujet de dissertation. Ainsi, si nous reprenons le sujet d'exemple intitulé « Administrer les sociétés coloniales (Afrique, Asie, Antilles) 1850-1950 », il faudrait préciser ce que recouvre le terme « administrer », et montrer en quoi, par exemple, il se distingue du terme « gouverner ». Il faudrait ensuite revenir sur la notion de « sociétés coloniales » afin d'en dégager les traits spécifiques, ce qui conduirait à évoquer la notion de « situation coloniale ». Ainsi serait établi le lien logique entre les deux termes du sujet, ce qui permettrait de leur donner un sens l'un par rapport à l'autre. Sur ce point, il y a peu à dire des limites géographiques (souligner l'hétérogénéité des espaces concernés et celle conséquente de leurs formes d'administration). Il faut en revanche expliquer les limites chronologiques, en remarquant en amont que les années 1850 sont celles de la prise en charge nouvelle ou renforcée de l'administration des colonies par les gouvernements métropolitains (Indes 1857-1858), et que, en aval, les années 1950, amorçant le mouvement de décolonisation, mettent fin dans bien des endroits à ces mêmes administrations (Inde, 1947 ou Indochine 1954), ou en transforment la nature (loi-cadre Defferre pour l'Afrique subsaharienne, 1957).

2. Il faut ensuite prendre en considération le dossier, qu'il s'agira de présenter dans la première introduction. Il faut donc ici le plus rapidement possible caractériser pour soi les différents documents, notamment distinguer entre documents sources et documents produits par les

historiens : ici donc distinguer la lettre du Frère Arthur et celle d'Hubert Lyautey des cartes extraites de l'*Atlas de la colonisation* par exemple. Au sein des sources, distinguer également les correspondances privées (citées à l'instant) de textes ou discours officiels (ici celui de Mc Donald). Il faut ensuite s'interroger sur l'intérêt que présente chacun des documents pour traiter la thématique du sujet. Ce travail doit conduire à vérifier si le dossier correspond bien à l'ampleur de la thématique, et si ce n'est pas le cas, se préparer à restreindre son propos aux seuls éléments du dossier, tout en soulignant les manques éventuels (mais sans les développer). Il doit aussi amener le candidat à regrouper les documents ou extraits de documents en fonction de la place qu'il pourra leur donner dans le commentaire composé formant la première partie de l'exercice. De ce travail découlent les grandes lignes du plan de la première phase de l'épreuve, pour laquelle on s'efforcera de respecter les trois parties canoniques. Il est préférable de s'en tenir à deux sous-parties (plutôt que trois) pour chaque partie afin de tenir le temps de l'exercice. Enfin, ce travail d'exploration du dossier doit être également le moment du choix du document ou des extraits de documents que l'on retiendra pour la deuxième partie de l'exercice, l'exploitation pédagogique.

3. Les deux problématiques du devoir — la problématique scientifique que l'on retrouvera dans la première introduction, la problématique pédagogique qui servira dans la deuxième introduction — doivent être construites dans le même moment. La deuxième doit découler de la première, mais alors que la problématique scientifique doit couvrir tout le champ ouvert par la thématique et le dossier, la problématique pédagogique résulte d'un choix parmi les possibles ainsi ouverts, choix qui est orienté par les programmes de l'enseignement secondaire retenus.

4. La rédaction du devoir ne doit intervenir que lorsque l'ensemble du travail d'analyse scientifique et pédagogique est achevé. Cette rédaction doit se faire directement au propre. Sur les cinq heures de l'épreuve, on peut retenir une heure à une heure et demie pour la phase préparatoire, deux heures à deux heures et demie pour la première partie, une heure à une heure et demie pour la deuxième partie. En effet, en volume de rédaction, la deuxième partie peut être estimée à un tiers de l'ensemble, compte tenu de ses caractéristiques propres (soit par exemple deux copies doubles pour l'analyse critique et une copie double pour l'exploitation pédagogique).

Dans le court texte qui accompagne le libellé des sujets, il est précisé le sens de « l'analyse critique » : dégager l'intérêt et les limites du dossier pour le traitement de la thématique retenue. Cette partie est aussi qualifiée, dans le rapport du jury 2014, de « commentaire composé ». Par conséquent :

1. Puisqu'il s'agit d'un commentaire composé, les documents ne peuvent être exploités dans une simple juxtaposition. Il faut en combiner les

éléments pour produire l'analyse. Cela veut dire que chaque partie et chaque sous-partie doivent s'appuyer sur plusieurs d'entre eux.
2. Le propos doit toujours partir des documents pour aller vers le commentaire. Mot qui suppose d'ajouter, pour éclairer les documents, des éléments de connaissance qui ne sont pas explicitement présents, au risque sinon de ne proposer qu'une simple paraphrase, mais qui interdit de verser dans l'exposé de connaissances « à propos du document ».
3. Cela implique également que *tous les documents* du dossier sont mobilisés à un moment où à un autre, le plus souvent à plusieurs moments du commentaire, puisque celui-ci s'articule autour d'idées clés qui constituent autant de parties et sous parties du développement, lesquelles idées seront d'autant générales et synthétiques qu'elles seront présentes dans un plus grand nombre de documents.
4. Aucun développement spécifique ne peut reposer sur les vides du dossier documentaire… S'il convient de signaler que tel aspect mériterait d'être abordé, mais que le dossier ne le permet pas, il est inutile, voire contre-indiqué, de vouloir pallier ce manque par un développement.
5. L'introduction doit comporter, outre la définition des termes du sujet et la délimitation géographique et chronologique du sujet, sa contextualisation historique donc, une *présentation raisonnée et synthétique* du corpus documentaire reposant sur le double principe de la nature des documents et de leur intérêt pour le sujet. Ce regroupement permet d'annoncer la problématique et le plan.
6. La conclusion n'a pas à être particulièrement développée. Elle doit s'assurer que le développement a bien apporté la réponse à la problématique et montrer en quoi le sujet ouvre des perspectives sur les aspects non développés par suite de la composition du dossier.

En ce qui concerne la deuxième partie, intitulée « exploitation adaptée », le texte ministériel précise que le candidat « expose et justifie ses choix, ses objectifs et ses méthodes », ce que le rapport 2014 reprend et développe en retenant trois éléments fondamentaux : exposer les notions et connaissances retenues tout en discutant le cas échéant leur pertinence au regard des programmes, proposer un écrit de synthèse qui est comparé à une trace écrite, exposer l'exploitation d'un document ou d'extraits de documents.

Par conséquent :
1. Il faut d'abord rédiger une introduction précisant comment le sujet peut prendre place dans un programme d'un niveau donné. Cela suppose de prendre le temps d'exposer et de discuter la cohérence d'un thème entier du programme, dans lequel le sujet retenu par le candidat trouverait sa place, de préciser à quel moment et de montrer comment ce sujet s'articule avec l'ensemble du thème de programme scolaire retenu.
2. Cette introduction doit déboucher sur l'énoncé d'une problématique pédagogique qui serait donc le fil conducteur d'une possible séance de

cours. Dans le cas de notre sujet, on pourrait privilégier par exemple le temps de la domination coloniale en classe de première, dont l'exploration doit s'appuyer sur l'exposition coloniale de 1931. Cela permettrait de mobiliser le texte de Lyautey, certes antérieur (1894 pour l'écriture, 1920 pour la publication), mais intéressant parce qu'il aborde les problèmes d'administration. La problématique serait alors : quel choix entre administration directe et administration indirecte ?

3. Deux possibilités s'offrent alors au candidat : soit exposer les notions et connaissances qu'il retiendrait, soit partir du document retenu pour en tirer les notions premières qu'il complétera ensuite en justifiant ses choix. Ce serait, dans le cas que nous citons, la démarche la plus logique, cohérente également avec l'idée que ce qui prévaut est bien l'exploitation pédagogique de documents, base du métier d'enseignant en histoire, comme le commentaire est la base de l'analyse scientifique. Il s'agit alors d'une part de montrer ce qui dans le document permet de faire émerger les notions et connaissances clés. Les apprentissages méthodologiques sont aussi au cœur des programmes. Il est de bon ton pour un candidat de montrer son aptitude à prendre en compte cette dimension de son futur enseignement. Il s'agit d'autre part d'exposer les notions et connaissances dérivées nécessaires à la réalisation de la séance, en justifiant les choix en cohérence avec les programmes, le choix de la problématique et les éléments de réflexion scientifique contenus dans la première partie (sans en reprendre l'argumentaire au risque d'une redondance regrettable).

4. On conseillera de réserver l'écrit de synthèse à la dernière partie du propos puisque cet écrit, qualifié de trace écrite, est en quelque sorte le résumé rédigé du propos de la séance imaginée. Mieux vaut donc le considérer comme tel que comme une trace écrite au sens pédagogique de ce terme, ce qui peut renvoyer à des formes (tableau de synthèse par exemple) qui ne relèvent pas d'une rédaction linéaire, montrant les qualités d'écriture et de synthèse du candidat, exercice qui est bien celui attendu par le jury.

6. Planning de travail (géographie)

Préparer les épreuves du CAPES ne s'improvise pas. Il y a beaucoup à faire et les quelques mois qui séparent le début de l'année universitaire des épreuves écrites passent très vite. Il convient d'être efficace et d'optimiser les semaines tout en ménageant sa santé. Il faut également établir dès les débuts de l'année universitaire un planning ou calendrier de travail auquel il conviendra de se tenir. L'exigence est aujourd'hui d'autant plus forte qu'il faut désormais intégrer à ce calendrier les enseignements propres au Master MEEF et les périodes de stage.

Préparer un concours tel que le CAPES, c'est mettre une année entre parenthèses et n'agir et ne penser qu'en fonction de ce seul concours (y compris le matin devant sa glace, en se rasant...). Les temps libres eux-mêmes doivent être pensés en fonction des nécessités du concours (rester en forme et être confiant). Cela signifie que l'essentiel du temps sera consacré à la préparation des questions et des épreuves, mais qu'il conviendra également de dormir suffisamment, de s'alimenter correctement (vous pourriez d'ailleurs en profiter pour faire le point sur le processus de mondialisation de la production agricole !) et de se détendre. En la matière, la meilleure façon c'est encore celle de faire du sport. En termes de planning, cela implique que votre existence pendant cette année de concours soit parfaitement réglée et organisée. À chacun de trouver son rythme et de caler ses horaires. Donnez-vous pour chaque semaine des objectifs à atteindre, fixez-vous pour chaque journée des tâches à accomplir et atteignez votre but. Vous pouvez également « travailler au chronomètre » (et arrêter celui-ci à chaque interruption). Huit heures de travail véritable par jour ne paraissent pas excessives et ceci six jours et demi par semaine, le samedi après-midi pouvant être consacré à l'activité sportive de votre choix et à une séance de cinéma... Il va sans dire que vous oubliez les vacances universitaires (à l'exception bien sûr du jour de Noël et du jour de l'an, il ne faudrait pas passer à côté des vœux de réussite que toute la famille ne manquera pas de formuler pour vous, vœux qui ne vous stresseront d'ailleurs aucunement !). Prenez cinq jours de repos véritable après les écrits.

Établir un planning de travail dans la perspective des écrits, c'est intégrer les heures de cours et les contraintes relatives à chaque UE. C'est bien évidemment intégrer les travaux de lecture et les cycles de révisions. C'est également travailler le plus en amont possible l'ensemble des dimensions des épreuves (épistémologie, articulations didactiques et programmes...).

On considère que le planning général d'une année de concours doit être divisé en quatre temps par lesquels vous reviendrez quatre fois sur chacune des questions. Le mieux est sans aucun doute, au sein de chacun de ces temps, de travailler question par question afin de s'immerger totalement dans la thématique et d'assimiler au mieux ce qui doit l'être.

Comptabilisez le nombre de semaines dont vous disposez et fixez-vous des échéances qu'il ne vous faudra pas dépasser (entre le 1er août — date raisonnable pour commencer la préparation — et le 1er avril — date du concours — vous disposez de trente-cinq semaines). Il faut néanmoins moduler en fonction du nombre d'heures de cours et défalquer les semaines de stage et d'examens, soit cinq semaines.

Le premier temps doit être consacré à la lecture et à l'assimilation des manuels. Il existe plusieurs façons de procéder : les uns ont besoin d'écrire pour mémoriser, d'autres se contentent de surligner. Ayez bien conscience néanmoins que les manuels correspondent à une approche synthétique des questions et que la quasi-totalité du contenu doit être retenue. Parallèlement, vous pouvez commencer à compléter des fiches destinées à récapituler et classer par thèmes les références bibliographiques, les chiffres et les croquis ou exemples qui vous sembleront utiles. Engagez également dès ce premier temps le travail de recension des concepts et notions (tout en les replaçant dans le contexte de la recherche universitaire et dans les programmes scolaires) dont vous aurez besoin pour l'écrit 2 et l'oral 2.

Le deuxième temps doit être consacré à l'approfondissement des questions par la lecture et le résumé d'articles ou ouvrages spécialisés, mais aussi à la constitution d'un stock de croquis, schémas et/ou cartes de synthèse qui le jour J serviront de substrat à l'exercice de production graphique ou vous aideront à étayer vos propos. Tout au long de votre préparation, vous rencontrerez un grand nombre de cartes, croquis, schémas, plans. Il faut vous entraîner à reproduire ceux que vous estimez pertinents avec pour objectif de couvrir l'essentiel des sujets possibles. L'exercice consistera souvent en une simplification des originaux. Vous pourrez également et très utilement croiser les documents. Ce deuxième temps sera nécessairement plus court que le précédent. Vous disposez pour réaliser ce travail des bibliothèques universitaires mais également de ressources en ligne. Parmi celles-ci, les portails *Cairn.info* ou *Revue.org*. Le mieux pour mettre à profit ces sites et ne pas se noyer sous une avalanche de références bibliographiques est encore de se fonder sur les auteurs ou les articles référencés dans les manuels eux-mêmes ou cités en cours.

Vous disposez également de ressources non négligeables avec les pages internet de la *Documentation française*[1]. Ne négligez pas non plus la mise en ligne et la compilation par thèmes d'un certain nombre d'interventions réalisées dans le cadre du F.I.G. (Festival International de Géographie de Saint Dié-des-Vosges[2]). De même la consultation régulière d'un site tel que géoportail.gouv.fr

---

1. http://www.ladocumentationfrancaise.fr/dossiers,
   http://www.ladocumentationfrancaise.fr/cartes#
2. http://www.reseau-canope.fr/fig-st-die/selections-thematiques/

ou plus directement de cartes topographiques pourra être mise à profit, y compris dans le cadre des écrits.

Au fur et à mesure de vos lectures, mettez à jour vos fiches (bibliographie, chiffres, cartes et croquis, exemples). Ce deuxième temps, complémentaire du premier, doit également inclure la poursuite de la recension des concepts et notions.

Le troisième temps correspond à un premier cycle de révision. Celui-ci doit être au moins de durée égale au précédent (prévoir sept à huit semaines). Ce temps doit inclure un travail de réflexion sur les plans, problématiques et croquis, mais doit également prolonger un travail de réflexion sur l'articulation entre les savoirs universitaires et les savoirs scolaires.

Le quatrième temps est un deuxième cycle de révision au cours duquel on reviendra éventuellement sur les idées générales les moins bien assimilées, mais que l'on consacrera surtout à un dernier travail de mémorisation des exemples, chiffres, références bibliographiques, croquis et cartes. Ce dernier temps est le plus court (dix à quinze jours).

Lorsque vous définirez votre planning (en fonction de la date à partir de laquelle vous engagerez effectivement votre préparation), ne sous-évaluez pas le temps nécessaire à l'accomplissement de chaque tâche (il vous faut être en mesure d'atteindre vos objectifs !) et modulez vos ambitions. S'il est un temps dont vous pouvez moduler l'amplitude, c'est bien le temps 2. Il s'agira ici non pas de réduire la collecte d'exemples, croquis, schémas… mais bien de réduire la recherche d'informations générales complémentaires.

7. Préparation des épreuves écrites de géographie

Les épreuves écrites de géographie se fondent, à l'instar des épreuves d'Histoire, sur un programme de trois questions qui, respectivement, correspondent à des thématiques relatives à la :
- Géographie régionale (Europe, Amérique du Nord, mondes indiens...)
- Géographie générale (géographie des conflits, mers et océans...)
- Géographie de la France (France en villes, mutations des systèmes productifs...).

Il convient bien sûr de préparer à parts égales ces trois questions et de ne négliger aucune d'elles.

Vous êtes par ailleurs et très majoritairement historiens. Ne négligez surtout pas la géographie et ceci pour plusieurs bonnes raisons. La première réside dans l'intérêt intrinsèque d'une discipline passionnante, vivante, épanouissante et dont l'utilité sociale et didactique est majeure ! L'autre bonne raison, plus prosaïque sans aucun doute, mais à laquelle vous pourriez être plus sensibles, réside dans le fait que le concours est parfaitement bivalent et que vous êtes donc évalués tout autant en tant que géographe qu'en tant qu'historien. Il s'avère néanmoins qu'un nombre conséquent de candidats présente des lacunes fortes en méthodologie et en connaissances. Ceux et celles qui respectent les fondements de la discipline (appréhender le sujet dans sa dimension spatiale), mobilisent les outils de la géographie (cartes et croquis, analyse de données statistiques) et en maîtrisent les principaux paradigmes ou concepts (milieu, territoire, discontinuité, centre et périphérie...) font très nettement la différence. Réussir un concours, c'est être meilleur que les autres dans sa propre spécialité, mais c'est aussi être bon là où les autres sont médiocres.

La lecture attentive des lettres de cadrage et des rapports du jury est indispensable. Ces derniers expriment les attentes du jury et par là même font le bilan des compétences dont doivent disposer les candidats. Les défauts recensés sont récurrents, en géographie en particulier. Prenez-en bonne note et attachez-vous à répondre positivement aux remarques et conseils prodigués. Obtenir un concours, c'est également montrer sa capacité à se conformer aux attentes des membres du jury. En géographie, l'exigence est avant tout celle d'une appropriation sincère des paradigmes et des méthodes qui fondent la discipline.

Suivre les cours et s'entraîner

Il est possible de passer le cap des écrits sans avoir assisté à l'ensemble des cours propres à la préparation des questions au programme (il convient néanmoins de valider les UE qui autoriseront l'obtention du M1). Il faut néanmoins insister sur l'intérêt d'une assiduité certaine dans la mesure où beaucoup de vos enseignants ont eux-mêmes l'expérience de ces concours en tant que candidats, parfois en tant que membres du jury. Au-delà donc de la seule dimension cognitive, vous apprendrez beaucoup sur les attendus des épreuves et en termes de méthodologie. Soyez particulièrement attentifs à l'ensemble des enseignements qui vous permettront d'étayer vos dissertations ou commentaires de documents en vous appuyant sur des exemples, des données ou des croquis autres que ceux développés dans les manuels (et dont les correcteurs se lassent rapidement). Soyez particulièrement impliqués dans les TD qui proposent de travailler à l'élaboration de documents graphiques ou de plans de dissertations et commentaires. Prenez le temps de mettre de l'ordre dans vos cours, de les compléter, de les annoter ou de les commenter (en établissant par exemple un certain nombre de renvois vers tels exemples, tels croquis ou cartes issus de tels manuels, ouvrages spécialisés ou articles dont vous aurez par ailleurs réalisé le résumé). Le mieux est d'effectuer ce travail de relecture le soir même. N'hésitez pas également à vous lancer dans l'élaboration de cartes de synthèse relatives au cours et à soumettre à l'avis de vos enseignants le fruit de votre réflexion. Participez à l'ensemble des entraînements qui vous sont proposés, même si vous ne vous sentez pas suffisamment prêts.

Peut-être trouverez-vous le résultat sévère ou interpréterez-vous la note obtenue comme le signe probant d'un échec annoncé. Lorsque l'on prépare le CAPES, il faut s'attendre à des concours blancs difficiles et à des notes très décevantes. Cela cependant ne préjuge pas des résultats qui seront les vôtres au concours : vous aurez progressé, le barème de notation est souvent plus conciliant, et, au moment des épreuves, l'enjeu vous paraîtra tel que vous donnerez le meilleur de vous. L'une des conditions à cette réussite est néanmoins de bien gérer son temps et cela ne s'apprend qu'en condition réelle. Que les concours blancs soient surveillés ou pas, jouez le jeu : arrivez à l'heure et restez jusqu'au bout avec pour objectif premier celui de rendre une copie la plus complète possible et terminée. Vous en profiterez ainsi pour étalonner le temps dont vous avez besoin pour chacune des étapes de réalisation de votre dissertation ou de votre commentaire. N'omettez pas qu'en géographie vous aurez systématiquement et obligatoirement une production graphique à réaliser. Celle-ci représente le quart de la note de dissertation. Or, beaucoup de candidats réalisent dans la précipitation la carte de synthèse. Par voie de conséquence, la production graphique est un exercice particulièrement discriminant.

Établir des priorités

Les maquettes des masters enseignements ne se limitent pas à la seule préparation au concours. Elles ont pour ambition de former des professeurs. Vous bénéficierez donc d'enseignements qui, à terme, vous seront très utiles, mais qui dans l'immédiat ne serviront pas nécessairement votre réussite au CAPES. Il vous faut être assidu et valider l'ensemble des UE. Il y a cependant des priorités (à vous de doser la juste répartition de l'effort et de l'investissement en temps) et les premiers domaines dans lesquels vous devrez briller seront ceux sur lesquels vous serez interrogés en avril et en juin. Les étudiants qui à l'issue de leur licence ont réalisé un M1 recherche avant de s'engager dans les concours bénéficient d'un certain nombre d'atouts. Ils ont acquis une maturité et des compétences dont ne disposent pas les étudiants uniquement titulaires d'une licence. Ils parviennent notamment à donner plus de rigueur et de cohérence à l'argumentation et ont plus de facilité dans le travail de recherche bibliographique. Par ailleurs, et en raison des compétences acquises au cours de leur année de master recherche, l'ESPE peut leur délivrer des équivalences (langue vivante, UE recherche notamment). C'est autant de temps et d'énergie que ces étudiants pourront reporter sur la seule préparation des épreuves. *On ne saurait donc que vous encourager à réaliser en amont de votre master enseignement une année consacrée à la formation à la recherche.*

La géographie n'est pas une culture « hors-sol »

Les premières conditions à la réussite des épreuves de géographie sont : avoir assimilé ce qu'est la géographie, être à niveau, être acteur et spectateur du monde.

Faire de la géographie c'est appréhender les sociétés dans leur espace. *On ne peut pas entrer en géographie par une mise en perspective historique.* L'histoire et le temps peuvent être convoqués, on peut également faire une géographie des temps antérieurs, mais le sujet reste bien l'espace et les territoires. Commencer une dissertation sur les minorités en Amérique du Nord ou sur les frontières en Europe par l'histoire du peuplement nord-américain ou par l'histoire politique et militaire européenne, c'est commencer sa dissertation par des facteurs explicatifs ! Il convient pourtant en premier lieu de dresser le constat ! Construire une réflexion en géographie, c'est aussi construire une réflexion à toutes les échelles (du global au local). N'oubliez d'ailleurs pas que beaucoup de sujets peuvent se prêter à un plan par échelles. Si néanmoins vos entrées sont thématiques, n'omettez pas de décliner toutes les échelles à l'intérieur de chacune de vos parties.

Être à niveau, cela signifie disposer d'un bagage en géographie (savoirs et méthodologie). Les enseignements en géographie dont les étudiants en histoire ont pu bénéficier en licence restent souvent lacunaires. Il faut en partie au moins combler ces lacunes. La recension des concepts tirés des manuels ou lectures complémentaires pourra y pourvoir en bonne partie si cette recension est exhaustive et si bien évidemment le candidat effectue un travail sérieux d'appréhension de ces concepts. Le site *Hypergéo*[1] peut représenter en la matière un premier outil intéressant. Reportez-vous également et systématiquement aux dictionnaires de géographie et confrontez les définitions des uns et des autres tout en étant conscients des courants de la géographie dont relèvent leurs auteurs. Vous ne devez et vous ne pouvez pas confondre localiser et situer, grande et petite échelle, plaine et plateau, littoral et trait de côte… Être à niveau, c'est aussi et plus prosaïquement savoir localiser. C'est indispensable pour les écrits et la réalisation des croquis et des cartes. Ce le sera plus encore pour les oraux. Vous devez connaître les principaux repères des territoires envisagés par les questions au programme (il va sans dire qu'il faut être en capacité de localiser Clermont-Ferrand, mais aussi Moulins, Roquefort ou Rodez…), mais aussi et plus globalement à l'échelon mondial. Être à niveau, c'est encore savoir lire et commenter une carte (écrit 2 et oral 1). Beaucoup d'ouvrages peuvent vous y aider.

On pourra retenir l'ouvrage de Philippe Cadène, *Le commentaire de cartes et de documents géographiques*. Plus spécifiquement pour les oraux, et pour les seules cartes topographiques, les précis de Jacques Défossé (*Principes et méthodes du commentaire de cartes aux concours*) et de Jacky Tiffou (*Commenter la carte topographique*) vous seront très utiles. Il faut être aussi en capacité de construire des schémas, croquis ou cartes (sauriez-vous d'ailleurs définir chacun de ces trois termes ?) qui respectent les principes fondamentaux de la sémiologie graphique et de l'habillage de la carte (voir chapitre suivant). Vous pouvez vous reporter, du moins ceux qui ne bénéficieraient pas d'une formation en la matière, à *Cartes en Mains. Méthodologie de la Cartographie* d'Anne Battistoni-Lemière, Anne Le Fur et Alain Nonjon (Ellipses, 2014) ou encore à l'article de Michel Périgord et Frédéric Piantoni, « Le croquis géographique : du concept à la réalisation par le dessin assisté par ordinateur »[2].

Dotez-vous du matériel adéquat. Il vous faut bien évidemment des crayons de couleur et gris de qualité, mais également des feutres à pointe fine pour l'écriture de la nomenclature, un décimètre (échelle) et pourquoi pas un normographe (qui pour une somme très modique vous permettra de tracer rapidement des figurés ponctuels homogènes et proportionnels). Le fond de carte le jour de l'épreuve est ou n'est pas fourni. Ce dernier cas de figure peut se présenter à propos de sujets pour lesquels une production graphique à l'échelon mondial ou régional n'est pas adaptée. À vous alors de proposer un cadre spatial et donc de tracer correctement ce cadre. Le dessin ne pourra pas être tout à fait exact, il ne devra cependant pas simplifier à l'excès la réalité des territoires. Lorsque vous travaillez à l'élaboration et à la mémorisation de croquis pensez à prendre des mesures et à relever des proportions qui vous aideront grandement le jour de

---

1. http://www.hypergeo.eu/
2. *Norois* [En ligne], 190, 2004/1, http://norois.revues.org/83.

l'épreuve. Notez que la feuille mise à disposition pour la production graphique obligatoire est une feuille blanche, non quadrillée.

Enfin, dans le cadre de l'écrit 2, vous pourrez être confrontés à un certain nombre de données statistiques (tableaux et graphiques). Il s'agit pour vous d'être en capacité de lire, interpréter, comparer, éclairer ces données. Ne confondez pas un indice et un taux, un taux de croissance et une croissance absolue, connaissez la différence entre une médiane et une moyenne. Il est impératif bien sûr de connaître le sens et le contenu des principaux taux et indices. Ne confondez pas non plus l'axe des abscisses et l'axe des ordonnées. Vous trouverez sur le site de l'INSEE tout ce dont vous aurez besoin en matière de démographie. Pensez également à réviser les unités de mesure (milles, ha) et disposez d'un certain nombre de repères et ordres de grandeurs qui autoriseront des mises en perspective (superficies de quelques pays et populations des principales villes, PIB des États-Unis, PIB par habitant de la France, indice de fécondité de l'Allemagne et du Niger, etc.). Il est également souvent nécessaire de réaliser quelques calculs simples (ne serait-ce qu'un calcul de pourcentage) afin de donner tout leur sens aux chiffres. De même, ne craignez pas de construire un ou deux graphiques venant souligner la pertinence des calculs ou des analyses effectués. Révisez ainsi les règles d'élaboration des histogrammes, disques et courbes.

En tant que professeur de géographie et d'histoire, vous aurez en charge l'initiation des adolescents à la réalité de notre monde. En tant que candidat à un concours de géographie et d'histoire, vous devez également montrer votre intérêt pour les grandes évolutions et dynamiques des sociétés. Au-delà donc des seules évolutions scientifiques propres à nos disciplines, il est impératif que vous vous teniez informés de l'actualité. La lecture quotidienne de la presse serait idéale. Il existe également, et le conseil semble plus raisonnable, de bons journaux radio ou télévisés. Nous pouvons penser à ceux diffusés sur France Culture ou ARTE. Euronews est également une alternative intéressante. Si vous choisissez comme support ces derniers médias, n'hésitez pas à compléter l'approche par la lecture de titres tels que *Le Monde. Sélection hebdomadaire.* Cette connaissance de l'actualité vous sera indispensable tant pour les écrits que pour les oraux. La géographie s'ancre dans le réel. Un certain nombre de faits ou d'analyse vous permettront d'étayer votre argumentation (sur la prise en compte et le traitement des inégalités territoriales par exemple), mais également de construire en introduction une accroche pertinente, et en conclusion une ouverture suffisamment précise et fondée. Profitez-en, par ailleurs, pour mettre à jour vos connaissances sur les institutions politiques nationales ou sur les grandes organisations internationales. Des lacunes quant au fonctionnement de l'ONU, de l'Union Européenne ou des collectivités territoriales transparaîtront nécessairement aux écrits. Aux oraux, vous pourrez être directement questionnés sur le mode de scrutin aux élections européennes ou sur la clause de compétence générale…

Être efficace (le travail personnel de préparation)

Les manuels sont le substrat et la matière principale de votre préparation. La qualité du travail réalisé à partir de ceux-ci est capitale. Il est très vivement conseillé d'acquérir ces manuels afin de pouvoir y revenir dès que la nécessité s'en fait ressentir (vérifier, confirmer, réviser), afin également de pouvoir les surligner, les annoter, les corner... Il convient d'avoir engagé la lecture et le fichage de ces manuels en amont de l'année universitaire, du moins pour les questions pour lesquelles le candidat se sent le moins armé. Il existe plusieurs manuels pour chaque question. Chacun de ces ouvrages a ses qualités et ses défauts. Prenez le temps avant de vous lancer dans le travail de lecture et de mémorisation de les comparer les uns aux autres. Soyez attentif à l'éventail des thèmes abordés, à la présence d'un lexique et d'un glossaire, au fait que la table des matières soit suffisamment détaillée, à l'importance des pages consacrées à la contextualisation et à la problématisation de la question, à l'insertion d'un certain nombre de références à vocation épistémologique. Ne négligez pas l'intérêt de disposer de dissertations ou de commentaires corrigés. Soyez attentifs également à la quantité et à la qualité de la production graphique. Aucun ouvrage ne sera cependant parfait et totalement complet. Une fois donc que vous aurez réalisé une première lecture du manuel choisi, complétez celui-ci en allant chercher chez ses concurrents des connaissances sur les thèmes non ou insuffisamment développés. Les numéros de la *Documentation photographique* seront également utilement mis à profit. N'ayez aucune réticence à vous reporter aux livres du secondaire. Cette démarche vous sera bien sûr utile dans la préparation à la partie 2 de l'écrit 2 et de l'oral 2 (vous serez donc attentifs au traitement des concepts géographiques dans l'enseignement secondaire). Ces manuels peuvent également présenter un intérêt certain en matière de productions graphiques. Vous pourrez très largement vous en inspirer le jour J. N'hésitez donc pas à solliciter ces ouvrages pour servir de base à la compilation de cartes et croquis que vous devrez constituer. Il vous faut bien sûr rester critique et parfois compléter, corriger ou amender ces cartes (notamment en matière de sémiologie), mais vous pourrez y trouver les lignes de force et parfois de très bonnes idées d'articulation de la légende.

Soyez conscients de l'ampleur du travail. Chaque manuel peut compter plus de 400 pages. Or il faut lire, comprendre, assimiler, mémoriser. Après une première lecture générale au cours de laquelle vous vous attacherez à décrypter le contenu et à éventuellement compléter des lacunes générales en géographie, il vous faudra procéder chapitre par chapitre. Mémorisez les plans et les problématiques qui vous sont proposés. Ils sont naturellement cohérents et correspondent toujours à une démarche géographique. Ils peuvent constituer pour vous de bons exemples ou bien même la trame de la démarche qui sera à suivre le jour des écrits (sans pour autant contraindre le sujet !). Imprégnez-vous également de la forme. Soyez attentif aux formulations, notamment à celles des problématiques ou des annonces de plan. Notez que les auteurs écrivent au présent de l'indicatif, que les phrases sont le plus souvent courtes... Vous remarquerez les références systématiques à d'autres auteurs et à l'insertion dans le corps de texte d'un certain nombre de renvois aux cartes et documents. Il faut vous en inspirer et faire de même. Il va sans dire que la mémorisation des cartes, croquis et schémas est toute aussi importante que celle des informations contenues dans le texte. Il s'agira néanmoins et bien évidemment, à l'instar des connaissances acquises par le texte, d'adapter ces cartes et croquis (et non pas de plaquer) au sujet de dissertation ou de commentaire de documents.

Les lectures d'ouvrages et articles spécialisés ne doivent être engagées qu'une fois le contenu des manuels assimilé. Ne négligez pas des ouvrages déjà relativement anciens mais riches et incontournables tels que les volumes de la dernière *Géographie Universelle* du GIP-RECLUS chez Belin (il conviendra naturellement de rester conscient de la date d'édition). Chaque idée développée dans vos productions écrites doit être étayée par un exemple précis. L'objet essentiel des lectures plus spécialisées ou ciblées est d'entrer dans le concret des territoires et d'aller chercher des exemples complémentaires ou différents de ceux des manuels. Sélectionnez des chiffres évocateurs, retenez des éléments de précision, reproduisez des cartes ou croquis. L'enjeu est bien de faire la différence avec les autres candidats. Attention cependant à ne pas verser dans un exercice de compilation excessif. Là encore, fixez-vous des objectifs et sélectionnez en fonction de la pertinence estimée des données. Il ne s'agit pas de cumuler, mais bien d'aller chercher un ou deux exemples ou un ou deux croquis par thème identifié (pour une question sur les migrations, retenir par exemple un croquis sur les flux à l'échelle mondiale, un croquis sur la répartition des populations à l'intérieur de l'un des principaux pays d'accueil, l'un sur la distribution intra-urbaine de ces populations, un dernier sur une frontière indurée, etc.). À propos des chiffres, n'en négligez surtout pas l'importance. Ils apportent une caution scientifique à vos propos et soulignent la volonté qui est la vôtre d'entrer dans la vérité des faits. Une trentaine de chiffres par question est sans doute un minimum raisonnable. Vous pouvez tout à fait imprimer ces données sur une feuille A4 et afficher celle-ci en un lieu où vous aurez tout loisir d'en faire une relecture régulière.

N'oubliez pas que la comparaison est le nerf de la géographie. Essayez ainsi lorsque vous sélectionnez vos exemples, vos croquis et vos chiffres de choisir ceux-ci en fonction de leur capacité à exprimer les contrastes, gradients ou discontinuités.

Pour aller chercher ces informations, vous n'aurez pas le temps d'effectuer une lecture linéaire et complète de chaque article ou de chaque ouvrage. Adoptez un mode de lecture rapide. Consultez en premier lieu le résumé puis la table des matières, lisez l'introduction, la conclusion et les pages que vous aurez ciblées. Ce travail peut aujourd'hui, grâce à la démultiplication des ressources en ligne, se faire depuis un poste informatique. Ne désertez néanmoins pas les bibliothèques universitaires. Au contraire, faites-en des lieux centraux de votre préparation. Tous les ouvrages ou publications (y compris celles issues de revues très diffusées telles que le *Bulletin de l'Association de Géographes*

Français — BAGF) ne sont pas encore en ligne. Des ouvrages plus anciens et d'importance (tels que la dernière *Géographie Universelle*) ne le seront jamais. Par ailleurs, en parcourant les rayons, vous y découvrirez des ouvrages auxquels vous n'auriez pas pensé. N'oubliez pas que vous devez avoir toujours sous la main les dictionnaires de géographie.

Il est conseillé d'effectuer votre prise de notes sur papier. Cette pratique a plusieurs avantages. Elle facilite la mémorisation, permet un accès immédiat aux informations et muscle les petits doigts des étudiants. Or, cette « musculation » est indispensable. Le concours est organisé sur deux jours. Il faudra donc tenir et agiter le stylo 10 heures de temps sur ces deux jours.

Les informations glanées par les lectures spécialisées doivent être triées et classées par question, selon le principe des mots-clefs, sous forme de fiches thématiques (villes, population et peuplement, monde rural, littoraux, environnement, développement...) ou en fonction de la nature de l'information (cartes et croquis, données statistiques, exemples). Aucun des deux systèmes n'est totalement satisfaisant, mais l'essentiel est de pouvoir revenir aisément et rapidement à une information synthétisée et immédiatement transposable dans une copie. Consultez régulièrement ces fiches, entrainez-vous à reproduire de mémoire les cartes et croquis, récitez les données chiffrées. N'omettez pas quand vous constituez ces fiches de « sourcer » les informations (et vos cartes en indiquant sous celles-ci « D'après AUTEUR, OUVRAGE ou ARTICLE ») afin de pouvoir insérer dans votre copie un certain nombre de références bibliographiques. Rendez aux auteurs ce qui leur appartient. Vous ferez ainsi la démonstration de votre rigueur scientifique. Profitez-en pour établir dès la préparation des écrits des fiches bibliographiques (Auteur, titre de l'article ou de l'ouvrage, titre de la revue, éditeur, n° et année, mots-clefs) qui vous seront très utiles pour les oraux.

Au-delà des seules lectures, sachez qu'un certain nombre de conférences sont organisées au profit des candidats au CAPES. L'AGF (Association de Géographes Français) notamment organise des séances dédiées aux nouvelles questions. Ces séances se déroulent à l'Institut de géographie (rue Saint Jacques à Paris). Les étudiants de province ne doivent pas hésiter à faire le déplacement. Ces séances font l'objet de publications dans le *BAGF*.

Travailler en équipe(s)

La tâche qui vous attend est considérable. Il est difficile de l'assumer seul et il est bon de travailler en équipe(s). Vous préparez certes un concours et par définition vous serez concurrents. Essayez néanmoins de développer un « esprit de promo ». Vous y gagnerez en efficacité mais également en sérénité. On peut garder un très bon souvenir de l'année de préparation au concours, à la condition néanmoins d'avoir partagé avec d'autres ces temps d'effort et de stimulation intellectuelle. Le travail en équipe(s) doit s'organiser à plusieurs niveaux. Il vous faut délimiter au moins deux cercles. Le premier peut être relativement large et compter jusqu'à six ou sept personnes. Il s'agira là d'assumer une certaine solidarité et de favoriser l'émulation. Les membres du groupe s'épauleront en diffusant les cours auxquels d'autres n'auront pu assister, en se relayant les informations sur la parution de tel article ou de tel ouvrage ou encore sur l'organisation d'une conférence. Le deuxième cercle doit être plus restreint et ne doit pas compter plus de trois personnes. Dans l'idéal, l'équipe pourrait être constituée d'un « géographe » et d'un « historien ». La coopération peut être poussée loin. Chacun doit personnellement ficher les manuels, mais pour le travail d'approfondissement (deuxième temps), il est possible de se répartir les ouvrages ou articles à la condition de se donner des échéances précises et de définir une forme de cahier des charges. Certains candidats se retrouvent quotidiennement, ne serait-ce que pour travailler en présence l'un de l'autre et éventuellement échanger à propos d'un concept ou d'un paragraphe mal compris. Le travail de révision est également moins pesant. De même, il est beaucoup plus efficace de réfléchir sur l'élaboration d'une carte, d'un croquis ou d'un plan de dissertation à deux ou trois.

8. Passer l'écrit de géographie

La dissertation de géographie

Comme toute dissertation, la composition de géographie doit mettre en œuvre des connaissances précises et ordonnées rationnellement. Deux conditions s'imposent donc : posséder de solides connaissances géographiques et les organiser selon un plan réfléchi.

On pourra suivre une démarche en trois étapes.

Il faut dans un premier temps comprendre le sujet et formuler sa problématique (au brouillon). Pour cela, il faut commencer par faire abstraction des réactions des autres candidats qui vous entourent, puis lire et relire le sujet. Chacun des termes employés dans l'intitulé est important et doit être interrogé, compris et défini. On sera particulièrement attentif à l'emploi du singulier et du pluriel et à la syntaxe du sujet. Ainsi, la conjonction de coordination « et » induit souvent une comparaison entre les termes du sujet et non une invitation à traiter le premier terme avant le second. L'espace dans lequel le sujet sera traité doit également être précisé. Ainsi pour un sujet sur la France, on devra se poser la question d'inclure ou non les DROM (Départements et Régions d'Outre-Mer). La délimitation de l'espace considéré, l'inclusion ou l'exclusion d'un territoire devra être soigneusement justifiée et argumentée. Faut-il délimiter le sujet dans le temps ? Dans la plupart des sujets géographiques, les bornes temporelles ne sont pas précisées. La géographie est en effet une science du présent qui explique les répartitions spatiales telles qu'elles existent aujourd'hui. On peut bien sûr faire des retours historiques mais ils doivent être limités. Le sujet est donc toujours à comprendre avec le terme « aujourd'hui » (c'est-à-dire les dix ou vingt dernières années) en fin d'intitulé.

La démarche de la géographie est différente de celle de l'histoire. La problématique en est essentiellement spatiale. C'est sur cette dimension que portera la réflexion qui doit spatialiser le ou les phénomènes étudiés. Les questions centrales de la réflexion préparatoire sont donc « où ? », puis « pourquoi ici », et « pourquoi pas ailleurs ? ». Pour mettre en forme la problématique, il faut formuler la ou les questions qui seront le fil directeur de la composition. Attention ! Reformuler le sujet sous une simple forme interrogative ne tient pas lieu de problématique ! Les correcteurs seront particulièrement attentifs quant à votre capacité à problématiser sur le sujet et à répondre aux questions qu'il pose.

Le deuxième temps est consacré au classement des connaissances de manière à dégager les grandes lignes de votre plan. Faites la liste (au brouillon) des connaissances nécessaires pour traiter le sujet. Pensez aux éléments démographiques, économiques, sociaux, politiques, environnementaux… Pensez également aux différents acteurs qui interviennent dans la gestion des territoires (États, régions, communes, entreprises, associations, individus…). Vous pouvez ensuite penser aux mutations, évolutions d'un même phénomène. Pensez aux similitudes et différences entre les territoires… Utilisez des exemples variés. La démarche géographique repose sur la mise en œuvre d'un raisonnement à plusieurs échelles : locale, régionale, internationale (européenne ou mondiale). On parle d'emboîtement d'échelles ou de raisonnement multiscalaire. Un même phénomène n'aura pas les mêmes répercussions suivant l'échelle abordée. Une fois identifiées les différentes échelles du sujet, il faut se poser les questions fondamentales de la géographie, telles qu'évoquées ci-dessus : où ? Pourquoi ici ? Pourquoi pas ailleurs ? Il est évidemment indispensable d'être le plus précis possible dans la localisation : les noms des villes, des quartiers, des espaces doivent être exacts. L'approximation n'est une qualité ni dans un devoir de géographie, ni dans aucun devoir d'ailleurs… Il faudra ensuite chercher les modèles géographiques afférents ou tenter une « mise en système » à une échelle justifiée. Grâce à une bonne connaissance épistémologique des concepts et théories de la discipline, on peut déboucher sur des modèles ou des systèmes appropriés qui permettent d'éviter de se cantonner dans une description et d'arriver à une explication des composantes spatiales d'un sujet. Enfin, toute dissertation de géographie doit comporter un croquis ou un schéma. Il ne s'agit pas de « faire un joli dessin » mais de traduire graphiquement vos idées.

Cette mise en forme rationnelle des connaissances doit aboutir à un classement en deux ou trois thèmes qui seront autant de parties de votre devoir. En géographie, le plan en trois parties et trois sous-parties n'est pas obligatoire. Vous pouvez fort bien faire un plan en deux parties, subdivisées en deux, trois ou quatre sous-parties. S'il n'existe pas un plan type, il en est en revanche un à éviter à tout prix : le plan chronologique qui ne correspond pas à la démarche géographique ! Voici trois types de plan qui peuvent être utilisés dans un grand nombre de sujets :

– Une première solution classique
1. Description ou constat à plusieurs échelles
2. Explication des phénomènes sur l'espace ou les territoires
3. Différenciation des espaces ou des territoires (montrer qu'il existe des différences entre les territoires, typologie)

– Un plan scalaire :
1. Échelle mondiale ou globale
2. Échelle régionale
3. Échelle locale

– Un plan intégrant mutations et changements :
1. Bouleversements actuels (partir de la situation actuelle)
2. Héritages du passé mais montrer les conséquences sur la situation actuelle

3. Typologie (en intégrant les deux ou trois dimensions temporelles mais en partant bien des territoires)

Une fois le plan établi, il faut commencer à rédiger sans retard. L'introduction doit être particulièrement soignée. Elle doit obligatoirement comporter les points suivants : définition des termes du sujet, délimitation géographique du sujet, annonce de la problématique puis du plan. On peut la faire précéder d'une « accroche » courte reprenant un exemple d'actualité.

Dans de nombreux sujets, on vous demande de réaliser une carte de synthèse (qui peut compter jusqu'à un quart de la note totale). Il est préférable de la réaliser avant d'écrire le développement (ou en même temps que lui). Attention ! Le correcteur de géographie lit souvent l'introduction, puis passe directement à la carte de synthèse pour voir si votre problématique est bien adaptée à un territoire !

Votre développement ne doit pas être une succession d'exemples, il doit être fluide et rationnellement construit. Évitez les jugements de valeur (lamentations, condamnations, compliments…), les clichés, les préjugés. Il s'agit de réfléchir, de raisonner, de démontrer. Vos changements de parties doivent être apparents mais sans perdre la fluidité de votre texte. Les transitions seront donc particulièrement soignées. On tentera par ailleurs d'équilibrer les différentes parties et sous-parties. Vous pouvez également inclure des croquis partiels et les commenter dans votre développement.

La rédaction de la conclusion se fait en deux temps. Le premier fait le bilan et répond à la problématique. Le deuxième élargit le sujet dans le temps ou l'espace. Les correcteurs relisent presque toujours la présentation de votre problématique dans l'introduction et la réponse donnée en conclusion dans la continuité pour vérifier que vous ne vous êtes pas égarés en chemin…

Le dossier de documents

La dernière réforme du CAPES consacre le retour du commentaire de documents aux écrits. Si vous avez un sujet de dissertation en histoire, vous serez confrontés en géographie à un corpus documentaire. L'épreuve 2 se fonde à l'instar de l'épreuve 1 sur les questions au programme. Elle répond aux mêmes logiques et structures en géographie et en histoire. Il s'agira bien pour vous à l'issue d'un commentaire de type universitaire (première partie) de proposer le prolongement didactique (deuxième partie) de ce commentaire. Il ne sera évidemment pas question de présenter une séance de cours « hors-sol », mais bien de produire une réflexion quant à l'articulation entre science et enseignement. Votre objectif sera alors de faire la preuve de votre capacité à adapter à un public scolaire des savoirs scientifiques sans pour autant en dévoyer ni le contenu, ni les fondements méthodologiques.

Le corpus de cinq à six documents peut être composé en géographie d'éléments d'une grande diversité et les étudiants doivent s'attendre à ce que les sujets mettent à profit ce formidable potentiel. Il peut s'agir bien évidemment de textes extraits des revues scientifiques (articles) ou d'ouvrages spécialisés. Ces textes peuvent, selon une démarche empirique, présenter des études de cas, ou au contraire proposer une montée en généralité. Au-delà cependant, et bien évidemment, cartes, croquis, plans, schémas, modèles spatiaux, graphiques, blocs-diagrammes, images satellitaires, photographies de paysages ou aériennes... seront soumis à la sagacité des étudiants. Il faut être en capacité de lire et interpréter des cartes topographiques comme thématiques, mais aussi et pourquoi pas des représentations en trois dimensions ou en anamorphoses. À propos des cartes topographiques, soyez attentif à la date de révision de l'extrait. Orientez votre commentaire en fonction du libellé du sujet. Vous pouvez en particulier y lire les structures urbaines et des éléments de dynamique urbaine, les infrastructures de transport, des indices quant au substrat économique du territoire... Les cartes thématiques, quant à elles, sont des constructions destinées à étayer un discours ou à transmettre des informations par définition sélectionnées et dont le traitement cartographique n'est pas neutre. Ne craignez pas de développer une approche critique du contenu (l'information retenue, les dimensions occultées), mais également de la forme. Le choix par exemple des couleurs, la méthode de discrétisation (répartition en classes de la série de variables), doivent attirer votre attention.

Sachez reconnaître et faire bon usage des modèles, plus ou moins pertinents, dont il faudra comprendre le sens et la portée. N'oubliez pas de revoir les principes de la chorématique (dont vous aurez de toute façon besoin pour l'oral 2). Le commentaire des photographies peut être fouillé et le candidat doit, quoi qu'il en soit, mobiliser le vocabulaire adéquat. Les gradients, limites, discontinuités, irrégularités ou oppositions doivent focaliser votre attention. Revoyez d'ailleurs ce que les géographes entendent par « paysage » et quel usage ils peuvent faire aujourd'hui de la photographie et de l'analyse de paysage. L'article de Cécile Juin-Rialland, « De la géographie rurale à l'analyse des paysages : le témoignage d'un chercheur », *L'Information géographique* 1/2009 (Vol. 73), p. 17-29, est particulièrement intéressant[1]. La lecture exhaustive du rapport pour l'Habitation à Diriger des Recherches d'Anne SGARD, *Le partage du paysage*[2], ne serait pas un objectif raisonnable l'année de préparation au concours. Vous pouvez néanmoins en parcourir la table des matières, riche à elle seule de nombreux enseignements, et sélectionner un certain nombre de sous-parties (dont les conclusions intermédiaires). N'oubliez pas que les « paysages » sont aujourd'hui très présents dans les programmes scolaires et pourront sans aucun doute être mobilisés dans la partie 2 de l'épreuve.

Les cartes topographiques, les plans ou les photographies peuvent tout à fait faire l'objet de croquis intermédiaires qui viendront étayer vos propos et souligner les lignes de force. Les données et tableaux statistiques feront l'objet

---

1. *www.cairn.info/revue-l-information-geographique-2009-1-page-17.htm*
2. *(2011 — https ://hal.archives-ouvertes.fr/tel 00686995/PDF/ Anne_SGARD_HDR_ Le_partage_du_paysage.pdf)*

de comparaisons et de calculs simples. Proposez des proportions, des taux de croissance, des moyennes… Élaborez à partir des données ou à partir des résultats de vos calculs quelques graphiques que vous insérerez dans le corps de texte et que vous mobiliserez dans votre commentaire. Notez que le discours à propos d'un graphique ne doit pas porter sur la courbe en elle-même (« qui monte et qui descend »), mais bien sûr les données (dont on observe la croissance, le ralentissement de la croissance ou la décroissance). Vous connaissez également l'attention que portent désormais les géographes aux représentations. On est en droit d'attendre un certain nombre de documents sur le rôle des représentations dans la production de l'espace, y compris par la soumission aux candidats de trajectoires individuelles, de cartes mentales, d'extraits de romans ou nouvelles, d'images issues des médias susceptibles de vous faire approcher toute la complexité d'un concept tel que celui de territoire. N'oubliez pas, enfin, que l'ancrage de la géographie dans le « réel » passe aussi par les liens qui l'unissent à l'aménagement. Vous pourrez donc être confrontés à des plans du cadastre, plus vraisemblablement à des plans d'urbanisme ou autres schémas locaux, régionaux ou nationaux de développement et d'aménagement (sachez donc ce que sont pour la seule France un PLU, un ScoT, un SRADT ou les principes qui fondent un PNR).

Le commentaire

La première partie de l'épreuve représente dix points, ce qui signifie que vous devriez y consacrer (et seulement y consacrer) deux heures et trente minutes. À vous de caler la répartition du temps entre les deux moitiés de l'épreuve. Il ne vous faudra de toute façon pas dépasser les trois heures pour le commentaire scientifique. À vous donc de faire vite, mais de répondre en tout point aux attendus de l'exercice. Le premier d'entre eux porte sans aucun doute sur la problématique. Celle-ci doit être fondée sur le libellé du sujet et sur l'orientation donnée à ce libellé par les documents.

Un commentaire de documents demande une prise de distance, une capacité de contextualisation, de mise en perspective et d'articulation de contenus qu'il aura auparavant fallu extraire et expliciter. Il n'existe pas une seule et bonne méthode, ni de plan type. Le travail préparatoire et la réalisation du commentaire s'opèrent néanmoins en trois temps.

Il faut d'abord procéder à la lecture de l'ensemble du dossier afin d'en appréhender *l'orientation* et la logique d'ensemble. Il faut ensuite travailler document par document. L'analyse de chaque document se fait au brouillon. Elle doit elle-même être subdivisée en cinq étapes :

1. Présentation du document :
   – Nature du document : sommes-nous en présence d'un article scientifique ? D'un rapport de recherche ? D'une carte topographique ? D'une carte thématique ? La date d'édition, l'auteur et sa qualité, doivent être relevés.

Ces derniers éléments sont le plus souvent indispensables à la bonne compréhension du document.
- Thème du document : il faut prendre le temps d'écrire, même en une ligne, le sujet du document.
2. Analyse de la structure du document : vous devez déterminer la logique de construction du document. La démarche est nécessaire pour un texte. Elle est fondamentale pour une carte, un document statistique ou un graphique. Pour une carte, il s'agit d'être attentif à la carte en elle-même et à son habillage (échelle, découpage, titre, nomenclature…), mais aussi à la légende (organisation, sémiologie et couleurs, répartition des classes…). Dans le cas d'un tableau statistique, la vigilance doit porter sur les indicateurs (PIB et PIB/habitant, indice de fécondité et taux de natalité…), sur les unités, sur les bornes chronologiques et les intervalles de temps. Pour un graphique, il convient de plus de s'interroger sur le type de représentation (histogramme, diagramme circulaire, courbe…). L'objectif est bien évidemment d'éviter les contresens, mais également de déterminer les *intentions de l'auteur*.
3. Identification de l'idée clef : il convient ici d'extraire l'enseignement principal du document, d'en extraire la « substantifique moelle ».
4. L'explication : il s'agit de repérer et de mettre à plat l'argumentation.
5. Le commentaire : il faut désormais prendre du recul et évaluer la portée du document, autrement dit souligner l'intérêt de ce qui est dit ou montré dans le cadre d'un questionnement plus général, en déterminer les prolongements ou les implications. Inversement, il s'agit aussi de mettre en avant les lacunes et ce que les données « omises » auraient pu montrer. Il est souvent utile en géographie de mentionner l'intérêt d'une analyse à toutes les échelles et donc de souligner ce qu'une démarche multiscalaire aurait pu apporter. Il est également facile de démontrer que l'utilisation d'autres indicateurs aurait utilement complété le discours (le taux de natalité par exemple est dépendant des structures par âge, pas l'indice synthétique de fécondité). Attention cependant, il s'agit bien d'un commentaire de documents et il n'est pas question de développer une argumentation détachée de ces documents.

Enfin, le candidat doit déterminer un certain nombre de convergences ou de recoupements qui tout à la fois permettront de formuler la problématique et de construire un propos commun à l'ensemble des documents (tous les documents du dossier doivent être utilisés !)

La problématique, le plan et le fil directeur répondent aux mêmes exigences qu'en dissertation de géographie et doivent donc avoir pour objets premiers et essentiels les espaces et les territoires. Le travail rédigé se présente également comme une dissertation avec une introduction, une conclusion et un développement en deux ou trois parties.

L'introduction discute et propose une définition des termes du sujet, présente de façon synthétique et ordonnée les documents du dossier tout en en résumant très brièvement le contenu. La problématique est ensuite formulée sous la forme d'une question centrale à laquelle s'articulent généralement une à trois autres questions. N'omettez pas d'annoncer le plan.

Le développement en deux ou trois parties (rarement quatre) doit être rédigé dans le respect des règles de la grammaire et de la syntaxe. Au-delà, il est fondamental que le fil directeur soit clair et que vos parties correspondent à autant de volets d'une démonstration. Rédigez des conclusions intermédiaires qui vous aideront dans vos transitions, vous obligeront à recaler vos propos et permettront à vos correcteurs de reprendre le fil de votre argumentation. Restez au contact du dossier et faites très directement référence aux documents (en citant l'auteur et le titre du document – et non pas le numéro du document -, puis seulement l'auteur). Ne plaquez pas vos connaissances, mais sélectionnez-les en fonction des nécessités de votre démonstration.

En conclusion, vous vous attacherez bien évidemment à répondre à la problématique. Cette réponse n'est jamais sans nuance. Gardez-vous par ailleurs de tous propos péremptoires sur les faits de société ou de toute prise de position politique. L'ouverture n'est pas un questionnement vague sur quelque perspective lointaine ou approximative. Elle doit se fonder sur des éléments précis et dont les implications sont palpables (réformes ou négociations en cours, par exemple, dont on signifiera les acteurs et les échéances).

L'exploitation didactique

Ne négligez surtout pas cette deuxième partie. Sans doute peut-elle être réalisée plus rapidement que la première, à la condition cependant que parallèlement à la réalisation de votre commentaire scientifique vous ayez commencé à réfléchir à l'exploitation didactique. Consacrez au minimum deux heures à cette deuxième partie. Elle représente dix points et inclut la réalisation d'un croquis.

Concevez ce volet de l'épreuve comme le prolongement de l'analyse précédente et donc comme un exercice de transposition des acquis scientifiques au profit de l'enseignement secondaire (adapter et transmettre les savoirs et méthodes). Les exigences et les dimensions de l'épreuve sont les mêmes en géographie qu'en histoire, à l'exception du dernier « exercice ».

Vous devrez donc :
1. *Rédiger* un paragraphe qui tout à la fois servira de transition et d'introduction. Ce paragraphe doit inclure une problématique d'enseignement qui découle de la problématique de la partie I, et par laquelle vous proposez un questionnement conforme aux programmes (ou à l'esprit des programmes si le thème proposé n'y figure pas. Vous noterez que la géographie du genre n'est pas présente dans les programmes alors que le champ en est aujourd'hui largement exploré par les universitaires). Dans la mesure où le dossier est lié à l'une des questions du concours, le

nombre de chapitres des programmes scolaires susceptibles de faire l'objet de la transposition didactique est relativement réduit. Il est donc tout à fait envisageable de réaliser en amont un travail de recension de ces chapitres, des notions clef et des questionnements didactiques propres à ces chapitres.

2. *Sélectionner* un certain nombre de notions issues en majorité du dossier, susceptibles d'alimenter un savoir scolaire. Le terme de notion doit cependant être compris au sens large et inclure au-delà des seules notions extraites de la partie précédente (paysages, territoires, espaces, flux, centre-périphérie, marge...) des éléments plus factuels (repères notamment, vocabulaire). Vous devrez définir ces notions dans une perspective didactique, mais surtout justifier les choix opérés.

Il est évidemment pertinent de caler vos propos sur des connaissances d'ordre épistémologique (à propos des « paysages » par exemple) et sur l'histoire des savoirs scolaires, de souligner les articulations ou les hiatus entre les principales dynamiques, problématiques, thématiques qui aujourd'hui animent la géographie et les notions telles qu'elles peuvent être enseignées. Cela signifie qu'il vous faut bien maîtriser les concepts tels qu'ils sont utilisés par les géographes et être capables de les « confronter » à l'esprit des programmes. Vous êtes donc invités à ouvrir les propos à la discussion. Il ne s'agit pas de dénoncer les programmes, mais bien de mettre en avant l'importance de la réflexion que tout enseignant doit conduire en amont de son travail de transposition. La notion de « développement durable », par exemple, tant elle imprègne les programmes (EDD, Éducation au Développement Durable) sera incontournable. Après en avoir explicité brièvement le contenu, le candidat devra signifier que la notion ne constitue pas en elle-même le paradigme nouveau de la géographie, ou bien même un concept, mais qu'elle doit au contraire être abordée dans le cadre d'une analyse des rapports nature/sociétés en tant qu'objet d'étude (ou champ de la géographie), mais aussi en tant que facteur d'évolution de ces rapports, en tant qu'enjeu sociétal et politique (Charte de l'environnement adossée à la Constitution). Je vous renvoie notamment à l'article d'Anne Jégou, « Les géographes français face au développement durable », *L'Information géographique* 3/2007 (Vol. 71), p. 6-18[1].

3. *Proposer* une « narration didactique », soit un paragraphe qui fera la synthèse de ce que les élèves auraient à retenir. Ce paragraphe devra être parfaitement cohérent, argumenté et respecter une démarche dont la rigueur est toute scientifique. Enseigner c'est certainement sélectionner et adapter, mais c'est aussi transmettre des savoir-faire et faire partager une méthodologie qui en l'occurrence doit être celle du géographe. La géographie, comme l'histoire, sont des sciences et votre démarche

---

1. www.cairn.info/revue-l-information-geographique-2007-3-page-6.htm

didactique doit non seulement rester conforme aux exigences scientifiques, mais également éduquer les élèves à la démarche scientifique.

Le niveau scolaire ciblé est déterminé par les extraits de programme placés en annexe du corpus documentaire (ou par le candidat si le sujet n'entre pas dans les programmes scolaires). Le candidat au CAPES pourra être ambitieux pour ses élèves et produire une « narration didactique » de bon niveau pour les classes de lycée et notamment de première et de terminale. Les synthèses à destination des collégiens ne doivent pas non plus être réduites à quelques lignes. Il possible d'aller loin dans les enseignements dispensés aux collégiens (il faut être optimiste et faire preuve d'enthousiasme !), à la condition naturellement de les accompagner pas à pas tout au long du cheminement intellectuel. Le travail de réflexion sur les notions et l'explicitation de celles-ci mériteront ainsi d'être approfondis. Il conviendra par ailleurs, le jour des épreuves, de rester dans la peau du candidat au concours que vous êtes et donc de développer un discours plus brillant que ne vous le permettrait objectivement une situation de classe.

4. *Produire* une illustration graphique. Le croquis, obligatoire, vient en lieu et place de l'extrait de document en histoire. Notions, trace écrite et croquis doivent s'articuler. Le croquis mettra en avant la pertinence du choix des notions et soulignera les lignes de force de la narration didactique. À l'instar du travail à réaliser en histoire, l'intérêt didactique de ce croquis devra être explicité. En fonction des sujets et de leurs libellés vous produirez soit un croquis de synthèse, soit un croquis à l'échelon régional ou local (étude de cas, vous devrez alors assumer le tracé du fond de carte). La production pourra aussi se fonder sur un modèle graphique (île tropicale, détroit, estuaire). Vous connaissez l'attachement des géographes à ce type d'exercice. Il est certain que nombre d'entre eux affectera une partie non négligeable des 10 points à la production graphique. Il est conseillé de ne pas reporter sa réalisation en toute fin d'épreuve. Le mieux sera de concevoir ce croquis parallèlement à la narration didactique et d'en fixer les grandes lignes et la structure avant même de rédiger la trace écrite. N'oubliez pas que votre légende doit faire directement écho au plan de la « narration ». Par ailleurs, ici comme pour la dissertation, votre croquis doit disposer d'un titre et d'une échelle. Indiquez l'orientation lorsque le haut du document ne correspond pas au nord (attention aux études de cas). Soyez également rigoureux sur le respect des règles fondamentales de la sémiologie graphique.

L'écrit 2 est un exercice certes exigeant, mais stimulant pour de futurs enseignants. Vous trouverez avec cette épreuve l'occasion d'exprimer pleinement vos qualités scientifiques (la première des compétences professionnelles) tout en faisant la preuve de vos capacités à produire un enseignement pertinent articulant et conciliant les programmes scolaires et les dynamiques propres aux disciplines qui sont les nôtres.

La méthode du croquis

Lors des épreuves écrites *et* orales de géographie au CAPES, vous serez confrontés à la nécessité de réaliser des croquis et schémas cartographiques partiels pour soutenir votre argumentation. Ces croquis et schémas partiels sont réalisés sans fond de carte. Par ailleurs, dans la composition écrite, le sujet comporte parfois un fond de carte vierge pour vous aider à réaliser la carte de synthèse qui peut être obligatoire. Cette carte de synthèse doit être particulièrement soignée. À l'oral, vous n'aurez pas de fond de carte à votre disposition, mais un atlas qui vous aidera à réaliser rapidement les contours d'un pays ou d'un territoire.

Il est donc indispensable de se munir d'un matériel adéquat : crayons de couleurs (douze au moins avec les couleurs de l'arc-en-ciel : violet, bleu, vert, jaune, orange, rouge et un noir), des crayons feutres (dont au moins un bleu, un noir, un rouge, un vert…), une gomme, une règle.

La confection d'une carte obéit aux règles du langage géographique. Certaines d'entre elles vous sont déjà connues et sont des quasi-évidences : ainsi, sur toutes les cartes, la mer et les fleuves sont figurés en bleu. D'autres règles sont moins bien maîtrisées par les candidats. Il est donc nécessaire de les rappeler ici. Lisez bien ces règles avant de commencer à réaliser une carte, un croquis ou un schéma même si certaines d'entre elles vous semblent aller de soi. Une erreur est vite arrivée…

Pour réaliser les croquis et les schémas vous aurez à utiliser trois grands types de *figurés*.

1. Les grands types de figurés

a. En implantation ponctuelle

Ils sont souvent de forme géométrique. La forme est très vite identifiée par l'œil. La forme d'un élément graphique est définie par les contours de cet élément. Il existe donc de nombreuses formes. Ils localisent un lieu précis dans l'espace : villes, ports, mines, industries, technopoles, aéroports… Il est possible de les combiner mais attention, au-delà de six ou sept formes géométriques différentes, votre légende devient compliquée à lire et votre carte devient confuse.

Quand la chose est possible, il vaut mieux éviter les figurés expressifs ou symboliques (un bateau pour un port ou un avion pour un aéroport), car il est très difficile d'être régulier et vos figurés risquent alors d'être différents.

Pour varier, on peut ajouter du noir à ces figurés, mais la vue les perçoit alors différemment.

On peut également bien sûr ajouter de la couleur. Attention, les couleurs ne sont pas neutres. Si vous dessinez un figuré rouge, c'est celui-là que l'on verra en premier. Par ailleurs, il faut éviter les combinaisons malheureuses comme l'étoile jaune ou le triangle rose.

Comme pour tous les figurés on peut faire varier la taille du figuré en fonction de l'importance. Il faut alors garder la même forme et faire par exemple des carrés de tailles différentes. C'est pourquoi il vaut mieux choisir des figurés simples (carré, rond) et varier leur taille plutôt qu'un figuré complexe (comme une étoile). Cette variation de la taille implique un classement : les grandes villes, les villes moyennes et les petites villes par exemple.

Exemple : pour les villes à l'échelle mondiale

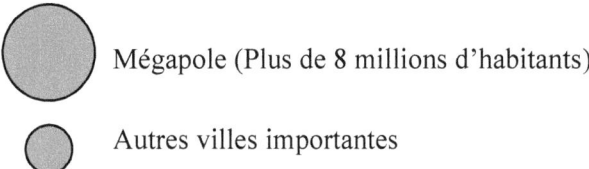

Dans ce cas il faut garder tout le temps la même couleur. Mais la couleur peut intervenir pour mettre en place un autre classement, comme le dynamisme. On choisit alors des couleurs vives pour les villes dynamiques et des couleurs froides pour les villes perdant des habitants et des activités par exemple.

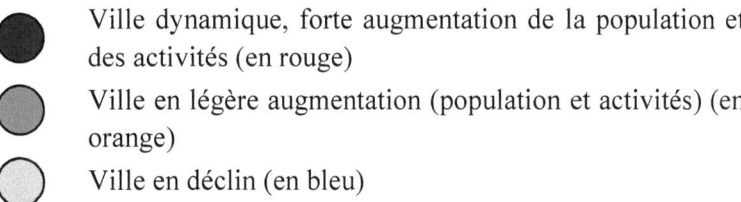

Pour des éléments similaires ou proches, il vaut mieux garder le même figuré et faire varier la couleur. Ainsi, si on veut faire la distinction entre pétrole et gaz naturel, on peut garder le même figuré (le triangle pour les hydrocarbures) et changer la couleur.

 Gisement de pétrole (en noir)

 Gisement de gaz naturel (en violet par exemple)

b. En implantation linéaire

Les figurés linéaires servent à représenter des limites, des axes ou des dynamiques. Il existe un nombreux choix de lignes mais on se retrouve vite limité dans le nombre de figurés.

Les traits sont très utiles pour tracer des limites (limites climatiques, limites entre pays : frontières, limite Nord-Sud, limites de plaques…) ou des réseaux de communication (route, chemin de fer, oléoducs…)

Voici quelques exemples de traits :

Il est possible de faire varier la taille du figuré pour indiquer un classement en fonction de l'importance, ainsi pour un réseau routier :

Axe secondaireAxe importantAxe majeur

Pour différencier les types de réseaux, on peut également ajouter de la couleur, avec les mêmes avantages et inconvénients que pour les figurés ponctuels (on risque de voir le rouge en premier). Le bleu est réservé aux voies maritimes ou fluviales, le noir et le rouge pour les principaux axes, les flux de marchandises, d'IDE mais on peut aussi avoir du vert (main-d'œuvre, flux migratoires) ou n'importe quelle autre couleur en fonction du thème…

Les pointillés sont souvent employés pour les interfaces et pour les projets (ex : un projet d'extension d'un axe de transport). Pour représenter des dynamiques, des flux, on utilise un type de traits particulier : les flèches :

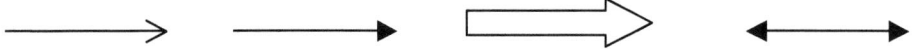

On peut faire varier de la même façon l'épaisseur et les couleurs pour hiérarchiser les flux ou les différencier.

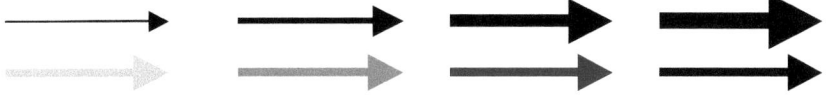

Il est possible de combiner les types de figurés linéaires pour représenter des processus géographiques complexes comme les interfaces ou les fronts pionniers

c. En implantation surfacique ou zonale

Il s'agit d'utiliser ici des plages de couleur pour représenter des informations qui s'étendent en surface, comme le peuplement (densité), les différents types de régions industrielles ou agricoles… Attention ! Les couleurs ont un code qu'il faut respecter. On peut ainsi mettre un aplat vert pour les forêts, mettre un rouge ou un orange pour une région densément peuplée, un violet pour une région industrielle et plutôt un jaune pour une région agricole.

Mais si vous devez représenter plusieurs régions agricoles, il faut faire des choix :

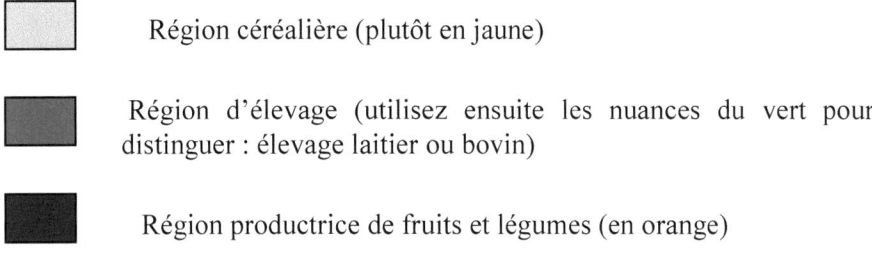

Ces aplats doivent être réalisés au crayon de couleur, en coloriant l'ensemble de la surface de façon modérée pour pouvoir ensuite rajouter des informations par-dessus ces aplats.

On peut ensuite faire varier la couleur afin de montrer les différences entre les phénomènes représentés par les plages colorées.

Exemple de la densité de population d'une faible à une forte densité (jaune pâle, jaune, orange, orange foncé puis rouge)

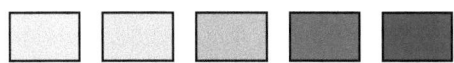

On peut aussi faire moduler le ton d'une même couleur (plus difficile à réaliser à la main)

Faible densité   Forte densité (camaïeu de violet)

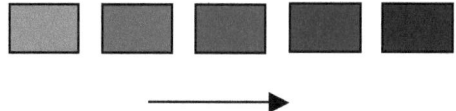

Pour représenter une opposition (richesse, pauvreté par exemple), il faut employer des couleurs chaudes et froides dont l'opposition sera parlante. Les couleurs chaudes (jaune, orange, rouge) pour les régions et éléments dynamiques et les couleurs froides (vert, bleu et violet) pour les éléments peu dynamiques et marginaux... Comme notre œil verra en premier les couleurs chaudes et notamment le rouge, il faut garder cette couleur pour les phénomènes que l'on veut mettre en valeur.

Région dynamique (rouge)   Région en déclin (violet)

On peut combiner les couleurs avec des hachures ou des points pour croiser deux informations. Ainsi, sur une carte, vous avez indiqué les régions peuplées et moins peuplées grâce à un dégradé de couleur (jaune, orange, rouge), vous souhaitez représenter les régions dont l'économie est dynamique par-dessus. La solution est alors de faire des hachures ou des points en noir.

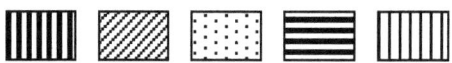

Il faudra ensuite être attentif à la superposition : les deux plages — celle en aplat coloré et celle en hachures — doivent être lisibles.

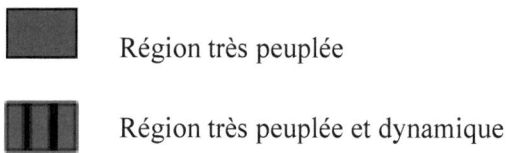

Région très peuplée

Région très peuplée et dynamique

Attention aux couleurs ! Les densités, les niveaux de dynamisme des espaces, l'intégration, la logique centre-périphérie sont souvent indiqués par des dégradés de jaune orange rouge. Le bleu est utilisé pour les éléments en rapport avec l'eau. Le rouge est la couleur du dynamisme, de la densité, des villes, des centres. Le vert est souvent utilisé pour les flux migratoires, les éléments en rapport avec la nature... Le noir est souvent utilisé pour les axes de transport, le pétrole… Si vos aplats sont réalisés avec des crayons de couleurs, vous pouvez utiliser des feutres de différentes couleurs pour les figurés ponctuels et linéaires.

2. Habillage de la carte

a. La nomenclature

Ce sont les noms que vous indiquez sur le fond de carte. Il faut ici utiliser un feutre fin et écrire à l'horizontale. Pour les fleuves, vous devez écrire leur nom en rive droite en suivant le tracé du cours.

- Les noms des mers et océans : en bleu (majuscule), ex : OCÉAN PACIFIQUE
- Les noms des fleuves et cours d'eau : en bleu (minuscule), ex : La Loire
- Les noms d'États : en noir (majuscule), éventuellement encadrés, ex : MEXIQUE
- Les noms des régions importantes : en noir (minuscule), ex : Floride
- Les noms des villes et des lieux à cartographier (ports, technopoles…) : en noir (minuscule), ex : Londres

N'oubliez pas les majuscules à tous les noms de lieux et relisez plusieurs fois la nomenclature : une faute d'orthographe a vite fait de gâcher un bon travail cartographique.

b. Le TOLE

On peut utiliser un petit procédé mnémotechnique pour ne pas oublier l'essentiel : le TOLE.

T = TITRE. Une carte sans titre ne se corrige pas ! Si aucune idée originale ne vous vient, reprenez l'intitulé du sujet. Dans tous les cas, le titre doit correspondre à la problématique d'ensemble de votre légende.

O = ORIENTATION. Une carte doit avoir une orientation. Le Nord doit être indiqué par une petite flèche, souvent en haut à droite de votre carte. Vous pouvez vous en abstenir pour une carte du monde.

L = LÉGENDE. Elle sera placée en dessous de la carte ou, mieux encore, sur une feuille à part, de façon à pouvoir s'y référer tout en regardant la carte (ne jamais mettre la légende au dos de la carte). La légende doit être ordonnée et structurée. N'hésitez pas à faire deux ou trois parties comme dans un devoir avec des sous-titres simples (exemple : 1. les régions de vieilles industries ; 2. Les nouvelles régions industrielles). Elle doit enfin être explicative afin de justifier vos choix d'éléments figurés. Tracez de petits rectangles à la règle pour indiquer vos couleurs et hachures.

E = ÉCHELLE. Le plus souvent, l'échelle est donnée avec le fond de carte. Elle n'est pas indispensable pour une carte à l'échelle mondiale.

c. Le dessin

Il faut passer ensuite au dessin de votre carte. L'idéal est de commencer par les aplats de couleurs. Si vous avez des hachures à réaliser, il faut les dessiner à la règle, en commençant par les hachures horizontales puis verticales, et seulement s'il n'y a pas d'autre possibilité utiliser des hachures obliques. En effet, l'œil perçoit mieux les lignes horizontales et verticales que les obliques. Placez ensuite les figurés ponctuels et linéaires, et pour finir la nomenclature. Il faut alors faire des choix dans les noms et ne pas surcharger votre carte.

Vous devez être précis dans la localisation (vous serez notés sur cette précision). Un port comme Shanghaï doit être au bord de la mer, les flux maritimes traversent les océans (et ne peuvent donc pas être présents sur les continents : ce sont alors des flux terrestres), de même le Transsibérien ne traverse pas le lac Baïkal, il le contourne…

Votre travail doit être propre et lisible. Pour ajouter une touche finale, vous pouvez tracer un cadre (s'il n'est pas fourni), cela renforcera l'effet visuel de votre travail. Quand tout est fini, répondez à cette question : mon croquis est-il clair et les informations essentielles ressortent-elles ? Les figurés de la légende correspondent-ils bien à ceux de la carte ?

3. Des applications de ces principes

a. Des schémas ou des croquis au fil du texte

Un schéma est une carte simplifiée. Il permet de comprendre rapidement les éléments fondamentaux de l'organisation d'un territoire. Le schéma illustre votre développement et vous évite de décrire puis d'expliquer entièrement un phénomène géographique. Grâce au schéma, votre devoir gagne en dynamisme et vous pouvez vous concentrer sur l'explication du phénomène. Pour faire un schéma, vous devez simplifier les contours de la carte (exemple : rectangle pour les USA ou la Russie) et simplifier les informations. Il faut bien sûr respecter les règles du langage cartographique, vues précédemment.

Prenons quelques exemples pour comprendre leurs intérêts et leur utilisation.

Exemple n° 1 : la Bretagne

Grâce au croquis, on visualise les liens qui existent entre l'agriculture intensive (ici les foyers de productions avicoles et porcins) et les routes (« quatre voies » bretonnes) et les ports (ex : Lorient). On comprend également les concurrences spatiales entre ces foyers de productions et une activité saisonnière et dynamique dans le sud Bretagne : le tourisme. Des foyers de production avicole ou porcine se retrouvent concentrés dans la Bretagne intérieure, loin des littoraux touristiques.

Néanmoins, la pollution actuelle par les excédents de nitrates avec l'arrivée des algues vertes rappelle aux agriculteurs que sur un même territoire il existe plusieurs utilisateurs qui se retrouvent en concurrence.

Le modèle agricole breton : vers un système intensif

Exemple n° 2 : Bretagne, schéma à une échelle locale

Que ce soit à l'écrit ou à l'oral, on attend du candidat une analyse multi-scalaire. Voici un schéma très simplifié réalisé à partir d'une carte topographique du centre Bretagne (Languidic). Sur ce croquis, on visualise le lien entre les bassins de productions d'agriculture intensive et les routes à quatre voies induisant une implantation agricole linéaire.

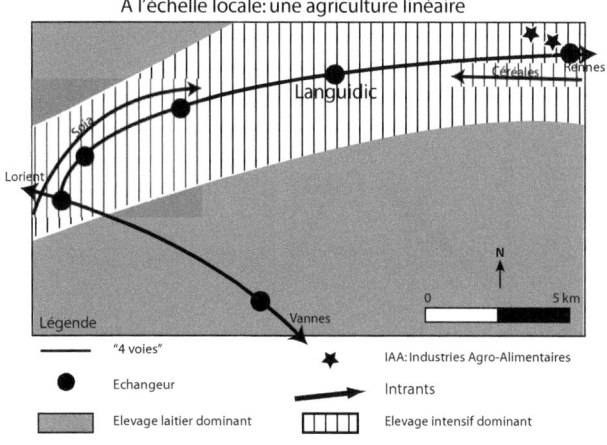

93

Exemple n° 3 : les États-Unis

Dans un devoir sur le peuplement aux États-Unis, un schéma comme celui-ci permet d'éviter une longue description. Il est possible de partir du Nord-Est et de citer les grandes villes, les mégapoles et mégalopoles. Il est simple ensuite de parler de la *Sun Belt* et des états attractifs (Californie, Floride, Texas). Grâce aux flèches, on peut évoquer les migrations et esquisser des explications géographiques pour ce peuplement. Ce schéma peut également être utilisé pour un autre sujet : les dynamiques du territoire des États-Unis.

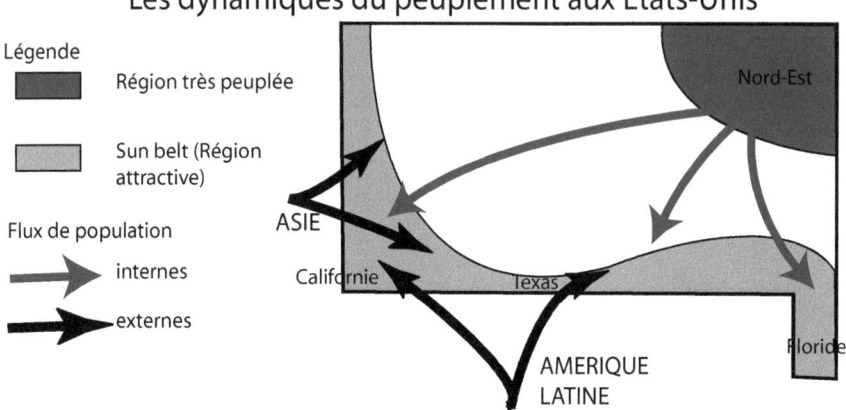

Exemple n° 4 : un modèle

Les représentations graphiques de modèles permettent souvent d'expliquer les logiques spatiales. Ainsi, celui de Weber qui théorise la localisation des industries en fonction de plusieurs facteurs et notamment celui des transports. Les frais sont minimisés si l'entreprise s'installe au centre de gravité de la figure. Mais la situation est différente pour chaque type d'industrie : les industries sidérurgiques se localisent sur les bassins de matières premières alors que les industries de main-d'œuvre s'installent près des marchés urbains.

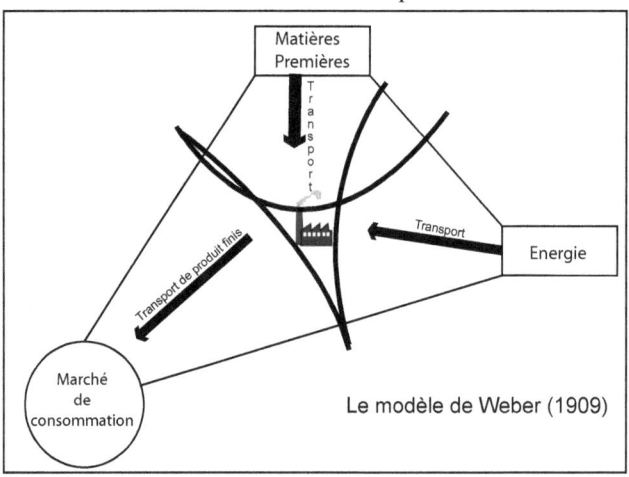

b. Des cartes de synthèse

Voici une carte de synthèse sur le sujet « Minorités et recompositions territoriales en Amérique du Nord ».

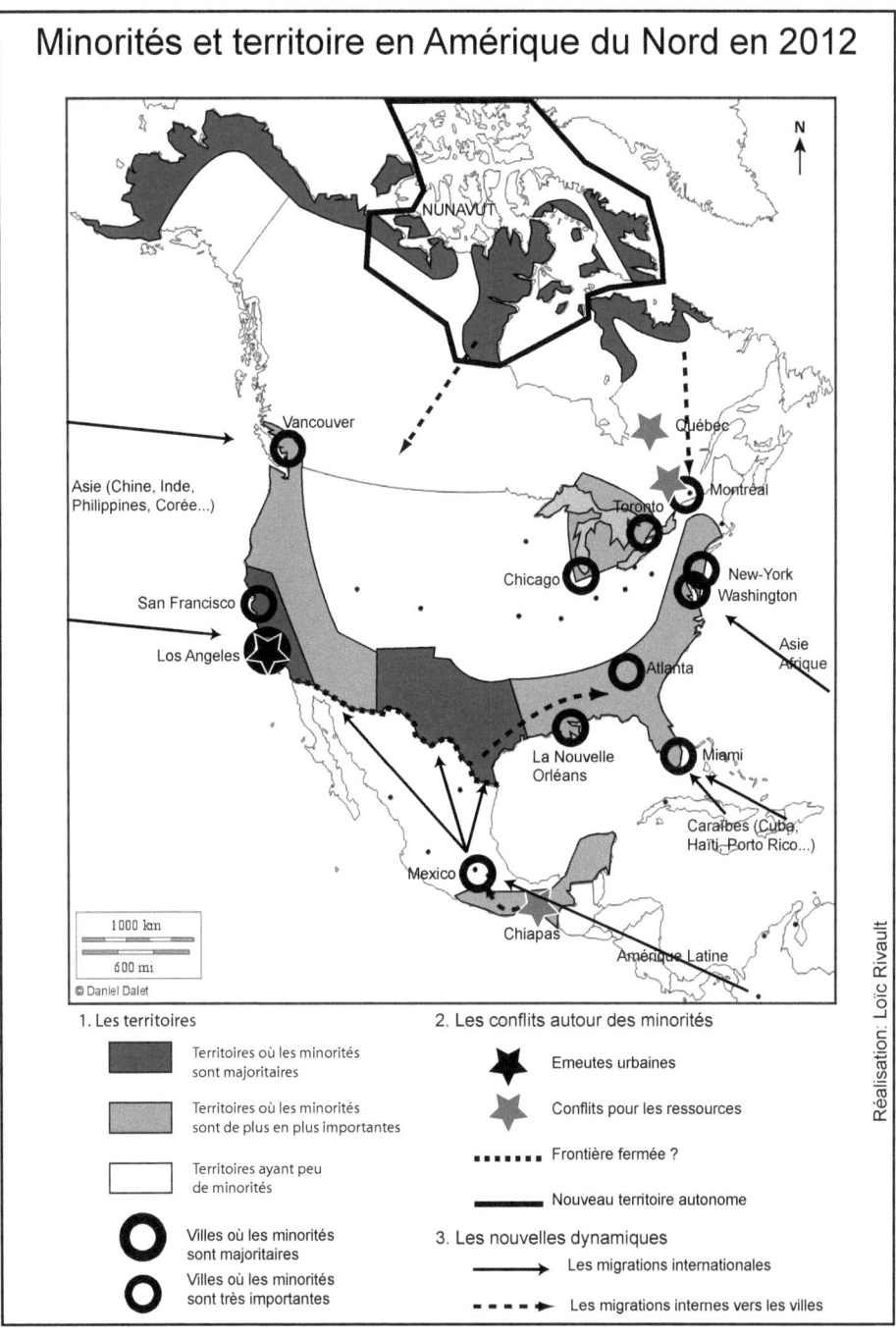

À l'écrit comme à l'oral, vous serez souvent amenés à dégager une typologie. En voici un exemple à l'échelle française. Comme tout classement, il est discutable. Attention ! Votre typologie doit être identique dans votre texte et dans votre carte, et si possible la légende de votre carte doit reprendre l'ordre des paragraphes de votre texte pour faciliter la lecture et le passage de l'un à l'autre.

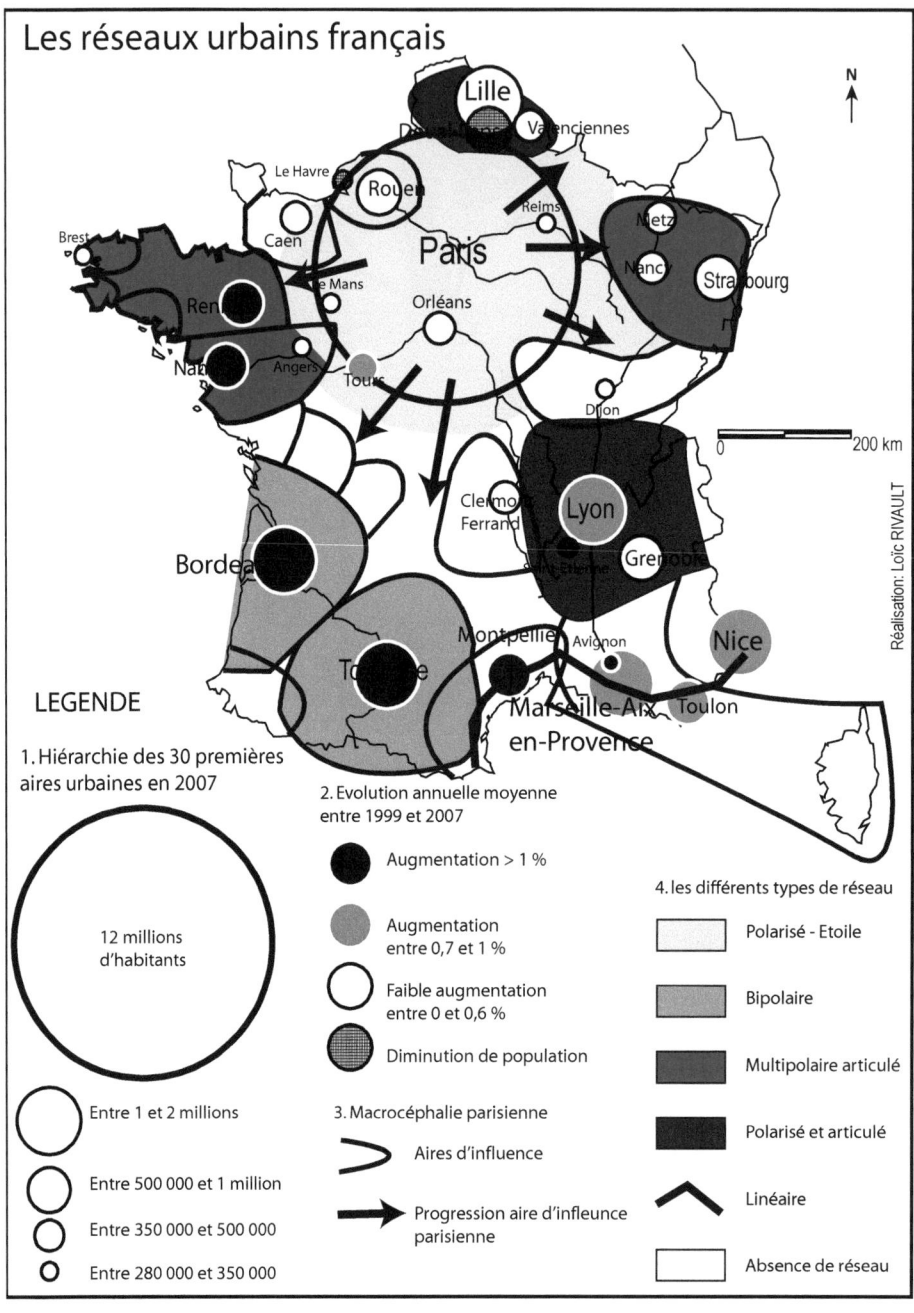

4. Grille de synthèse

En conclusion et avant de vous lancer dans les cartes de synthèse, lisez ce petit tableau synthétique qui reprend l'essentiel des figurés utilisés pour faire les cartes.

La *structure* est à comprendre comme l'organisation de base de tout territoire (les villes, frontières, régions, routes…). Les processus sont les changements, évolutions que l'on peut cartographier.

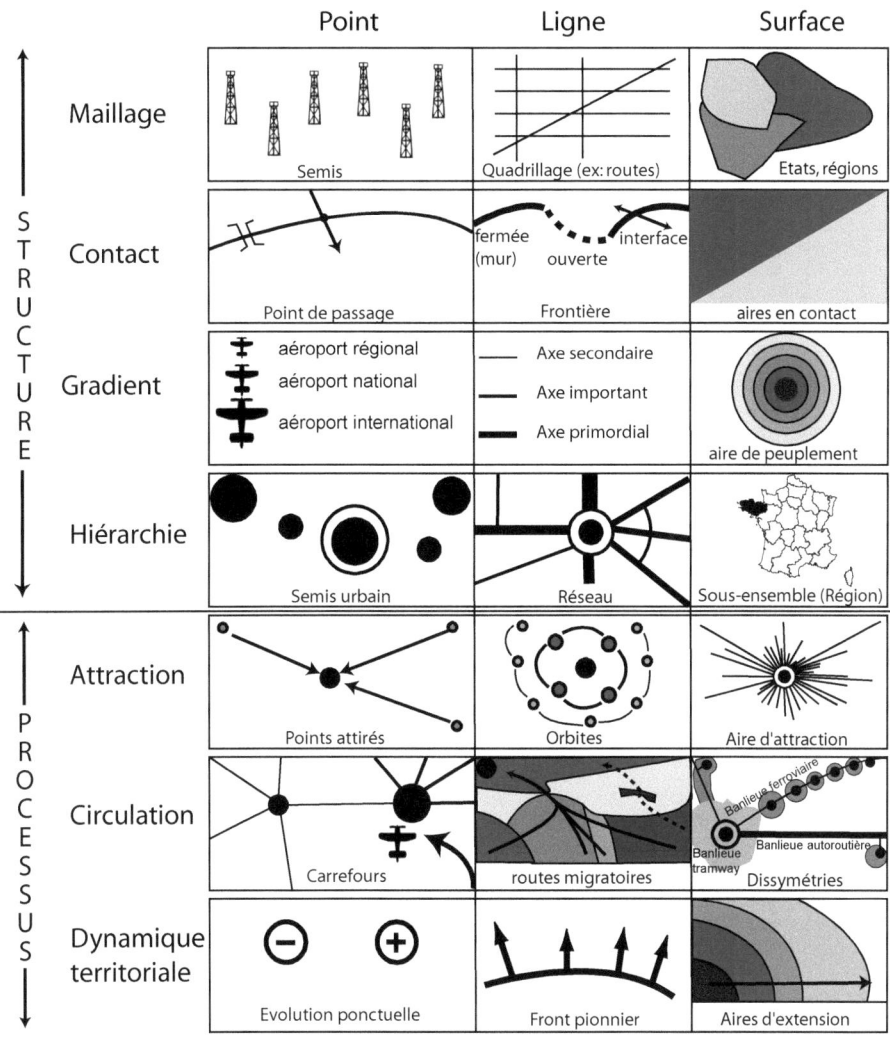

Deuxième partie :
la préparation des épreuves orales

9. L'épreuve de mise en situation professionnelle : histoire

L'épreuve de mise en situation professionnelle en histoire repose sur les mêmes principes que celle de géographie. Elle repose, comme l'ensemble des épreuves écrites, sur les seules questions au programme du concours pour la session considérée. Dans la structure de l'exposé, elle reprend la bipartition de l'écrit 2 (commentaire de documents). Elle se compose donc d'un premier moment (deux tiers du temps de l'exposé) consacré à une présentation de la dimension scientifique de la réflexion. Ce temps d'exposition relève des principes de l'ancienne leçon du CAPES. S'y ajoute désormais un deuxième moment (un tiers du temps de l'exposé), consacré à l'exploration des dimensions didactiques et pédagogiques du sujet posé.

Ce sujet ne comporte qu'un libellé, qui peut être plus ou moins problématisé, porter sur un temps plus ou moins long, sur un objet plus ou moins général. Ainsi peut-on trouver un énoncé tel que « Citoyenneté et exercice de la citoyenneté en France sous la Révolution[1] », au même titre que des énoncés tels que « Éducation et citoyenneté en France 1789-1899 » ou « Jules Ferry ». Il n'y a donc pas de libellés types identifiables (contrairement à l'épreuve d'analyse de situation professionnelle). Au-delà de ce constat, il est cependant possible de déterminer quelques régularités dans l'approche de cette épreuve, induites par la lecture du texte ministériel et du rapport du jury 2014.

La première est que le traitement du sujet pour l'exposé scientifique suppose à la fois : une réflexion approfondie sur le sujet, à la manière d'une dissertation (l'introduction de l'exposé est conforme aux règles de ce dernier exercice, à quelques nuances près), un usage raisonné de la bibliographie mise à disposition du candidat (qu'il devra présenter par écrit au jury), un choix judicieux de documents pour appuyer sa démonstration. Il est *impératif* que le candidat, au cours de son exposé, se réfère à des documents qu'il aura pu sélectionner soit dans les ouvrages de la bibliographie, soit dans les classeurs de transparents dont il dispose en salle de préparation). Le choix des documents est d'autant plus important que l'un au moins d'entre eux devra être repris dans la partie pédagogique de l'exercice.

La deuxième est que l'exposé, tant dans sa partie scientifique que pédagogique, doit être structuré par un plan répondant à une problématique clairement énoncée en introduction. Tout exposé, aussi bien oral qu'écrit, est

---

1. Les exemples que nous donnons dans ce chapitre sont inspirés de la question d'histoire contemporaine mise au programme de la session 2015 du concours : Citoyenneté, République, Démocratie en France, 1789-1899.

une démonstration dont le candidat doit rendre compréhensible les grandes articulations. Démontrer suppose que l'ordre des différentes parties n'est pas aléatoire mais qu'il répond à une nécessité réelle.

La troisième est que le plan doit être présenté sur transparent et doit être rigoureusement suivi lors de la présentation orale.

La quatrième est que, selon un principe que nous avons déjà rencontré pour l'écrit 2, les deux moments de l'exposé, scientifique et pédagogique, doivent être pensés dans un même mouvement. La logique de ces deux épreuves est identique. Elle repose sur l'idée que la construction d'une séquence pédagogique, qu'elle qu'en soient la nature et la durée, repose en premier lieu (mais non exclusivement) sur le choix d'un contenu scientifique cohérent et rigoureux. Enseigner veut dire enseigner quelque chose à quelqu'un. Il n'y a pas d'enseignement sans contenu, même si la question de l'enseignement et les choix qu'elle implique ne sont pas exclusivement enfermés dans ces contenus. L'idée qui préside à cette épreuve orale est donc qu'il y a une continuité logique entre maîtrise scientifique et mise en œuvre pédagogique. Cette continuité se retrouve dans l'exposé. L'exposé scientifique n'est pas une fin en soi. Il doit permettre de déboucher sur des propositions de mise en œuvre pédagogique cohérente, tant au point de vue des contenus, des savoirs, que des méthodes ou savoir-faire. Cela signifie également que le sujet doit être repris dans son ensemble lors des propositions pédagogiques qui concluent l'exposé, même si le traitement du document que l'on retiendra (appelé parfois « document maître ») ne couvre pas la totalité du sujet (situation fort rare).

La dernière est que, quelle que soit l'étroitesse apparente du sujet, il faut vous efforcer de restituer, dans toute la mesure du possible, toute la complexité de la question au programme du concours. Ainsi, pour l'exemple que nous avons choisi de retenir ici, un sujet tel que « Jules Ferry » doit conduire le candidat à interroger cette figure en fonction de son rapport aux notions de citoyenneté, de république et de démocratie. Cela pourra passer, par exemple, par l'idée que Jules Ferry est une figure centrale du républicanisme depuis son entrée en politique dans les années 1860 jusqu'à l'exercice du pouvoir, une première fois en 1870 comme préfet de la Seine, puis comme ministre et président du conseil entre 1879 et 1885. Que le projet d'éducation nationale qu'il revendique (voir la circulaire du 17 novembre 1883 adressée aux instituteurs de France) relève d'une réflexion sur la citoyenneté républicaine, et que les mesures scolaires touchent à la question de la démocratie. Les trois notions peuvent donc bien être convoquées ici, y compris dans la dimension coloniale de la politique de Jules Ferry puisque c'est sous son premier ministère qu'est adopté le 28 juin 1881 le Code de l'indigénat.

L'exposé scientifique

Sans reprendre dans le détail des choses qui ont été dites par ailleurs dans ce volume, il est cependant possible de souligner certaines spécificités de cet exposé. Elles tiennent d'une part au recours à des ouvrages de bibliographie et à des documents, d'autre part à l'articulation nécessaire entre exposé scientifique et propositions pédagogiques.

La forme de l'exposé est, quant à elle, classique. Il doit comporter une introduction délimitant le sujet et la problématique, et annonçant le plan que suivra la démonstration. Si nous reprenons le sujet « Citoyenneté et exercice de la citoyenneté en France sous la Révolution », l'introduction devra s'interroger sur la notion de citoyenneté et la distinction qu'implique le sujet entre la jouissance du droit de citoyenneté (droits civils et politiques par exemple) et les formes de son exercice (suffrage, délibération, insurrection). Elle devra également préciser les dates dans lesquelles on choisira d'enfermer la Révolution française (les remarques de François Furet dans *Penser la Révolution française*, 1972, sur le fait qu'il s'agit d'un objet historique donc construit pourront y aider), et ce, quand bien même ces dates seraient un classique mai 1789-brumaire an VIII (novembre 1799). Il faudra enfin énoncer une problématique telle que, par exemple : les variations dans la définition du corps civique et des droits afférents à l'appartenance à ce corps au cours de la Révolution génèrent des formes d'exercices de la citoyenneté concurrentes qui participent de la dynamique révolutionnaire et qu'il faut donc interroger comme telles. L'élément particulier sera d'adjoindre à ce triptyque (définition, délimitation, problématisation) une dimension pédagogique. On aura en effet tout intérêt à annoncer d'emblée comment le sujet posé peut s'inscrire comme sujet d'étude scolaire. Ici, on pourra souligner, si l'on opte pour le programme de 4e par exemple, que la question du peuple en Révolution (l'une des études proposée par les programmes de 2008) illustre la réflexion sur les formes de la citoyenneté et de son exercice dans la Révolution tout entière (par exemple que la dualité suffrage/insurrection, ou la dualité citoyenneté de droit/citoyenneté en acte peuvent être abordées par l'exemple du peuple).

Le développement aura tout intérêt à suivre un plan en trois parties, mais l'on pourra limiter les sous-parties afin de tenir le temps, puisque l'exposé scientifique est limité à une vingtaine de minutes. Ici interviennent d'une part les choix bibliographiques, et d'autre part les choix documentaires pour illustrer le propos. Pour les premiers, on ne saurait recommander de ne pas puiser uniquement dans les manuels de préparation au concours. Un manuel — celui que vous connaissez le mieux et savez le mieux manipuler — doit être suffisant. Le choix de ce manuel peut aussi être guidé par le sujet posé, les manuels de préparation au concours pouvant éclairer de manière différentielle les nombreuses et complexes réflexions que soulèvent les questions mises au programme. Le reste de votre bibliographie doit reposer sur des monographies ou ouvrages collectifs spécialisés. Les articles scientifiques sont appréciables de ce point de vue pour vous permettre de développer davantage un aspect du sujet sans vous laisser entièrement absorber par lui cependant. Pour les choix documentaires, si le candidat peut utilement s'en remettre aux sources citées dans les ouvrages de la bibliographie qu'il aura composée, on lui recommandera de choisir en revanche au moins un document sur transparent, et d'en faire le document maître de la partie pédagogique. Cela en facilitera la présentation au jury, présentation qui doit être l'occasion pour le candidat de montrer dans un premier temps, celui de l'exposé scientifique, son savoir-faire dans l'analyse d'un document historique.

Pour la conclusion, il s'agira à la fois de reprendre, comme à l'habitude, sous une forme synthétique, l'essentiel de la démonstration ainsi réalisée, mais également d'utiliser cette conclusion comme transition vers la parte pédagogique de l'exposé. Ainsi rappellera-t-on que le moment inaugural de la citoyenneté dans la Révolution est marqué par la distinction entre citoyen actif et citoyen passif qui s'incarne dans le régime censitaire de la monarchie constitutionnelle de 1791. Le deuxième temps de la citoyenneté est en revanche celui de la démocratie, telle qu'elle est alors entendue, qui étend à l'ensemble du corps civique le plein exercice de la citoyenneté politique, entre 1792 et 1794, en même temps que l'insurrection côtoie plus explicitement le suffrage (universel en l'occurrence) comme forme d'exercice de la souveraineté. Enfin que ce trajet se referme avec l'affirmation de la « République des propriétaires » en l'an III, qui segmente à nouveau l'exercice de la citoyenneté dans le cadre du retour à un régime censitaire. Ce qui permettra de passer au second temps de l'exposé, puisque la figure du peuple est précisément le vecteur du mouvement qui conduit de la citoyenneté de droit de 1791 à la citoyenneté en actes de 1793, et que le retour à un régime censitaire en 1795 s'accompagne de la compression des formes d'intervention de ce même peuple sur la scène politique. On peut alors enchaîner sur la présentation d'une réflexion autour de cette figure dans le programme de 4e.

La dimension pédagogique

Elle comporte deux aspects qui ne sont pas sans évoquer ce qui est attendu de la deuxième partie de l'exercice du commentaire de documents. D'une part, il s'agit de préciser rapidement et de justifier le choix du sujet d'étude que l'on aura retenu, de l'autre de proposer un document à l'appui des choix pédagogiques et d'esquisser son usage dans le cadre d'un enseignement.

Sur le premier point, on notera une première différence avec le commentaire de documents à l'écrit : la problématique doit permettre de faire coïncider le sujet de l'exposé scientifique avec celui de la mise en œuvre pédagogique. C'est donc une seule et même problématique qui doit guider les deux parties de l'exposé. Ce qui rend sa reprise inutile, puisqu'elle aura été énoncée dès l'introduction de l'exposé scientifique. Ce qui rend d'autant plus nécessaire l'annonce dans cette introduction générale de la forme que prendra la réflexion didactique et du sujet d'étude sur lequel portera la proposition pédagogique. Une seconde différence réside en ce qu'il s'agira de s'appesantir davantage qu'à l'écrit sur la manière dont le sujet posé au candidat s'inscrit dans les programmes d'enseignement, au moins dans ceux retenus. Ici, la capacité à mettre en perspective le sujet d'étude dans un ensemble plus vaste qu'un chapitre sera appréciable, autrement dit, montrer comment le sujet peut permettre d'aborder un thème ultérieur, ou comment son traitement requiert de mobiliser un sujet d'étude antérieur. Dans le cas de notre sujet, on pourra insister sur le fait que l'étude du peuple en Révolution peut ouvrir vers la question des évolutions politiques de la France au XIXe siècle, et le relier d'une part avec la question de l'adoption du suffrage universel en 1848 et d'autre part avec celle de la citoyenneté républicaine et de la démocratie dans les années 1880-1914.

Le second point demande deux habiletés de la part du candidat. Il lui faut montrer comment il est capable de reprendre un document déjà mobilisé, bien que cela puisse avoir été de façon relativement succincte, lors de l'exposé scientifique, afin de lui donner une dimension méthodologique dans le cadre de son usage pédagogique. Il lui faut également montrer comment le document permettrait d'étudier telle(s) notion(s) clé(s) de son sujet d'étude. Le répertoire de ces notions est ici, par exemple : peuple, souveraineté du peuple, insurrection, suffrage (censitaire, universel), démocratie, république. Les données factuelles pourraient être : les journées populaires (14 juillet 1789 et 10 août 1792) ; les déclarations de 1791, 1793 et de l'an III-1795. Il s'agirait alors de disposer d'un document (texte ou iconographie) qui montre le peuple délibérant ou le peuple insurgé. À défaut, un extrait de discours issu des débats constitutionnels de 1789-1791 ou de l'an III, ou bien un extrait de la déclaration de 1793 portant reconnaissance du droit à l'insurrection. Dans tous les cas, il faudrait préciser les aspects de l'analyse du document choisi que l'on retiendrait comme particulièrement propice à un apprentissage méthodologique (par exemple, dans le cas du discours de Robespierre sur le marc d'argent de 1791, poser la question des particularités du discours d'assemblée dans un espace délibératif nouveau, et poser celle du contexte pertinent pour une analyse textuelle, connaissance de l'auteur, des conditions dans lesquelles est prononcé ce discours, du moment du processus délibératif où il intervient, etc.). Quant aux notions clés, en retenant le même exemple, il faudrait introduire les notions de régime censitaire, de citoyen actif et passif puis montrer comment Robespierre propose de revenir à la souveraineté de la nation telle qu'elle est contenue dans la Déclaration de 1789. Pour Robespierre, si l'adéquation entre le principe de souveraineté et la définition du corps politique ne permet pas la pleine expression de cette souveraineté dans l'exercice de la délibération, l'insurrection devient un devoir.

Les lectures complémentaires (didactique)

Elles sont largement communes avec celles qui sont nécessaires pour l'épreuve d'analyse de situation professionnelle. On se reportera donc utilement à ce qui est écrit à ce sujet au chapitre 11 de ce volume. Précisons toutefois que, l'épreuve ne portant que sur les questions au programme du concours, il faudra porter une attention particulière aux portions des programmes scolaires correspondantes lors de l'année de préparation (voir également ce que nous avons dit de la préparation du commentaire de documents, chapitre 5). Le fait que les programmes soient dans la salle de préparation ne permettra pas au candidat qui aura négligé de s'en imprégner de répondre efficacement aux attentes du jury. En revanche, on pourra utilement s'y reporter pour faire le lien entre le sujet posé et d'autres aspects des programmes, démarche que nous avons évoquée précédemment et dont nous redisons ici qu'elle valorise la partie pédagogique de l'exposé. On pourra également porter une attention plus poussée aux fiches ressources pour la classe du site *Eduscol*, en s'en tenant cette fois strictement à celles qui correspondent aux portions des programmes scolaires en relation étroite avec les questions du concours. On y trouvera en effet des suggestions très utiles relativement à l'approche pédagogique de quelques sujets d'étude.

Quant aux manuels scolaires, ils seront également très utiles, en accordant cette fois une importance particulière à la mise en œuvre des documents qui s'y trouvent, afin d'en comprendre les enjeux méthodologiques et de mieux cerner comment articuler document et notions dans la démarche pédagogique.

L'entretien avec le jury

Celui-ci comporte plusieurs aspects qui peuvent n'être pas clairement séparés lors du déroulement de la reprise, mais qu'il nous faut distinguer ici.

En premier lieu, tout entretien comporte une part significative de reprise de l'exposé, à la fois pour élucider tel ou tel aspect de la démonstration qui aura paru insuffisamment explicite au jury lors de l'exposé, et pour amener le candidat à préciser les données factuelles qu'il aura mobilisées, éventuellement à les enrichir.

Ensuite, et compte tenu de la place nouvelle de la dimension pédagogique et didactique dans l'épreuve, le jury sera nécessairement amené à revenir également sur les propositions qui auront été faites à ce sujet. C'est là que peuvent intervenir des questions relatives à la connaissance des programmes, afin d'en préciser tel ou tel aspect, ainsi que des questions relatives à la justification des choix opérée parmi les notions, connaissances et documents dans cette partie de l'exposé.

Les documents peuvent donner lieu à des questions spécifiques, tant au point de vue de leur analyse scientifique que de leur exploitation pédagogique. Si le document n'est plus aujourd'hui considéré comme le seul vecteur de construction des apprentissages[1], il demeure cependant central dans la pratique de l'histoire, et décisif dans son enseignement. La vérification des compétences du candidat en la matière est donc un point de passage obligé des épreuves

---

1. L'insistance sur la part nécessaire du récit, donc une réhabilitation partielle du cours magistral, depuis au moins dix ans en témoigne : l'introduction dans les programmes de 2008-2010 de la capacité attendue des élèves à « raconter » suppose que le professeur lui-même s'applique à l'exercice du récit historique.

orales, notamment de cette épreuve de mise en situation professionnelle dans laquelle il est amené à assumer pleinement ses choix. Ce qui invite à recommander au candidat de choisir les documents, et notamment le document maître, en fonction de ses propres capacités à en explorer les différents aspects.

Enfin, si l'on peut considérer que la moitié du temps de l'entretien au moins sera consacrée à la reprise de l'exposé, il convient de garder en mémoire que le candidat sera nécessairement interrogé ensuite sur les questions du concours n'ayant pas donné lieu à l'exposé. Dans ce cas, les questions resteront, dans toute la mesure du possible, à proximité du sujet traité. Ainsi peut-on imaginer, en reprenant le sujet qui nous a servi d'exemple, un questionnement en histoire romaine portant sur la définition et l'exercice de la citoyenneté à Rome[1] entre le Ier siècle avant et le Ier siècle après J.-C.

---

1. C'est le cadre du sujet d'histoire ancienne de la session 2015 qui nous a fourni notre exemple en histoire contemporaine. L'intitulé exact de la question au programme est : « le monde romain de 70 av. J.-C. à 73 ap. J.-C. ».

10. L'épreuve de mise en situation professionnelle : géographie

Le temps de la préparation

Une fois le sujet tiré, le candidat doit prendre le temps de le lire attentivement, plusieurs fois, avant même d'entrer dans la salle de préparation. Il faut ensuite, comme à l'écrit, analyser les termes du sujet, en percevoir les limites spatiales et temporelles puis commencer à mettre en place le raisonnement géographique aux différentes échelles, l'écrire sur son brouillon et faire la liste des exemples à une échelle locale par exemple. Cette réflexion est utile, car lors du passage en bibliothèque, on gagnera un temps précieux si l'on sait déjà ce qu'il faut chercher. Bien évidemment, cela n'est possible que si le candidat a préparé l'oral dès le mois d'avril à l'aide des numéros de *La Documentation photographique* en lien avec le sujet, des atlas (par exemple, ceux des éditions Autrement), des revues (*Carto*, *Hérodote*…), des cartes (1/25 000, 1/50 000…).

Dans la bibliothèque, le candidat doit choisir cinq ouvrages et si possible quatre articles. En effet, une fois revenu en salle de préparation, il n'a plus accès aux ressources bibliographiques. Le candidat doit alors préparer la liste des livres et articles utilisés pour son approche scientifique. Cette bibliographie — classée — est remise au jury au début de la séance.

Pour certains sujets (et notamment dans le cas d'un sujet sur la France), les cartes topographiques sont une *absolue nécessité*. Elles sont des outils indispensables pour spatialiser les phénomènes et pour développer des études de cas à grande échelle (1/25 000) ou à l'échelle régionale (1/100 000 ou 1/250 000). Le choix de l'échelle des cartes topographiques s'effectue en fonction du sujet. Les cartes topographiques sont aussi la base d'une activité pédagogique qui amène à la réalisation de croquis en classe et peuvent donc être réutilisées dans la deuxième partie de l'oral.

Les paysages sont une autre donnée essentielle des programmes scolaires en géographie et peuvent être perçus au travers des photographies. Celles-ci ne doivent pas seulement illustrer la présentation mais être analysées par le candidat. On veillera à choisir une assez grande photographie ou bien une photographie que l'on peut projeter pour faciliter l'analyse de ses différents plans. Cette analyse paysagère peut être reprise facilement dans les propositions d'adaptation pédagogique. D'autres documents peuvent être utilisés à l'oral comme des images satellites, des tableaux statistiques, des textes. Attention, en revanche, à ne pas les lire *in extenso*, vous devez supposer que le jury les connaît. Il ne faut pas se contenter de montrer ces documents, ils doivent être toujours commentés, même rapidement. Ils ne sont pas là pour décorer la salle de passage à l'oral, mais pour étayer l'argumentation, tant scientifique que pédagogique. Le candidat doit ainsi croiser ces différents documents et les critiquer de façon intelligente.

Bâtir la partie scientifique

Les quatre heures de préparation passent très vite. Il faut rédiger l'introduction — qu'il ne faudra pas lire à toute vitesse — et la conclusion qui doit permettre un passage fluide vers la deuxième partie de l'oral. Cela évite le genre de transition éprouvante pour les jurys : « Et voilà... Passons maintenant aux propositions d'adaptation pédagogique »

Le reste de l'exposé ne doit pas être totalement rédigé. Vous devez prendre des notes, ce qui permet d'accélérer ou de ralentir votre débit en développant ou en escamotant certains exemples en fonction de votre chronométrage. L'idéal est de travailler avec des demi-pages numérotées : une pour chaque sous partie avec le titre en haut de la feuille, et, sur chaque feuille, les exemples et les références exactes du document utilisé (numéro de pages du livre, ou titre du document...) choix des illustrations, élaboration de croquis ou de cartes accompagnés de leur légende.

Le candidat doit également écrire sur transparent le plan de son exposé. Il peut ainsi le projeter, ce qui permet à tout le monde (jury et candidat) de suivre l'exposé. Écrire son plan au tableau fait perdre du temps, oblige à tourner le dos aux membres du jury (comme à une classe), ce qui dénote un manque de capacité pédagogique.

Il faut être capable d'utiliser un vocabulaire géographique précis et avoir une démarche qui privilégie la spatialisation et l'approche multiscalaire, aussi bien lors de la partie scientifique que de la proposition d'adaptation pédagogique de l'exposé. Il est donc indispensable de maîtriser parfaitement les termes, les définitions en consultant le dictionnaire présent dans la salle de préparation. Si le candidat est insuffisamment précis et utilise une définition tirée d'un dictionnaire général, le jury le replacera devant le terme utilisé par les géographes. Il faut très tôt songer à l'élaboration de croquis, l'usage de l'atlas est ici indispensable. Peu de candidats y pensent alors que de nombreuses réponses sont à leur portée dans un simple livre de cartes.

Bâtir la partie pédagogique

Le candidat doit définir d'abord un niveau scolaire, sa place dans le programme (sans répéter les indications des programmes publiés par le ministère) et une problématique adaptée au niveau choisi. Il doit être ensuite en mesure de présenter les idées essentielles et les notions afférant à la séance ou à la partie de séquence qu'il entend traiter. Certains sujets peuvent être traités dans différents niveaux au lycée ou au collège. Le candidat choisit un seul niveau mais le jury peut l'interroger sur les autres lors de la reprise. Le candidat doit choisir un ou deux documents pour appuyer son adaptation pédagogique. Ce sont bien sûr des documents déjà analysés dans la partie scientifique. Il n'est pas question de cacher un document pendant vingt-cinq minutes et dire ensuite qu'il s'agit d'un document essentiel dans les trois dernières minutes de l'exposé.

À partir du ou des documents, le candidat propose les objectifs cognitifs, pédagogiques et les compétences attendues par les élèves du niveau choisi. Ces dernières doivent amener le candidat à une production graphique qui peut être celle présentée dans la partie scientifique de l'exposé. Il peut aussi proposer une autre forme de production qui serait davantage en lien avec les compétences visées. Même si le temps passe très vite, le croquis doit répondre aux critères de sémiologie graphique. Cette production graphique peut être une carte de synthèse mais ce n'est pas la seule production graphique envisageable. Des chorèmes, des modèles ou des croquis peuvent être tout aussi intéressants, notamment à une échelle plus fine. Il faut enfin mettre en relation les définitions scientifiques et celles que l'on est censé donner à des collégiens ou des lycéens. Les différentes commissions sont très attentives à ces définitions, car elles sont révélatrices de la base scientifique du candidat et surtout de sa capacité à les reformuler pour des élèves.

Le déroulement de l'oral

Le candidat est amené en salle de passage par un appariteur. Le président de la commission demande alors confirmation de son identité au candidat ainsi que celle du sujet sur lequel il a travaillé quatre heures. Le candidat peut alors s'installer au bureau, poser à plat ses documents et demander à l'appariteur d'accrocher ses cartes au tableau. Le président montre également rapidement le fonctionnement du rétroprojecteur, puis il annonce au candidat que son oral de trente minutes doit comporter deux parties : une partie scientifique et une partie d'adaptation pédagogique qui ne doit pas excéder dix minutes. Le président de commission est chargé de la surveillance du temps, il montre alors au candidat son chronomètre et lui indique qu'il le préviendra quand il ne restera qu'une ou deux minutes pour conclure son propos. Les candidats qui parlent moins de vingt-cinq minutes sont sanctionnés. Ceux qui n'ont pas fini au bout des trente minutes sont arrêtés. Il faut donc se préparer pour « tenir » son temps et savoir ralentir ou accélérer si nécessaire. Il s'agit là d'un exercice complexe. Ayez sous la main un chronomètre et surveillez votre temps de parole de temps à autre (par exemple à la fin de l'introduction ou des différentes parties). N'hésitez pas à garder quelques exemples « sous le coude » pour remplir le temps si vous êtes un peu juste. De même, n'hésitez pas à en supprimer quand vous en avez plusieurs si votre temps s'écoule trop vite.

Le candidat doit rester debout (sauf problème physique) et occuper l'espace entre le bureau, le tableau et le rétroprojecteur en regardant le plus possible l'ensemble du jury. Le candidat doit avoir un ton assuré, sérieux, combatif (sans agressivité), enthousiaste (sans hystérie), ne pas parler trop vite ou trop lentement. Le jury est sensible aux candidats qui se battent et montrent qu'ils veulent faire ce métier. La question que se pose tout membre du jury est : « ce candidat peut-il être devant une classe dans deux mois ? »

La reprise est importante et permet d'éclaircir certains points, il faut donc rester concentré et ne pas s'effondrer. Les différentes commissions testent la réactivité des candidats. Un candidat peut dire une ou deux fois qu'il ne sait pas. Par contre, il doit se laisser guider quand un membre de jury tente de lui faire comprendre un raisonnement et essaye de le mener vers une réponse. Les candidats qui acceptent de réfléchir, de se remettre en question sont favorisés, car ils font preuve de l'adaptabilité nécessaire aux enseignants.

Cette reprise s'appuie sur le sujet posé par le jury et s'élargit ensuite, si cela est possible, aux autres questions du programme. Elle permet aussi au jury d'apprécier le niveau scientifique et pédagogique des candidats en leur demandant soit d'apporter des précisions, soit d'approfondir le sujet posé, soit de mesurer le niveau de culture générale du candidat. Lors de cette reprise, il est évident que le jury interpelle le candidat sur les liens entre parties scientifique et pédagogique.

La reprise peut durer entre vingt-huit et vingt-neuf minutes, ce qui peut représenter un grand nombre de questions. Vous avez donc intérêt à prendre votre temps et à répondre de manière développée. Il faut être attentif aux termes utilisés dans la première partie de l'oral. Si, par exemple, l'on parle du phénomène de la salinisation des sols dans la présentation orale, un membre du jury ne manquera pas de poser la question de son origine. Il faut donc se préparer à ces questions sous peine de pousser le jury à considérer que vos connaissances sont « plaquées » et superficielles.

Attention ! Le jury a toujours raison ! Il faut donc éviter de s'entêter dans ses erreurs. Apporter des nuances et reconnaître ses approximations est toujours utile.

Le jury ne donne pas les réponses à ses propres questions. Le candidat ne doit pas demander au jury une indication sur le niveau de sa prestation. Il doit rester concentré pour le lendemain, car l'oral comporte deux épreuves. Si les questions portent sur le plan, la problématique et sur les définitions du sujet, c'est plutôt mauvais signe, mais si vous comprenez vite où vous avez pêché, vous pouvez récupérer quelques points en répondant habilement. En revanche, si les questions sont générales avec des ouvertures ou des retours sur des points de détail, c'est plutôt l'indice d'un bon oral que le jury tente d'améliorer encore en testant la culture générale du candidat, dont on ne dira jamais assez à quel point elle est indispensable aux candidats et aux enseignants.

Deux exemples d'oraux

Sujet : « *La puissance américaine* »

La candidate commence son exposé par une photographie montrant des soldats américains en action en Irak. Elle définit la puissance d'un État, dans un premier temps militaire, et commerciale dans un second temps, indiquant ainsi que la puissance est multidimensionnelle. Elle définit ensuite « américaine » en expliquant qu'elle va parler essentiellement des États-Unis même si l'Amérique du Nord peut être vue comme « un pôle de puissance mondiale ». Elle explique ensuite que la « puissance » est un terme relatif par rapport aux autres États et que l'on peut mesurer cette notion relative grâce aux concepts de *hard power* et de *soft power* (qu'elle définit). Elle présente ensuite sa problématique : elle entend montrer les liens existant entre puissance et territoire aux États-Unis. La candidate présente alors son plan et donne sa bibliographie au jury.

Première partie (scientifique)

I. Domination d'un pays et affirmation d'une région

a. Les États-Unis comme hyperpuissance (cf. Hubert Védrine), puissance militaire (la candidate réalise un croquis) ; elle parle ensuite de la puissance financière (New-York et Chicago) et relativise ensuite.

b. ALENA : les États-Unis comme puissance régionale. La candidate utilise une carte d'un atlas pour montrer la dépendance du Mexique et du Canada à la puissance américaine. Elle parle rapidement des *maquiladoras*.

II. Les espaces moteurs de la puissance

a. Une puissance métropolitaine et des façades

La candidate part d'une carte de New-York (que l'appairitrice a installé au tableau). Elle montre Manhattan, les lieux de commandement et explique le concept de « ville globale ».

Elle change d'échelle en prenant cette fois une carte à l'échelle du pays pour présenter les autres lieux de commandement (villes, ports).

b. De puissants espaces productifs

La candidate a réalisé une carte de synthèse avec les différents systèmes productifs. Elle décrit et explique sa carte puis prend des exemples à grande échelle (Chicago, *Silicon Valley*, la façade maritime du sud).

III. Des disparités

a. Interface Mexique-États-Unis (frontière, mur, trafic, clandestins)

b. Marginalisation de certains territoires (territoires qui se dépeuplent, poches de pauvreté, contestations)

Conclusion : limites et interdépendance des territoires

Deuxième partie (adaptation pédagogique)

La candidate choisit le programme de terminale : Amérique, puissance du Nord et affirmations du Sud.

Elle définit les notions qu'elle utiliserait avec les élèves de terminale : puissance, *hard power, soft power*, hyperpuissance, interdépendance

Pour le *hard power* : elle prendrait comme exemple la *Silicon Valley* avec son rôle scientifique mais également militaire.

Pour le *soft power* : elle prendrait comme exemple la culture et notamment la culture latine. Si son exemple est trop complexe dans une classe, elle nous indique qu'elle s'adapterait et choisirait celui de Coca-Cola ou de McDonald.

Pour l'interdépendance, elle utiliserait la situation de la dette américaine en bons du trésor américain et notamment la part détenue par la Chine.

En document maître, elle réutilise la carte de synthèse utilisée dans sa deuxième partie.

Au final la candidate parle trente minutes (vingt-quatre minutes pour la partie scientifique et six minutes pour la partie pédagogique). Elle est dynamique, enthousiaste, le jury l'écoute avec bienveillance.

Questions de la reprise

Premier membre du jury : (quinze minutes)

Qui est l'auteur de cette division *hard/soft power* ?

Quel philosophe français est à l'origine du concept de « puissance défensive » et « offensive » ?

Définissez le concept de « superpuissance ».

Différence entre espace et territoire en géographie ?

Comment fonctionne les *maquiladoras* ? (La candidate les avait simplement évoquées dans son oral)

Définissez les espaces productifs ?

En quoi sont-ils en lien avec la puissance ?

Quels sont les messages que la puissance américaine transmet au reste du monde ?

Quelle est son idéologie sous-jacente ?

Quels sont les modes de relations des États-Unis avec le reste du monde ?

Quelles sont les limites de sa puissance ?

Parlez de l'anti-américanisme.

Deuxième membre du jury (sept minutes)

Vous nous avez parlé de la *Silicon Valley*. Quelles sont les migrations liées à la *Silicon Valley* qui sont un indice de la puissance américaine ?

Quelles sont les innovations technologiques en lien avec la Défense ?

Quels sont les noms des modèles des drones fabriqués par les États-Unis ?

Quels sont les principaux ports américains ? Placez-les sur votre carte.

Quels sont leurs liens avec les façades maritimes ?

Façades maritimes et puissance ?

Troisième membre du jury (sept minutes)

Quels documents utiliseriez-vous dans une classe de terminale pour illustrer le *hard power* et le *soft power* ?

Utiliseriez-vous les mêmes documents avec des collégiens ?

En terminale, le programme incite à faire une comparaison de la puissance américaine avec la puissance brésilienne. Prenez alors deux documents sur le Brésil pour montrer le *hard power* et le *soft power* brésilien.

Ensuite des questions sont posées à la candidate sur son croquis, ses choix, ce qu'elle aurait pu ajouter, les couleurs utilisées…

> *Une excellente leçon : la candidate obtient la note de 20, même si elle n'a pas répondu à toutes les questions et notamment à quelques questions fermées, elle possède une bonne culture géographique et varie les échelles.*

Deuxième exemple, sujet : « Ports et façades maritimes en Amérique du Nord ».

La candidate commence par une définition des ports : interface et contact terre-mer. Elle ne définit pas les façades maritimes, en revanche, elle indique qu'il y en a quatre en Amérique du Nord : la façade Atlantique, Pacifique, Arctique et le Golfe du Mexique. Sa problématique, confuse, est autour de l'insertion de ses ports et façades maritimes dans la mondialisation.

Première partie (scientifique)

Des espaces attractifs et peuplés

a. Des littoraux denses et hiérarchisés

La candidate montre une carte de densité, elle parle des grandes villes, des Grands Lacs.

Ensuite elle prend une carte du livre de Laurent Carroué pour montrer la dissymétrie Est/Ouest.

b. Les mégalopoles : elle parle des aéroports (elle utilise un calque du classeur).

L'intégration à la mondialisation

a. Les façades maritimes soutiennent la puissance économique

La candidate parle de la pêche, de l'industrie. Elle prend l'exemple de Vancouver et parle de reconversion, de réhabilitation et de gentrification.

b. Les espaces touristiques : le littoral, la *Sun Belt*, l'attractivité. Elle montre en illustration une carte sortie du petit livre d'Alexandra Monnot.

Problèmes que posent les façades maritimes et les ports

a. Mise en valeur : environnement, écosystème, plateformes pétrolières, marée noire.

b. Façades littorales les moins utilisées : façade arctique délaissée, les Inuits : mise en valeur traditionnelle.

Conclusion : dynamisme et façade maritime ?

Deuxième partie (adaptation pédagogique)

La candidate hésite entre le programme de quatrième et celui de seconde sur le développement durable et notamment la partie sur la gestion des espaces terrestres. Elle finit par nous dire qu'elle prend le programme de seconde.

Elle prend comme document maître la carte d'Alexandra Monnot sur le tourisme en Amérique du Nord.

Elle nous indique les différentes notions à aborder avec les élèves : littoralisation, aménagement, spécialisation des espaces.

La candidate parle vingt-quatre minutes (vingt minutes pour la partie scientifique et quatre minutes pour la partie pédagogique). Elle est souvent confuse et très peu précise (pas un seul nom de port en vingt-quatre minutes d'oral). Le jury a du mal à suivre la pensée de la candidate.

Questions de la reprise :

Premier membre du jury (quinze minutes)

Quelle est la différence entre façade littorale et façade maritime ?

Y a-t-il une façade maritime dans la région des Grands Lacs ?

Le troisième mot du sujet est le mot ET. Que veut-il dire dans un sujet ?

Pouvez-vous citer un grand port ?

Définissez le concept d'interface.

Pouvez-vous citer un port mondial ?

Le nom du port de Los Angeles ?

Définir *Hinterland, Foreland* ?

Mettre ces termes en liens avec les façades maritimes. Notamment différence entre Est et Ouest aux États-Unis ?

Quels sont les liens entre les façades ?

Quels sont les produits embarqués et débarqués dans ces grands ports ?

Quel est le rôle du pétrole dans ces façades maritimes ?

Deuxième membre du jury (sept minutes)

Vous parlez de mondialisation en introduction mais vous ne parlez pas des transports de marchandises. Hors pétrole comment sont transportées les marchandises ?

Quels sont les ports de conteneurs en Amérique du nord ?

Y a-t-il des trafics illégaux sur ces façades maritimes ?

Dans votre oral, vous avez utilisé les termes d'environnement et d'écosystème. Définissez ces deux termes.

Définissez *Waterfront*.

Quel port des États-Unis a le premier reconquis ses friches portuaires ?

Quel est le nom du festival lié à cette reconquête urbaine ?

Troisième membre du jury (sept minutes)

Pouvez-vous citer un nom de port des Grands Lacs ?

Y a-t-il des façades maritimes en Europe ?

Pourquoi avoir choisi une carte sur le tourisme comme document maître ?

Quel autre document aurait été plus parlant ?

Et si vous deviez montrer ce phénomène à différentes échelles, quels documents aurait-il fallu choisir ?

En classe de quatrième, auriez-vous pris la même carte ?

Pourquoi ne pas avoir pris le programme de terminale avec la mondialisation, en croisant avec les États-Unis et la notion de puissance ?

> Une leçon catastrophique qui ne tient pas son temps et imprécise. La candidate ne nomme pas un seul port pendant une heure. Elle ne peut définir les termes du sujet et les concepts voisins. Le jury lui met 02.

11. L'épreuve d'analyse de situation professionnelle : histoire

Cette épreuve vise à évaluer la capacité du candidat à saisir et expliquer les enjeux d'une situation d'enseignement donnée, au regard des principes et méthodes de la discipline considérée et des finalités de son enseignement. Cette explicitation n'est pas destinée à des élèves mais relève de la réflexion, en amont de la mise en œuvre pédagogique proprement dite, pour concevoir un enseignement adapté à des objectifs précis.

La démarche attendue du candidat est en quelque sorte à rebours de celle attendue pour l'épreuve de commentaire de documents qui constitue la deuxième épreuve de l'écrit d'admissibilité. Elle vient en contrepoint de celle-ci pour compléter l'évaluation de la capacité du candidat à apprécier l'exercice pédagogique à la lumière d'une réflexion didactique et épistémologique susceptible de lui donner l'outillage intellectuel et technique nécessaire à l'élaboration raisonnée de son enseignement, y compris sa dimension civique.

Les deux épreuves reposant sur l'analyse d'un dossier documentaire constituent donc conjointement un élément essentiel de l'évaluation des compétences professionnelles des candidats.

Comment préparer l'épreuve ?

Pour assurer une bonne préparation à l'épreuve, il importe d'en cerner les contours. Cela suppose en premier lieu de comprendre la manière dont sont constitués les dossiers documentaires, car cette logique doit permettre d'élaborer un exposé qui répondra au mieux aux attentes du jury.

L'épreuve porte sur l'ensemble des questions des programmes d'histoire ou de géographie dispensés en classes de collège et de lycée, et pas seulement sur les questions du programme du concours. Cela ne signifie pas pour autant qu'il faille l'aborder comme une sorte de hors programme d'agrégation. Ce ne sont pas les connaissances factuelles sur le sujet proposé au candidat qui seront ici évaluées (sauf à ce que le dossier porte sur un sujet au programme du concours, des lacunes éventuelles ne seront pas portées au préjudice du candidat). Ce sont ses capacités à analyser le dossier qui lui est fourni, à en comprendre la portée pédagogique, à en relever les enjeux didactiques et épistémologiques, qui seront ici prises en compte. C'est en cela que l'épreuve est véritablement professionnelle puisqu'elle convoque des compétences disciplinaires significatives au regard de l'enseignement de l'histoire dans toutes ses dimensions.

Le dossier fourni par le jury comprend trois types de documents : des extraits de programmes (déterminant le niveau de la situation professionnelle analysée), de fiches ressources et de manuels, un texte de réflexion méthodologique et/ou une production issue de la recherche ou de la vulgarisation savante, enfin un document sur les valeurs civiques ou morales susceptibles d'être concernées par cette situation professionnelle — valeurs qui feront l'objet d'un temps de questionnement spécifique lors de l'entretien.

Le dossier est introduit par un titre à double libellé, définissant la situation d'enseignement à un niveau donné, « Enseigner… en collège/en lycée… » et formulant ensuite les notions ou les problématiques impliquées par cette leçon. Le candidat est amené à réfléchir sur les choix gouvernant cette situation d'enseignement. Ces choix qui relèvent de la liberté et de la responsabilité pédagogiques de l'enseignant sont *scientifiques et épistémologiques* dans la mobilisation de savoirs, la connaissance de leur fabrique et la réflexion sur leurs usages, *didactiques et pédagogiques* dans leur mise en œuvre devant les élèves, *civiques* enfin dans leurs prolongements possibles pour l'enseignement de l'éducation civique, mais aussi pour la compréhension des valeurs démocratiques de la République.

Dans son exposé, le candidat doit veiller à s'appuyer sur les documents et à les éclairer tant par ses connaissances disciplinaires que par sa culture et son jugement critique. La compréhension didactique des documents présents dans les manuels scolaires, lorsqu'il en est proposé des extraits, ne saurait faire l'économie de la capacité à les analyser sur un plan scientifique et épistémologique.

Méthodologie générale de l'épreuve

De ces considérations liminaires, il est possible de tirer quelques enseignements sur la nature exacte de cette épreuve et la manière dont sont combinés concrètement les différents aspects qu'elle recouvre. Pour commencer, revenons sur la constitution du dossier[1].

Le dossier soumis au candidat comporte trois parties, réunies sous une thématique commune comportant elle-même deux énoncés complémentaires. Le premier renvoie à la situation d'enseignement considérée (Enseigner la Révolution française au collège), le second à l'exposé d'une problématique spécifique relative à cette situation (La place des acteurs en histoire).

---

[1]. Tous les exemples sont tirés du sujet zéro d'histoire pour cette seconde épreuve d'admission. Ce sujet est consultable sur le site du ministère à l'adresse suivante : http://cache.media.education.gouv.fr/file/capes_externe/79/1/s0_capes_ext_hist_geo_269791.pdf

Le sujet s'intitule « Enseigner la Révolution française au collège : la place des acteurs en histoire ». On en trouvera le portail en fin de ce chapitre.

Les trois parties du dossier sont présentées de manière uniforme quels que soient le sujet et la discipline concernés :

I. Éléments de présentation de la situation professionnelle

II. Éléments d'analyse scientifique et méthodologique de la situation professionnelle

III. Éléments d'analyse de la dimension civique de la situation professionnelle

Chacune de ces parties est en outre accompagnée d'un libellé qui lui est propre : le premier précise la situation d'enseignement considérée (le peuple en Révolution), le deuxième rappelle la problématique qui supporte l'analyse de la situation (la question des acteurs en histoire), le troisième précise le sens de la réflexion à porter sur les implications civiques possibles de la situation professionnelle (le citoyen, acteur de la vie démocratique). Cette présentation formelle du dossier est destinée à guider le candidat dans sa réflexion et peut lui servir pour organiser sa réflexion, bien qu'elle ne constitue pas à proprement parler le plan de l'exposé.

En effet, l'analyse de la situation professionnelle ne peut prendre sens que par la combinaison des éléments contenus dans les documents de chacune de ces parties. Un exposé qui se contenterait de suivre l'ordre du dossier documentaire risquerait donc de se trouver dévalorisé parce que ne mettant pas en jeu et en lumière les compétences professionnelles effectives.

Si l'on peut admettre, dans certains cas où l'articulation entre I et II d'une part, et III d'autre part, n'apparaîtrait pas aisée, que la dimension civique puisse faire l'objet d'un traitement spécifique en fin d'exposé, la situation professionnelle présentée ne peut être comprise dans ses différentes dimensions que par la combinaison de l'analyse des différentes parties du dossier.

Ainsi pour le sujet zéro proposé en histoire, sans aller jusqu'à fournir un corrigé type qui ne pourrait être que réducteur, peut-on souligner quelques points de méthode dans l'approche du dossier en question, points qui pourront être transposés pour tout autre sujet de cette épreuve.

Le document qui expose la situation professionnelle est bien le document 2 (double page de manuel), qui permet d'appréhender les modalités pédagogiques par lesquelles peut être abordée la problématique du peuple dans la Révolution, qui constitue un objet d'étude du programme de 4e. Il ne s'agit pas pour le candidat de porter un jugement de valeur sur le travail ici proposé aux élèves, mais de s'interroger sur les questions que soulève cette problématique, relativement à l'enseignement de l'histoire. C'est pourquoi cette problématique doit être replacée dans celle plus large de la question des acteurs en histoire, question qui suppose, pour être convenablement analysée, un appui sur l'épistémologie de la discipline. Ainsi le candidat pourra-t-il s'interroger de manière pertinente sur les choix opérés dans la situation professionnelle qui lui est soumise, tant du point de vue des notions (foule, peuple, violence), que des faits (fonctionnement des sociétés populaires, journées populaires, massacres de septembre) ou des enjeux de méthode (usage des documents, construction d'un raisonnement historique). La dimension civique — notamment celle de la question du contrôle des élus par le corps des citoyens dans la Révolution elle-même — pourra ici être abordée conjointement avec les autres dimensions.

Se préparer à cette épreuve, d'un haut niveau d'exigence intellectuelle et professionnelle, suppose donc du candidat une préparation comportant : la consolidation d'une culture de base sur les grands sujets abordés par l'enseignement de l'histoire (les programmes de collège feront ici référence et une lecture rapide de manuels de chacun des niveaux du collège pourra être des plus utiles pour se remémorer les notions et faits essentiels, tant historiques que géographiques), une connaissance des principes et méthodes qui fondent les disciplines, ainsi que des principaux débats qui les ont traversées et faites évoluer depuis le fin du XIXe siècle jusqu'à aujourd'hui (cela implique une initiation poussée à l'épistémologie et à l'histoire des disciplines), enfin un regard déjà aiguisé sur les questions d'ordre didactique (une part de cette formation se comprend logiquement dans la continuité de la réflexion épistémologique, mais cette initiation à la réflexion didactique passe également par un retour sur le premier contact avec le métier que constituent les stages).

Cela se traduit par un programme de lecture adapté et pris dans un calendrier qui doit permettre de n'omettre aucune facette de l'épreuve.

Les lectures nécessaires (épistémologie et didactique)

Le travail de lecture doit impérativement être entamé dès le début de la préparation, sans attendre la préparation plus spécifique de l'oral. En effet, se préparer convenablement à cette épreuve suppose un certain nombre de lectures complémentaires par rapport à celles effectuées pour la préparation des questions au programme. Faute de quoi, ce sont non seulement les chances de réussite à cette deuxième épreuve orale, mais également les chances de réussite aux autres épreuves et donc au concours lui-même, qui se trouveraient compromises. Il faut à nouveau insister sur le caractère intégré que doit prendre la préparation au concours, compte tenu de ses nouvelles modalités (voir chapitre 1).

Pour s'assurer la maîtrise des principaux contenus réflexifs pour faire face à l'épreuve d'analyse de situation professionnelle, il est nécessaire de se fixer un calendrier de lecture et de s'y tenir le plus possible. Celui-ci est à construire en parallèle au calendrier des lectures nécessaires pour la préparation des questions au programme (voir chapitre 3).

Les bases doivent impérativement être posées avant la période de Noël. Puis, avant les écrits, viendra le temps des lectures plus spécifiques, qui seront reprises et complétées une fois ceux-ci passés. Que le candidat ne s'y trompe pas, si l'essentiel des lectures n'est pas assuré avant les écrits, le retard pris ne sera pas rattrapé. Compte tenu du calendrier des épreuves, la période qui s'écoule entre les écrits et le début des oraux (avril à mi-juin), sera presque entièrement absorbée par les entraînements aux oraux, indispensables pour affronter les épreuves en situation réelle.

La première période de lecture comporte deux aspects. D'une part, l'ensemble des lectures effectuées pour la préparation des questions au programme entre également dans la préparation de l'épreuve d'analyse de situation professionnelle (EASP). Encore faut-il bien distinguer la fonction que peuvent remplir les différents ouvrages abordés dans les bibliographies du concours. Les manuels de préparation ne sont pas inutiles, dans la mesure où ils font le point sur l'historiographie des questions, ce qui est une première approche de la réflexion épistémologique, en ce que toute épistémologie de l'histoire se fonde sur la pratique des historiens et donc sur la connaissance des questions qui font objet de débat[1]. Quant aux ouvrages spécialisés, ils permettent, par l'exposé de leur thèse, de nourrir la réflexion épistémologique d'exemples concrets. Prendre en compte cette dimension lors de vos lectures et en faire l'objet de fiches spécifiques — à partir pour l'essentiel des introductions et des conclusions, ainsi parfois que des tables des matières, voir l'exemple que nous développons à propos de Braudel dans la partie « entretien avec le jury » de ce chapitre — vous permettra de nourrir votre réflexion et d'asseoir votre argumentation.

À ces lectures, il faut associer des lectures spécifiques dans le domaine de l'épistémologie de l'histoire et de l'historiographie. Les ouvrages que nous citons ci-après sont donnés à la fois pour leur grande utilité et à titre d'exemples[2].

Tout d'abord deux lectures de fond pour entrer dans ces deux dimensions, historiographique et épistémologique : PROST Antoine, *Douze leçons sur l'histoire*, Paris, Seuil, 1996, rééd. 2010 et DELACROIX Christian, DOSSE François, GARCIA Patrick, *Les courants historiques en France, XIXe-XXe siècle*, Paris, A. Colin, « U », 1999. Le premier constitue un ouvrage indispensable pour aborder de la manière la plus précise les questions d'épistémologie. Il est découpé en quatorze chapitres (aux douze de la première édition ont été ajoutés deux textes dont l'un paru dans la revue *Vingtième siècle* et qui sont la mise en forme de la dernière conférence tenue par l'auteur, il faut donc choisir la réédition augmentée) qui abordent chacun une question de fond (la source, le

---

1. Certains comportent aujourd'hui de surcroît des considérations sur les programmes et leur analyse didactique et épistémologique, en lien avec la deuxième épreuve écrite, également utiles pour la préparation de cette épreuve. C'est le cas du chapitre III.1 de l'ouvrage de M. Belissa, Y. Bosc, R. Dalisson et M. Deleplace : *Citoyenneté, république démocratie en France 1789-1899*, Paris, Ellipses, 2014
2. On trouvera des bibliographies plus développées sur certains sites internet, tels celui du réseau Épistémologie et historiographie (http://www.ihtp.cnrs.fr/ historiographie/). Pour l'histoire des arts, qu'il ne faudra pas négliger, on pourra se reporter au site http://www.apahau.org (site de l'association des professeurs d'archéologie et d'histoire de l'art des universités)

fait, le temps, l'écriture, etc.). Il présente par ailleurs l'avantage de proposer des citations longues d'auteurs de référence. Le deuxième permet de dresser un panorama dense des grandes évolutions historiographiques sur les deux siècles qui intéressent l'EASP. En effet, non qu'Hérodote ou Thucydide ne soient des auteurs intéressants, mais outre le fait que, comme l'a exposé Nicole Loraux en 1980, « Thucydide n'est pas un collègue », l'historiographie qui importe pour l'EASP est celle qui touche à ce moment où se constitue en France l'histoire comme discipline universitaire, comme profession et comme matière d'enseignement, tous ces aspects relevant également de la préparation à l'EASP.

C'est pourquoi l'on retiendra, en second lieu, dans ce premier moment de lectures, des ouvrages qui rendent compte des grands débats et des grandes évolutions qui jalonnent l'histoire de cette profession, de cette discipline et de cette matière d'enseignement.

Ainsi parmi d'autres, nous pouvons attirer votre attention sur quelques ouvrages emblématiques. Au fondateur *Introduction aux études historiques* de Charles Victoire LANGLOIS et Charles SEIGNOBOS[1], on ajoutera d'autres classiques de la réflexion des historiens français sur leur métier : BLOCH Marc, *Apologie pour l'histoire ou Métier d'historien*, (1946), Paris, A. Colin, 1993 et MARROU Henri-Irénée, *De La Connaissance historique*, (1954) Paris, Seuil, 1975. À quoi l'on pourra également adjoindre des recueils d'articles : BRAUDEL Fernand, *Écrits sur l'histoire*, Paris, Flammarion, 1969, FEBVRE Lucien., *Combats pour l'histoire*, Paris, A. Colin, 1953. Ou encore des ouvrages collectifs qui ont marqué des tentatives pour redéfinir la pratique de l'histoire tout en ouvrant de nouveaux chantiers : LE GOFF Jacques, Chartier Roger, Revel Jacques (dir.), *La Nouvelle histoire*, Paris, CEPL, 1978 (version abrégée disponible en poche, 1988). Ce dernier exemple nous montre comment et pourquoi aborder des historiographies antérieures à celle de l'école méthodique, sans remonter jusqu'aux figures tutélaires. Dans l'introduction de cet ouvrage, Jacques Le Goff se livre en effet à un exercice d'historiographie vue par l'école des *Annales* qu'il représente alors. Or, il se réclame de Voltaire et de Michelet. C'est à ce titre que l'on prendra en considération des auteurs « anciens », dans la mesure où une réflexion épistémologique « récente » se réfère à eux pour les revisiter. Les connaître *a minima* est donc nécessaire pour la préparation de l'épreuve. Déborder ce cadre serait risquer de s'encombrer de références mal maîtrisées et peu utiles.

Il convient d'ajouter aux types d'ouvrages cités jusqu'ici des productions plus spécialisées, dans un domaine ou dans un type de réflexion, mais qui, de ce fait, éclairent des aspects essentiels. Ainsi CHARTIER Roger, *Au bord de la*

---

[1]. Ouvrage plus méthodologique qu'épistémologique dans sa forme (c'est un manuel destiné aux étudiants se préparant au DES d'histoire créée en 1896 lors de la réforme de l'université), paru en 1898, il faisait écho aux éditoriaux de Gabriel Monod dans la *Revue historique* (ceux de 1876 et 1896). On le lira de préférence dans la réédition avec une préface de Madeleine Rebérioux parue aux Éditions Kimé en 1992.

Falaise. L'Histoire entre certitudes et inquiétudes, Paris, 1998 ; NOIRIEL Gérard, *Sur la « crise » de l'histoire*, Paris, Belin, « Socio-histoires », 1996 ; DOSSE François, *L'Histoire en miettes ; Des « Annales » à la « Nouvelle histoire »*, Paris, La Découverte, 1987 ; NOIRIEL Gérard, *Qu'est-ce que l'histoire contemporaine ?* Hachette Supérieur, « Carré histoire », 1998. Dans ce dernier cas, l'auteur couvre bien des questions relatives aussi bien à la conscience historique (impact de la Révolution française dans la relecture sociale des temps historiques) qu'à l'évolution de tel ou tel domaine de la pratique historique (de l'histoire diplomatique à l'histoire des relations internationales, de l'histoire politique à l'histoire conceptuelle du politique, etc.). Par ailleurs, toutes ces lectures permettent d'enrichir le répertoire d'exemples et de références pour la réflexion sur les dossiers fournis lors du passage de l'épreuve.

Toujours dans le même temps, il est indispensable de commencer à aborder la lecture — critique, c'est-à-dire non pas en termes de bon ou mauvais, mais pour en comprendre les logiques internes — des programmes et des fiches *Eduscol*. Mais dans ce premier temps de lecture, avant Noël, on s'en tiendra aux parties des programmes qui touchent aux trois questions du concours.

Ce n'est qu'ensuite qu'il faudra entrer dans une phase de lecture plus orientée vers les questions de didactique. Trois types de lectures complémentaires doivent être également pris en considération.

Tout d'abord, passer d'une première lecture des programmes aux ouvrages didactiques qui permettront de mieux analyser ces programmes dans leurs enjeux scientifiques et épistémologiques et pédagogiques. Parmi ces ouvrages, on peut citer à tire d'exemples : LAUTIER Nicole, *À La Rencontre de l'histoire*, Paris, 1997 ; MONIOT Henri, *Didactique de l'histoire*, Paris, Nathan Pédagogie, 1993. Ces deux ouvrages partagent une approche, que l'on ne retrouve pas dans tous les ouvrages de didactique, qui appuie la réflexion didactique sur la réflexion épistémologique. Ils sont de ce point de vue, bien que non conçus dans la perspective de l'EASP bien entendu, d'une grande utilité[1].

On peut joindre à ces ouvrages des ouvrages qui sont plus directement une réflexion sur l'enseignement de l'histoire et son évolution. Par exemple : Héry Évelyne, *Un siècle de leçons d'histoire. L'histoire enseignée au lycée*, Rennes, PUR, 1999 ; GARCIA P. & LEDUC J., *L'enseignement de l'histoire en France, de l'Ancien régime à nos jours*, Paris, A. Colin, « U », 2004. Ouvrages qui comme les précédents articulent réflexion sur l'enseignement et réflexion sur la discipline histoire.

La deuxième série de lectures, dans ce moment qui s'étend de Noël à début mars (c'est ensuite le temps des révisions pour l'écrit) consiste à reprendre et

---

1. On retrouvera ce principe, plus directement appliqué à l'analyse des programmes dans des articles tel : DELEPLACE Marc, « Réflexions didactiques sur le récit en histoire », *Pratiques*, n° 22, 2007.

approfondir l'analyse des programmes et des fiches *Eduscol*, en étendant cette lecture à l'ensemble des programmes cette fois.

La troisième série de lectures réside en une prise de connaissance des contenus et de la forme des manuels scolaires, afin de se préparer à en aborder l'analyse, qui constitue un point de passage quasi obligé de l'EASP. Point n'est utile de se noyer dans quantité de manuels différents. La lecture extensive d'un manuel par niveau de classe sera suffisante (pour le lycée, ce sont les programmes et manuels des séries générales qui doivent être parcourus et étudiés sous cet angle critique). Il est illusoire de penser mémoriser les contenus, qui ne sont pas l'objet de l'épreuve en eux-mêmes, mais bien de comprendre et d'apprendre à analyser de manière critique la manière dont ils sont mobilisés au plan pédagogique. Le même travail doit être effectué à la fois en histoire et en éducation civique, puisque la dimension civique est obligatoirement présente dans l'épreuve.

Enfin vient un troisième temps de lecture qui consiste à aborder, de manière raisonnée et discriminante, des ouvrages qui touchent à l'épistémologie de l'histoire, mais qui sont produits aux marges de la profession historienne. Il s'agit pour l'essentiel de philosophes et de sociologues. Ils sont souvent (mais pas toujours) d'un abord moins aisé pour un public d'étudiants en histoire et en géographie. C'est pourquoi, si l'on ne peut en ignorer l'existence ne serait-ce que parce qu'ils nourrissent la réflexion des historiens, nous recommandons de ne les aborder qu'en dernier lieu entre avril et juin. Parmi les classiques de cette catégorie, on peut citer : FOUCAULT Michel, *L'Archéologie du savoir*, Paris, Gallimard, 1969 ; RANCIÈRE Jacques, *Les Noms de l'histoire. Essai de poétique du savoir*, Paris, Seuil, 1992, RICŒUR Paul, *Temps et récit*, 3 tomes, Paris, Seuil, 1983-1985. Certains sont des « incontournables », mais l'on pourra recommander de les aborder par des commentateurs plus accessibles que les originaux. Ainsi, dans le cas de Ricœur, trouvera-t-on une solide introduction à la lecture de cet auteur dans l'ouvrage de Nicole Lautier précédemment cité.

Pour l'éducation civique enfin, et pour l'histoire des arts, quelques lectures complémentaires sont aussi à recommander dans ce dernier moment : SCHNAPPER Dominique, *La Communauté des citoyens, sur l'idée moderne de nation*, Paris, Gallimard, « NRF Essais », 1994 ; BAQUES Marie-Christine, *Art, histoire et enseignement*, Paris, C.N.D.P, Hachette éducation, 2001.

Enfin, des outils de travail (dictionnaires spécifiques) seront mobilisés tout au long de ce travail de préparation, notamment : BURGUIÈRE André (dir.), *Dictionnaire des sciences historiques*, Paris, PUF, 1986, DELACROIX Christian, DOSSE François, GARCIA Patrick & OFFENSTADT Nicolas, *Historiographies, concepts et débats*, 2 vol., Paris, Gallimard, « Folio histoire », 2010.

L'exposé

Il existe deux grandes options pour traiter les sujets d'analyse de situation professionnelle : l'une, la plus ambitieuse — mais qui s'imposerait seulement dans le cas d'un passage à quatre heures de préparation — consisterait à combiner les trois sections du dossier tout au long du propos afin de lier constamment tous les aspects de l'épreuve tels qu'énoncés en introduction de ce chapitre, option que nous ne développerons pas ici[1] ; l'autre tient compte de la structure du dossier rappelée ci-dessus, et qui permet d'envisager une sorte de plan type qui, s'appuyant sur cette même structure, évite, dans le cadre du temps restreint de deux heures de préparation seulement, de perdre du temps à trouver un plan original combinant (ce qui serait dans l'absolu l'idéal) toutes les facettes de la réflexion.

Ce plan repose sur les principes suivants :
1. Il reprend les énoncés des trois parties présentées (éventuellement modifiés et problématisés si nécessaires), qui forment ainsi le cadre des trois parties de l'exposé.
2. Il tient compte du fait que les deux documents centraux, qui doivent organiser la réflexion, sont bien les documents n° 2 et n° 3. Le dernier éclaire la problématique qui constitue le deuxième énoncé du sujet, le premier permet de procéder à l'analyse de la situation professionnelle proprement dite. Suivre l'ordre du plan du dossier comme nous le préconisons ici ne signifie donc pas rompre ou ignorer les liens logiques qui unissent les différentes parties du dossier, mais les exploiter dans un cadre préétabli, par commodité et gain de temps.
3. La première partie du plan s'organise autour du document n° 2 (double page du manuel), qui permet de procéder à l'analyse de la situation professionnelle. Cette analyse s'appuie sur le document n° 1 (pour replacer la situation dans le programme et montrer de quelle manière, à quel moment et selon quelle logique intellectuelle elle intervient dans celui-ci), et sur le document n° 3, lié à la problématique (qui permet de souligner les enjeux de la situation au regard des principes de la discipline, et permet ainsi la transition vers le II du plan).
4. La deuxième partie du plan s'organise autour du document n° 3, qui permet ici de replacer les enjeux soulevés à partir de l'analyse du document n° 2 dans une perspective épistémologique et historiographique ou d'histoire de la discipline plus large (il ne faut pas ici hésiter à nourrir la réflexion d'exemples complémentaires illustrant cette mise en perspective, ni de se référer explicitement à la réflexion des historiens sur leur métier).
5. La troisième et dernière partie doit permettre à la fois d'évaluer de manière critique la situation présentée, en fonction de l'éclairage

---

1. Nous renvoyons le lecteur désireux d'en trouver un exemple, plus complet que les éléments que nous avons avancés dans la méthodologie générale du présent chapitre, au corrigé que nous avons proposé pour le sujet zéro cité ci-dessus dans notre ouvrage, en collaboration avec M. Belissa, Y. Bosc et R. Dalisson : *Citoyenneté, république démocratie en France 1789-1899*, *op. cit.*

épistémologique plus général apporté dans la partie II (souligner éventuellement les limites de la situation pour répondre à ces enjeux par exemple) et d'aborder la dimension civique qui découle de la problématique générale, c'est ici que l'analyse du document n° 4, à la lumière à nouveau du document n°3 et du document n° 1, mais aussi en réponse à la question soulevée dans le titre de cette partie, trouve sa place. Cette dimension civique peut également occuper toute la troisième partie de l'exposé[1].

Quelle que soit l'option retenue, l'exposé doit se renfermer dans une durée de trente minutes Dans le cas où l'on adopterait le principe de suivre les grandes lignes du dossier lui-même, il faut compter que chacune des parties doit être équilibrée dans l'ensemble, ce qui donne un temps indicatif de quatre à cinq minutes pour l'introduction, huit minutes pour chacune des parties, et une à deux minutes pour conclure. Comme pour la première épreuve orale, il est recommandé de réaliser son plan sur transparent afin de ne pas entrecouper l'exposé. De même, si l'on modifie les titres des parties par rapport au dossier, doit-on conserver le principe de titres courts et synthétiques. Seules les grandes sous-parties seront indiquées en dehors des trois parties de l'exposé.

Les conseils que l'on peut donner pour l'organisation matérielle de l'exposé sont de même nature que ceux donnés pour l'épreuve de mise en situation professionnelle : utiliser des demi-feuilles A4, numéroter les feuilles y compris l'introduction et la conclusion, rédiger si possible ces dernières, n'écrire que sur le recto des feuilles, ne pas passer d'une partie ou sous partie une autre en milieu de feuille, retourner les feuilles au fur et à mesure de l'exposé plutôt que de les faire glisser les unes sur les autres. On peut y ajouter qu'il sera utile de séparer les feuilles du dossier afin de pouvoir les manipuler en cours d'exposé plus aisément et que les documents du dossier, y compris ceux en couleur, sont un support de travail et qu'il est donc recommandé d'utiliser tous les moyens de repérages possibles (surlignage, encadrement, soulignement, numérotation des lignes dans un texte, etc.) afin de repérer aisément lors de l'exposé les passages de ces documents que l'on citera et mobilisera. L'épreuve est une analyse de dossier documentaire, ce travail est donc indispensable. Il convient également de soigner au mieux les transitions, afin de donner toute sa cohérence à la démonstration.

Concernant le dossier, le candidat aura tout intérêt à conserver en permanence devant lui au moins les pages concernant les documents 2 et 3 qui sont ceux auxquels il aura à faire le plus souvent référence, plutôt que de manipuler ceux-ci constamment. De même, la présentation du plan sur transparent doit tenir sur une feuille qu'on laissera également en permanence sous

---

1. On trouvera au chapitre 16 du présent volume un exemple de sujet corrigé illustrant cette option, avec quelques retours sur la méthodologie.

les yeux du jury, sans chercher à procéder à un dévoilement progressif qui est le plus souvent source de fausses manœuvres[1].

L'entretien avec le jury

L'entretien avec le jury se déroule en trois temps, de dix minutes chacun, pris en charge successivement par les trois membres qui constituent la commission de jury d'oral devant laquelle passe le candidat. Ici, plusieurs possibilités peuvent se présenter, mais l'entretien reviendra toujours sur les trois aspects fondamentaux de l'exposé, à savoir : la dimension didactique, la dimension épistémologique, la dimension sociale et civique. Cela pourrait laisser penser que la reprise suit à son tour l'ordre du dossier. Si cela peut être le cas, le déroulement n'est pas nécessairement aussi linéaire.

Quoi qu'il arrive, le dernier temps de la reprise est consacré à la dimension sociale et civique. Ce dernier moment de l'entretien, par lequel nous commencerons ici, comporte, comme les premières dix minutes, une part de reprise de ce qui a été abordé dans l'exposé, avec demandes éventuelles d'explicitation ou d'approfondissement. Mais il peut également amener le jury à aborder plus directement les enseignements d'éducation civique (collège) ou d'éducation civique, juridique et sociale (ECJS) pour le lycée. L'entretien peut alors prendre la forme d'un questionnement sur quelques notions centrales de ces enseignements. Par exemple, ignorer l'essentiel des institutions françaises, européennes et internationales sera évidemment préjudiciable au candidat puisque ces connaissances figurent dans les programmes. Les programmes de collège, notamment, doivent, au même titre que ceux d'histoire et de géographie, être suffisamment connus du candidat pour qu'il sache situer tel ou tel thème au niveau d'enseignement correspondant. Enfin, il sera utile pour le candidat de connaître par exemple l'article premier de la constitution de la Ve République : « La république est indivisible, démocratique, sociale et laïque », afin de pouvoir répondre à des questions portant sur chacun des termes présents dans cet article et correspondant à des principes de la République française, lesquelles figurent aussi dans les programmes. Il ne s'agit pas ici de pouvoir faire un long développement sur la notion de démocratie et son histoire, mais de pouvoir rapidement caractériser la démocratie actuelle et d'en mettre en évidence certaines pratiques, qui ne soient pas exclusivement politiques au demeurant.

Quant aux deux premiers temps de l'entretien, les distinguer ne sera pas toujours aussi aisé, car ils porteront tous deux sur la dimension historique de l'exposé. Nous ne pouvons ici qu'évoquer deux ou trois possibilités, car tout

---

1. Ces dernières recommandations n'auraient plus lieu d'être dans le cas d'une numérisation des épreuves, puisqu'alors on peut penser que sera donnée au candidat la possibilité de réaliser un powerpoint pour présenter son plan. Mais nous n'en sommes pas encore là…

dépend de la forme qu'aura prise l'exposé du candidat, ainsi que de ses éventuelles lacunes.

La première, mais pas nécessairement la plus aisée pour le candidat, est que le jury revienne en premier lieu sur la dimension didactique, pour passer ensuite à la dimension épistémologique. Il suit ainsi l'ordre du dossier, en partant donc de l'analyse de la situation professionnelle, pour remonter en quelque sorte aux sources de celle-ci, c'est-à-dire à l'épistémologie de la discipline. Mais cette séparation formelle n'est pas l'usage le plus courant.

Une deuxième solution consiste pour le jury à procéder d'abord à une reprise de l'exposé dans ses deux dimensions didactiques et épistémologiques, à l'exclusion de la dimension civique qui fait toujours l'objet d'une interrogation spécifique. Cela est cohérent avec le principe d'une épreuve qui invite le candidat à apprécier une situation pédagogique donnée au double éclairage de l'analyse didactique et épistémologique, ces deux types d'analyse n'étant pas toujours séparables l'un de l'autre.

Dans ce second cas, la deuxième partie de la reprise peut à son tour se présenter selon deux situations différentes. Elle peut tout d'abord prendre la forme d'une interrogation qui, s'éloignant de la matière de l'exposé, reprise dans le premier temps de l'entretien, conduira le candidat à répondre à des questions complémentaires relatives à l'analyse didactique et épistémologique, la pondération entre ces deux aspects dépendant à nouveau de l'exposé ainsi que des réponses apportées par le candidat lors de la reprise en première partie d'entretien. Mais ce deuxième entretien peut également être l'occasion pour le jury de revenir plus précisément sur l'analyse du dossier documentaire (toujours à l'exception du quatrième document qui sera réservé au troisième et dernier temps de l'entretien).

Quelle que soit la répartition adoptée par le jury au cours de l'entretien, le candidat doit avoir conscience que l'on attend de lui avant tout des réponses argumentées, fondées, comme lors son exposé, sur des exemples et références précis et pertinents. Cela signifie notamment que le candidat peut, et doit, prendre le temps de développer sa pensée. Il doit également avoir présent à l'esprit que si certaines questions du jury peuvent lui paraître factuelles, ce n'est pas dans ce savoir factuel que réside l'attente de celui-ci. Un tel type de question est le moyen pour le jury d'aider le candidat à partir d'un exemple précis qui lui ferait défaut, ou aurait fait défaut dans son exposé, pour l'amener sur le terrain qui forme le fond de l'épreuve, à savoir les modalités du raisonnement historique dans ses dimensions épistémologiques et didactiques. Ceci afin d'éviter que le candidat ne s'enferme dans un discours trop général, en ne manipulant que de grandes catégories de pensée dont il sera alors impossible au jury de savoir s'il n'y a là que récitation mécanique de fiches de lectures (sur le temps, les acteurs, la controverse, le rapport entre histoire et mémoire, etc.), ou si le candidat est capable de référer ces grandes catégories à des situations précises.

Dans tous les cas de figure, que ce soit dans l'exposé où lors de l'entretien, il ne peut s'agir pour le candidat d'accumuler les références bibliographiques sans une connaissance suffisante de leur contenu. Un petit nombre de références bien maîtrisées, comme nous le disions dans les conseils de lecture, vaudra toujours mieux qu'une séance de *name dropping*. Concernant par exemple un classique comme *La Méditerranée et le monde méditerranéen à l'époque de Philippe II*, de Fernand Braudel, le citer suppose d'en connaître le titre intégral, puisque ce titre est un programme à lui seul. En effet, la division ternaire qui se retrouve dans l'ouvrage correspond à chacun des trois temps de l'histoire présentés par Braudel dans l'introduction. Ajoutons que se dessinent également les linéaments de cette géohistoire que Braudel appela de ces vœux par la suite. Enfin, mieux vaudrait connaître, les titres de chacune des trois parties de l'ouvrage (« La part du milieu » (c'est le temps long), « Destins collectifs et mouvements d'ensemble » (c'est la part des sociétés et du temps moyen), « Les événements, la politique et les hommes » (c'est la part des hommes et le temps court). Et pour être complet dans ce survol d'une œuvre majeure, il serait également de bon ton de songer que le projet porté par cet ouvrage est un projet d'histoire globale (à ne pas confondre avec la *Global History*), et de savoir que la deuxième partie de l'ouvrage, outre un chapitre sur la guerre, comporte successivement un chapitre sur l'économie puis un sur les sociétés, et voir là en germe le projet des *Annales ESC* (Économies, sociétés, civilisations), titre que prend la revue en 1946, sous la double impulsion de Braudel et de Labrousse (voir l'article consacré à ce sujet par André Burguière dans son *Dictionnaire des sciences historiques*). Savoir enfin que Philippe II est le roi d'Espagne, régnant de 1556 à 1598, et non le roi de Macédoine, père d'Alexandre le Grand[1].

Dernière mais importante recommandation : ne pas penser que le jury attend de vous des réponses tranchées et définitives à des questions qui sont perpétuellement en débat dans la communauté des historiens ! Efforcez-vous d'apporter toutes les nuances que vous pourrez à votre propos dont on sait qu'il n'est pas celui d'un spécialiste (et ce n'est pas ce que l'on attend de vous), sans pour autant verser dans des réponses de Normands (qui n'en peuvent mais du reste, mais c'est une autre histoire)…

---

1. Ce n'est pas là une galéjade, mais une chose entendue par l'auteur de ces lignes, avant qu'il n'assume la vice-présidence du jury de 2006 à 2014, au cours d'une interrogation menée en la belle ville de Châlons…

Annexe : portail de présentation du sujet zéro d'histoire

Concours du CAPES/CAFEP EXTERNE D'HISTOIRE et GÉOGRAPHIE 2014

ÉPREUVE D'ANALYSE DE SITUATION PROFESSIONNELLE HISTOIRE

Sujet :
Enseigner la Révolution française au collège : la place des acteurs en histoire

I. Éléments de présentation de la situation professionnelle : Le peuple en Révolution

– Document 1 : Extrait du programme de la classe de 4e, 2008

– Documents 2 A et B : C. Dalbert et D. Le Prado-Madaule, *Histoire-Géographie, classe de 4e*, Paris, Bordas, 2011, p. 98-99

II. Éléments d'analyse scientifique et méthodologique de la situation professionnelle : La question des acteurs en histoire

– Document 3 : Vovelle Michel, *La Révolution française 1789-1799*, Paris, A. Colin, « Cursus », 2003, p. 141-142.

III. Éléments d'analyse de la dimension civique de la situation professionnelle : le citoyen, acteur de la vie démocratique

– Document 4 : Comment un citoyen peut-il contrôler l'action des élus locaux ?

http://www.vie-publique.fr/decouverte-institutions/institutions/collectivites-territoriales/democratie-locale/comment-citoyen-peut-il-controler-action-elus-locaux.html (consulté le 9/9/2013)

12. L'épreuve d'analyse de situation professionnelle : géographie

Comment préparer l'épreuve ?

Pour préparer activement l'épreuve, il convient tout d'abord d'apprécier ce qu'en disent les textes officiels. Les modalités de cette nouvelle épreuve ont récemment été définies par l'arrêté du 19 avril 2013, publié au JORF n°0099 du 27 avril 2013[1] de la sorte :

> *Épreuve d'analyse de situation professionnelle*
> L'épreuve porte sur la partie (histoire ou géographie) n'ayant pas fait l'objet de la première épreuve d'admission.
> L'épreuve prend appui sur un dossier fourni par le jury. Le dossier est constitué de documents scientifiques, didactiques, pédagogiques, d'extraits de manuels, de productions d'élèves, et présente une situation d'enseignement en collège ou en lycée. Le candidat en propose une analyse. Son exposé est suivi d'un entretien avec le jury, au cours duquel il est conduit à justifier ses choix didactiques et pédagogiques.
> L'entretien permet aussi d'évaluer la capacité du candidat à prendre en compte les acquis et les besoins des élèves, à se représenter la diversité des conditions d'exercice de son métier futur, à en connaître de façon réfléchie le contexte dans ses différentes dimensions (classe, équipe éducative, établissement, institution scolaire, société) et les valeurs qui le portent, dont celles de la République.
> Durée de la préparation : deux heures ; durée de l'épreuve : une heure (présentation du dossier : trente minutes ; entretien : trente minutes) ; coefficient 2.
> Le programme des épreuves d'admissibilité et d'admission est constitué par trois grandes questions d'histoire et trois grandes questions de géographie articulées aux programmes scolaires. Il est périodiquement révisé et publié sur le site internet du ministère chargé de l'éducation nationale.

Le dossier documentaire, comme il est précisé dans le texte officiel, se trouve donc composé de quatre documents de diverses natures : scientifique, didactique et pédagogique. La substance de ces documents définit les trois grandes parties du dossier, en structure les attendus et organise, finalement, la logique de l'épreuve.

---

1. Le texte peut être consulté à partir du lien suivant : http://www.legifrance.gouv.fr/affichTexte.do?cidTexte=JORFTEXT000027361553&dateTexte=&oldAction=rechJO&categorieLien=id

L'intitulé du sujet, toujours explicitement formulé en première page, est rédigé selon une maquette uniforme. La première partie précise la situation d'enseignement considérée, elle est accompagnée d'un sous-titre qui énonce dans quel champ épistémologique il conviendra d'axer la problématisation du sujet. Pour illustrer notre propos, prenons deux exemples de formulation de sujets tombés lors de la session 2014, l'un en collège, l'autre en lycée : « Enseigner les inégalités des sociétés au collège. Quelle place pour l'étude des valeurs de justice et d'égalité en géographie ? » ; « Enseigner les espaces ruraux français en classe au lycée : quelle place pour la géographie rurale dans la géographie d'aujourd'hui ? ».

Si la formulation du sujet se trouve ainsi bien balisée par des consignes qui en façonnent le libellé, semblablement, la conception des dossiers repose sur une conception uniforme.

En première partie figurent deux documents relatifs à la présentation de la situation professionnelle.

Le document n°1 : il peut s'agir soit d'un extrait des programmes scolaires provenant d'une page de manuel ou d'une fiche *Eduscol*, soit d'un extrait de fiche ressource. Dans les deux cas ce document concerne la thématique de l'intitulé du dossier.

Précisons d'ores et déjà qu'il importe de savoir faire la différence entre ces deux types de documents. *Les programmes d'enseignement ont un caractère officiel* et s'imposent aux enseignant.e.s qui ont obligation de les appliquer. Ils ont été pensés et conçus par des Inspecteurs généraux, des universitaires, des chercheurs, des spécialistes du système éducatif, des représentants élus de la nation et des personnes issues de la société civile. La fabrique des programmes est explicitée sur le site[1] du Ministère de l'Éducation nationale ; ce n'est pas perdre son temps que d'aller y jeter un coup d'œil. Notons que les programmes sont régulièrement redéfinis. *En revanche, les fiches ressources ne sont pas des textes réglementaires qui s'imposent aux enseignants*. Ces fiches, publiées sur le site *Eduscol* du Ministère de l'Éducation nationale, sont élaborées par l'Inspection générale dans le souci d'apporter aux enseignant.e.s des pistes de réflexion pour faciliter, stimuler et simplifier la mise en œuvre des démarches imposées par les programmes. Mais les enseignant.e.s restent toutefois bien libres de les appliquer ou pas. La différence entre ces deux types de documents étant effectuée, il convient de rappeler avec force que vous avez tout intérêt à vous familiariser le plus rapidement possible avec ces documents qui permettent une meilleure compréhension des programmes. Plus tôt vous commencerez à les côtoyer, mieux ils seront assimilés.

Le document n°2 : il est généralement constitué d'une double page de manuel scolaire, toujours en lien avec la thématique de l'intitulé du dossier. Ce document est bien sûr conforme au niveau formulé dans le titre du dossier,

---

1. http://www.education.gouv.fr/cid75495/le-conseil-superieur-des-programmes.html #La_fabrique_des_programmes, page consultée le 11 novembre 2014.

c'est-à-dire issu soit d'un manuel de « collège », soit d'un manuel de « lycée ». Un rapide commentaire s'impose concernant l'analyse qui est parfois faite de ce document. En effet, trop souvent les candidat.e.s présentent les manuels scolaires comme des équivalents de programmes scolaires. Or ce n'est pas le cas. Il faut bien tenir compte du fait que les manuels scolaires, publiés par des éditeurs privés, ne sont qu'une *interprétation des programmes officiels*. Ainsi, aucun manuel n'est imposé par le Ministère et les enseignant.e.s sont libres de choisir le manuel qu'ils ou elles jugent le plus pertinent et le plus adapté à leurs élèves. Savoir critiquer un manuel, au sens où la critique constitue un examen raisonné qui s'attache à relever les qualités et les défauts, fait donc partie des savoirs qu'on attend d'un.e enseignant.e et, a fortiori d'un.e candidat.e au CAPES. Précisément, les choix éditoriaux de cette double page de manuel, les partis pris scientifiques, la pertinence des documents au regard du contenu des programmes doivent être analysés et discutés. C'est la raison pour laquelle il est judicieux de mettre en relation ce document 2 avec les documents 1 et 3.

En deuxième partie figure le document relatif à l'analyse scientifique.

Le document n°3 : Constitué d'une carte et/ou d'un texte, d'un organigramme, d'un schéma... il est l'œuvre d'un.e scientifique. Ce document joue un rôle crucial dans l'organisation de la réflexion générale du dossier. Mis en relation avec les deux documents précédents, il va permettre de faire le lien entre géographie scolaire et géographie scientifique. Le jury attend une analyse fine de ce document, éventuellement de son auteur, de l'ouvrage dans lequel il se trouve, en termes de contenu et d'insertion plus large dans l'histoire de la discipline.

En troisième partie figure le document relatif à la dimension civique de la situation professionnelle.

Le document n°4 : il s'agit d'un document propre à la dimension civique de l'enseignement, en lien précisément avec les programmes d'éducation civique (en collège) ou d'Éducation Civique, Juridique et Sociale (ECJS, en lycée). Ce document peut être une page de manuel d'éducation civique, un extrait des programmes d'éducation civique ou d'ECJS, un article de presse, une publicité, une photographie... Son rôle consiste à rappeler la dimension civique de l'enseignement de la géographie, puisque, au cours de leur scolarité, les élèves apprennent aussi à devenir des citoyens.

Les attentes du jury

La structuration du dossier, toujours identique comme nous venons de le voir, influe grandement sur la manière dont la réflexion doit être menée par les candidat.e.s, et sur ce que le jury attend comme présentation. En effet, la logique du dossier invite à partir des programmes et de leurs transpositions dans les manuels scolaires, avant d'évoquer les savoirs scientifiques qui en sont les fondements. Enfin, la dernière partie nécessite de la part des candidat.e.s une mobilisation de leurs connaissances en matière d'éducation civique, en lien avec l'intitulé du sujet si la thématique s'y prête, ou, plus généralement, avec l'enseignement de la géographie. Finalement, le dossier, tel qu'il est conçu, invite à réfléchir selon une double perspective. D'une part il convient d'analyser la situation professionnelle telle qu'elle émerge à partir du titre *et* du sous-titre, ainsi que des différents documents soumis à la réflexion des candidat.e.s, dans leurs relations étroites avec les objectifs du programme et les divers impératifs de transmission des savoirs. Et d'autre part, il est indispensable d'identifier, de discuter, d'analyser les divers enjeux épistémologiques et civiques propres à cette situation professionnelle.

La conjugaison des finalités didactiques, scientifiques et civiques permet ainsi de mener à bien une analyse épistémologique de la géographie comme discipline scolaire, articulée aux programmes scolaires, qui constituent la commande institutionnelle. L'objectif fondamental de cette épreuve consiste donc avant tout à évaluer la capacité professionnelle du candidat à appréhender une situation d'enseignement donnée dans ses multiples dimensions : connaissances scientifiques de la thématique abordée, connaissances épistémologiques des débats qui animent la communauté des géographes à son propos, réflexions argumentées sur leur prise en compte dans la rédaction des programmes (et réciproquement) et capacité à critiquer, analyser les différentes traductions scientifiques et didactiques dans la double page de manuel scolaire présentée dans le dossier : quels choix les éditeurs ont-ils effectué, quelles notions intellectuelles et didactiques se trouvent mobilisées pour traiter le thème en question, quels documents sont retenus, quelles questions, quelles légendes accompagnent le document ? Les documents de nature épistémologique (document 3) et civique (document 4) viennent ainsi éclairer la situation d'enseignement proposée par les documents 1 et 2.

Comme le rappellent les rédacteurs du rapport du jury de la session 2014, il est attendu des candidat.e.s qu'ils et elles montrent leur capacité à mettre en perspective intellectuelle, didactique, épistémologique et civique leur culture géographique. Ces diverses finalités se trouvent ainsi mobilisées pour être pensées en interrelation les unes avec les autres, dans un souci de montrer comment les mutations de la discipline percolent, ou pas, dans la géographie enseignée. Les finalités inhérentes à l'épistémologie de la géographie, combinées aux missions assignées à l'École et aux processus d'élaboration des programmes scolaires participent de cette fabrique de la géographie scolaire.

La préparation de l'épreuve suppose bien sûr une bonne maîtrise de la littérature scientifique et didactique inhérente à l'épistémologie et la didactique de la géographie.

Les lectures nécessaires (épistémologie et didactique)

Il est fortement conseillé aux candidat.e.s de lire les manuels de géographie du second degré et de compulser les programmes et fiches ressources qui sont en ligne sur le site du Ministère.

Manuels d'épistémologie de la géographie :

BAILLY, A., FERRAS, R. & PUMAIN, D., (1992), *Encyclopédie de la géographie*. Paris, Economica.

BAVOUX, J.-J., (2002), *La géographie. Objets, méthodes, débats*. Paris, Colin.

BERDOULAY, V., (1981), *La formation de l'école française de géographie*. Paris, CTHS (réédition 1995).

BRUNET, R., FERRAS, R. & THÉRY, H., (1992), *Les mots de la géographie. Dictionnaire critique*. Paris, Belin/Documentation française.

CLAVAL, P., (1999), *Histoire de la géographie française de 1870 à nos jours*, Collection références, Paris, Nathan Université.

CLERC, P., (dir.), (2012), *Géographies. Épistémologie et histoire des savoirs sur l'espace*, Paris, CNED SEDES.

DENEUX, J.-F., (2006), *Histoire de la pensée géographique*. Paris, Belin.

FRÉMONT, A., (2005), *Aimez-vous la géographie ?* Paris, Flammarion.

GRATALOUP, C., (2010), *L'invention des continents*. Paris, Larousse.

LÉVY, J. & LUSSAULT, M. (dir.), (2003) *Dictionnaire de la géographie et de l'espace des sociétés*. Paris, Belin.

LUSSAULT, M., (2007), *L'homme spatial. La construction sociale de l'espace humain*. Paris, Seuil.

LUSSAULT, M., (2009), *De la lutte des classes à la lutte des places*. Paris, Grasset.

MARCONIS, R., (1996), *Introduction à la géographie*. Paris, Colin.

PELLETIER, Ph., (2009), *Élisée Reclus, géographie et anarchie*, Paris, Éditions du Monde libertaire.

RETAILLE, D., (1997), *Le monde du géographe*, Paris, Presses de Sciences Po.

SCHEIBLING, J., (2011), *Qu'est-ce que la géographie ?* Paris, Hachette.

STASZAK, J.-F., (1997), *Les discours du géographe*, Paris, L'Harmattan, Géographie et Cultures.

Manuels sur l'enseignement et la didactique de la géographie

LE ROUX, A., (2005), *Didactique de la géographie*, Caen, Presses Universitaires de Caen.

LEFORT, I., (1992), *La lettre et l'esprit. Géographie scolaire et géographie savante en France*. Paris, CNRS.

LEININGER-FREZAL, C., (2009). *Le développement durable et ses enjeux éducatifs, acteurs, savoirs, stratégies territoriales*, Université Lyon 2, Thèse de Doctorat en ligne. http://tel.archives-ouvertes.fr/tel-00449803_v1/

SIERRA, P., (2011), *La géographie. Concepts, savoirs et enseignements*, Paris, Armand Colin.

THEMINES, J. F., (2006), *Enseigner la géographie : un métier qui s'apprend*, CRDP Basse Normandie, Hachette Éducation.

Revues en ligne :

La consultation de nombreux sites et revues en ligne peut être d'une grande aide. Dans son blog Géographie de la ville en guerre[1], Bénédicte Tratnjek en a établi un précieux recensement. Voici quelques liens incontournables :

Belgeo (Revue belge de géographie) : http://www.openedition.org/9350

Carnets de géographes (Un nouvel espace de publication en géographie, hors des sentiers battus) : http://www.carnetsdegeographes.org/

Cybergeo (Revue européenne de géographie) : http://cybergeo.revues.org/

EspacesTemps.net (Revue interdisciplinaire de sciences sociales à la rencontre d'autres disciplines) : http://www.espacestemps.net/

Géographie & Cultures (Revue de géographie culturelle) : http://gc.revues.org/

Hérodote (Revue de géographie et de géopolitique) : http://www.cairn.info/revue-herodote-2014-1.htm

Hypergéo (Encyclopédie en ligne de géographie) : http://www.hypergeo.eu/

Justice spatiale (Revue sur les justices et injustices spatiales) : http://www.jssj.org/

L'espace politique (Revue en ligne de géographie politique et de géopolitique) : http://espacepolitique.revues.org/

Mappemonde (Revue qui s'intéresse aux images géographiques sous toutes leurs formes) : http://mappemonde.mgm.fr/

Norois (Environnement Aménagement Société) : http://norois.revues.org/

Territoire en mouvement (Revue de Géographie et d'Aménagement) http://tem.revues.org/

Urbia (Cahiers du développement urbain durable) : http://www.unil.ch/ouvdd/fr/home/menuinst/les-publications/urbia.html

Sites et blogs de géographie en ligne

Actes du Festival international de géographie (le Woodstock de la géographie !) : http://www.cndp.fr/fig-st-die/

Diploweb (Revue géopolitique en ligne) : http://www.diploweb.com/

Géoconfluences (Publications scientifiques savoirs et formation en géographie) :
http://geoconfluences.ens-lyon.fr/

Visions cartographiques (Un site de cartographie radicale) : http://blog.mondediplo.net/-Visions-cartographiques-

Des sites de ressources pédagogiques

aggiornamento hist-geo (Réflexions et propositions pour un renouvellement de l'enseignement de l'histoire et de la géographie du primaire à l'université) : http://aggiornamento.hypotheses.org/

Café pédagogique (Actualité pédagogique) : http://www.cafepedagogique.net/Pages/Accueil.aspx

Didagéo (Didactique de la géographie) http://didageo.blogspot.fr/

Dossiers documentaires Géographie (Étienne Augris) http://dossiers-geo.blogspot.fr/

Les Clionautes (Association de culture professionnelle) : http://www.clionautes.org/

L'histgeobox (Programmes d'histoire-géographie en musique) : http://lhistgeobox.blogspot.fr/

Portail des blogs histoire-géo (Sélection de blogs) : http://portail-histoire-geo.blogspot.fr/

---

1. http://geographie-ville-en-guerre.blogspot.fr/p/la-geographie-en-quelques-liens.html

Des émissions de radio et de télévision

360° Géo Reportage (émission de télévision, Arte)

Géopolitique le débat (émission de radio, RFI)

Le Dessous des cartes (émission de télévision, animée par Jean-Christophe Victor, Arte) http://ddc.arte.tv/

Les Grands Espaces (émission de radio, Rémi Desmoulière et Thibaut Sardier, ENS-Lyon)

Planète Terre (émission de radio, animée par Sylvain Kahn, France Culture) http://www.franceculture.fr/emission-planete-terre

Sur la route (émission de radio, animée par Olivia Gesbert, France Culture)

Terre à terre (émission de radio, animée par Ruth Stégassy, France Culture) http://www.franceculture.fr/emission-terre-a-terre

Villes-Mondes (émission de radio, animée par Catherine Liber, France Culture) http://www.franceculture.fr/emission-villes-mondes

L'exposé

Le moment des oraux constitue bien sûr un moment crucial. Or trop de candidat.e.s arrivent épuisé.e.s avant même de commencer leur exposé ou s'effondrent littéralement lors des questions de reprise. Ménager ses forces afin de pouvoir puiser dans ses réserves pour les épreuves orales représente une des clefs du succès.

Précisons également qu'il est impardonnable d'arriver aux épreuves orales sans jamais avoir passé aucune colle orale. Il faut bien sûr s'inscrire, passer soi-même des colles, et assister en tant que spectateur à d'autres colles, en histoire et en géographie. Mais cela ne suffit pas. Vous avez, par surcroît, grandement intérêt à plancher entre vous. Cet exercice permet en effet de prendre une distance critique et de percevoir comment les propos des candidat.e.s sont « entendus » lorsque des questions doivent être pensées pour alimenter la reprise qui suit l'exposé. Il faut « jouer le jeu », tant sur la forme que sur le fond : le jury d'entraînement reste silencieux pendant l'exposé et procède ensuite à une reprise sérieuse. Compte tenu des multiples intérêts de ces préparations orales qui précèdent les épreuves orales décisives, il serait inconcevable de s'en priver.

Par ailleurs, une fois arrivé à Châlons-en-Champagne, il est recommandé d'assister à des épreuves orales avant de les passer soi-même. Certain.e.s candidat.e.s assistent à un oral « avec » le jury devant lequel ils ou elles passeront ensuite. D'autres préfèrent assister à un oral avec une autre commission. Il n'est pas certain qu'une décision soit préférable à une autre, même si ce moment peut aider à se faire une première impression du jury qui va vous évaluer. Cette immersion permet aussi de se familiariser avec la disposition et l'aménagement de la salle : Où se trouve le rétroprojecteur ? Comment s'allume-t-il ? Est-il silencieux ou bruyant ? La salle est-elle claire ou sombre ? Où se trouvent les membres du jury ? De quelles manières posent-ils leurs questions ? Leurs noms sont écrits sur des chevalets disposés devant chacun d'eux. Les spectateurs, généralement installés sur les côtés, n'ont pas droit à la prise de notes. Vous pouvez tenter de mémoriser ces noms. Cependant, ne soyez pas étonné.e si le jury est sensiblement différent lors de votre passage. Il arrive en effet que des permutations adviennent, généralement pour éviter que des membres du jury interrogent leurs propres étudiant.e.s.

Votre jour d'exposé arrive. Et vous êtes bien préparé.e puisque vous avez suivi les conseils précédents. La veille du premier oral vous avez tiré la discipline qui fait l'objet de votre interrogation en mise en situation professionnelle (la leçon), qui a donc indirectement déterminé celle de votre dossier en analyse de situation professionnelle. Vous vous rendez, un peu avant l'heure indiquée sur votre convocation, en salle de tirage. N'oubliez surtout pas votre convocation et une pièce d'identité qui seront toutes deux contrôlées par les appariteurs. Ces derniers vous accompagnent ensuite en salle de préparation, rappellent les règles de l'épreuve puis ouvrent les sujets. Deux ou trois vagues de candidat.e.s planchent ainsi, en barrettes, sur le même dossier. Un dictionnaire de langue française (Petit Robert, Petit Larousse), les programmes d'enseignement de collège et lycée général, des feuilles de brouillon, des transparents et des feutres (parfois un peu usés en fin de session, pensez donc à apporter les vôtres) sont à votre disposition.

Comment gérer ce temps de préparation ? Pour la session 2015, le temps de préparation sera encore de deux heures. Inutile de dire que c'est peu et qu'il va falloir être extrêmement efficace.

Passer une dizaine de minutes à lire le sujet, à le relire et à en analyser chacun des termes n'a sans doute rien d'excessif. Notez sur une feuille tout ce qui vous vient en tête ; auteurs, ouvrages, débats, idées en lien avec le titre et le sous-titre de l'intitulé du sujet.

Dans le cadre d'une préparation de 2 heures, il faut ensuite absolument éviter de perdre trop de temps. Abandonnez l'idée d'un plan parfait et original s'il ne se dessine pas rapidement. Votre plan devra respecter un certain nombre de principes : il reprendra les énoncés des trois parties présentées dans le dossier qui formeront le canevas des trois parties de l'exposé. Et il sera organisé autour du document 3, document central du dossier, qui éclaire la problématique et constitue le deuxième énoncé du sujet. Si l'épreuve passe à 4 heures de préparation, vous aurez davantage de temps pour préparer votre plan et le jury sera donc plus exigeant de ce point de vue.

Voici maintenant quelques conseils pratiques pour construire votre problématique et votre plan :

La première partie du plan s'organise autour de la double page de manuel du document 2. Ce document doit être doublement mis en perspective : avec le document 1 qui permet à la fois de replacer la situation dans le programme scolaire et de montrer quand et selon quelles logiques intellectuelles elle intervient dans ce dernier et avec le document 3 qui permet de souligner les enjeux de la situation d'un point de vue scientifique. Cette dernière partie permet de faire la transition avec la deuxième partie du plan.

La deuxième partie du plan s'organise cette fois-ci autour du document 3. L'analyse de ce document permet de resituer les enjeux soulevés par l'analyse du document 2 mais cette fois-ci dans une perspective épistémologique plus large. D'ailleurs, au cours de cette partie de votre exposé, toutes les évocations relatives à des exemples ou études de cas complémentaires, toutes les mentions faites de travaux de géographes et accessoirement de chercheurs en sciences sociales sont salutaires. N'hésitez surtout pas à puiser dans votre culture personnelle. C'est précisément pour cette raison qu'il est nécessaire de noter toutes les références qui vous passent par la tête pendant les dix premières minutes où vous analysez le titre de votre sujet. Après, vous êtes souvent trop absorbé.e.s par votre sujet pour retrouver des références plus ou moins connexes.

La troisième et dernière partie s'organise autour d'une réflexion sur les enjeux civiques, en liaison avec le sujet et en exploitant le document 4. Toutefois, il est parfois difficile de lier le document 4 au reste du dossier. Dans ce cas, il est possible de faire un développement séparé du document 4. Sinon le document 4 s'analyse à la fois à la lumière du document 3 et en réponse à la question soulevée dans l'intitulé de cette partie.

Cette proposition de plan est purement indicative. Inutile de préciser que ce n'est évidemment pas le nombre de parties qui déterminera la qualité de la prestation mais la réflexion qui place la situation d'enseignement au centre des interrogations multiples et qui croise, avec pertinence, ces diverses approches pour lui donner du sens. Il faut par ailleurs veiller à ce que la conclusion réponde bien au libellé du sujet. N'oubliez pas qu'un croquis est toujours bienvenu en géographie. Si vous en avez le temps, vous le dessinerez sur un transparent. Sinon, vous pourrez le réaliser au tableau pendant le temps de votre exposé, en commentant ce que vous êtes en train de figurer.

Arrive ensuite le moment où des appariteurs et apparitrices viennent vous chercher pour vous conduire jusqu'à votre salle de passage (après un passage par les toilettes). Un membre du jury vous fait entrer, ainsi que les visiteurs s'il y en a. Le ou la président.e de commission vous rappelle les modalités de l'épreuve pendant que vous vous installez, disposez vos notes sur le bureau, buvez éventuellement un verre d'eau et réglez le rétroprojecteur. Attention, le jury accorde une grande importance au respect du temps. Au-delà des trente minutes vous serez interrompu, en deçà il risque de vous le faire remarquer.

Vous commencez votre oral. Il va de soi que pour ce jour-là il vaut mieux paraître sous des atours et dehors convenables : ni trop ni trop peu. Sans être complètement endimanché.e, n'arrivez pas entièrement négligé.e. Il est préférable de présenter l'exposé debout. Le jury vous proposera de vous asseoir pour la deuxième partie de l'entretien. Exprimez-vous le plus clairement possible, en vous détachant de vos notes et en regardant régulièrement les membres du jury. Ne soyez pas statique ; occupez l'espace et ne tournez pas le dos au jury. Attention, cela ne signifie toutefois pas qu'il faille venir vous installer juste devant les tables des examinateurs et n'en plus bouger jusqu'à la fin de l'exposé ! Ils ont en leur possession le dossier sur lequel vous avez travaillé. Ils et elles peuvent donc suivre votre raisonnement si vous leur indiquez quel document observer. Si le jury évalue bien sûr les connaissances des candidat.e.s, il demeure également extrêmement attentif à votre aisance et votre spontanéité, qualités requises pour le métier d'enseignant.e. Vous n'avez pas le temps d'écrire le plan au tableau. Il est préférable de l'écrire sur un transparent et de le projeter à l'issue de votre introduction et de l'annonce de votre problématique. Certain.e.s révèlent le plan au fur et à mesure de leur exposé, en plaçant une feuille blanche pour cacher la suite. C'est ennuyeux à la longue. Cela empêche souvent le jury de noter le plan et d'en comprendre la logique. Et soyons francs, le suspense d'un dévoilement de plan reste assez fade. En revanche, écrivez les noms des auteurs que vous citez au fur et à mesure de votre exposé. Entraînez-vous donc également à vous déplacer du projecteur au tableau et réciproquement. Imaginez mentalement ces déplacements afin de les maîtriser malgré le stress le jour J.

Généralement les candidat.e.s commencent par définir les termes du sujet en utilisant les ouvrages qui se trouvaient à leur disposition dans la salle de préparation, à savoir le Petit Larousse ou le Petit Robert. Faute de mieux, cela peut se comprendre ; cependant une précision plus rigoureuse dans l'utilisation du vocabulaire scientifique est exigée. Il est donc indispensable d'assimiler en amont ce vocabulaire. Les dictionnaires de géographie, en papier et en ligne, ainsi que les glossaires des manuels du secondaire sont d'une grande utilité. Pour bien assimiler ce vocabulaire, il est fortement recommandé de constituer, dès le début des révisions, son propre répertoire.

L'entretien avec le jury

Au terme de l'exposé, le jury propose généralement de se désaltérer et de s'asseoir. Si toutefois il oubliait, n'hésitez pas à demander, poliment, si vous pouvez boire et/ou vous asseoir. Il convient de rester très concentré.e pour cette deuxième partie, importante, de l'épreuve qui va durer entre vingt-cinq et trente minutes Vous aurez en effet successivement un échange d'un peu moins de dix minutes avec chacun des membres du jury. D'une manière générale, le premier examinateur interroge sur la dimension didactique de votre exposé et essaie de vous faire préciser, voire de corriger certaines de vos affirmations ; le deuxième questionne sur la dimension épistémologique et revient éventuellement sur certains aspects présents dans le dossier qui n'auraient pas été abordés lors de l'exposé ; enfin le troisième revient sur les dimensions civiques et sociales du sujet.

Ne baissez pas les bras. Battez-vous, avec sincérité, calme et respect. Enseigner n'est pas un métier toujours facile. Le jury ne « recrutera » pas quelqu'un qui baisse les bras à la première difficulté. Montrez vos aptitudes aux débats. Écoutez bien les questions qui vous sont posées et ne coupez pas la parole à l'examinateur qui vous interroge. Prenez le temps de réfléchir afin de répondre le plus précisément possible. Le jury apprécie de voir comment vous raisonnez et par quels cheminements intellectuels vous passez pour répondre. Contrairement à ce que beaucoup de candidat.e.s pensent, les examinateurs ne cherchent pas à vous mettre en difficulté. L'entretien a précisément pour objectif de vous amener à approfondir votre réflexion professionnelle dans les différentes dimensions déjà mentionnées. Le jury essaie de vous faire préciser certains propos peut-être un peu rapidement tenus lors de l'exposé et, dans tous les cas, de voir jusqu'où vous pouvez aller, d'un point de vue intellectuel, dans l'échange et la réflexion.

En définitive, l'épreuve exige une solide culture générale, acquise tout au long des études, une connaissance des contenus d'enseignement et des programmes dispensés de la sixième à la terminale, une bonne réflexion sur les finalités et l'évolution de la discipline et ses rapports avec d'autres disciplines des sciences humaines et sociales, une maîtrise de la compréhension de l'élaboration des savoirs disciplinaires et de leur enseignement, ainsi que des grands débats qui les traversent. La familiarité avec les programmes et les fiches *Eduscol* s'avère indispensable pour maîtriser les programmes, leurs découpages thématiques, leurs objectifs, leur progressivité de la sixième à la terminale et pour appréhender leur articulation avec les courants épistémologiques et historiographiques. Les modalités des épreuves du diplôme national du brevet et du baccalauréat doivent être maîtrisées. Et, dans les grandes lignes, des termes comme « socle commun de connaissances et de compétences », « Charte de la laïcité » ou les diverses « éducations à… » (éducation artistique et culturelle, éducation aux médias, au développement durable, au développement et à la solidarité internationale, à la responsabilité face aux risques, à la sécurité, à la défense, à la santé, au numérique…) ne doivent pas être inconnus. On ne saurait par ailleurs que trop conseiller la lecture de la presse quotidienne, des manuels d'éducation civique afin de montrer une certaine aisance avec le fonctionnement des institutions, les valeurs et principes de la République, ou le paysage politique français. Il va de soi que les grands débats sociétaux et politiques, aux implications politiques et géopolitiques souvent majeures, ne doivent pas être ignorés d'un.e futur.e enseignant.e d'histoire-géographie-éducation civique.

Troisième partie
Sujets corrigés

13. Écrit 1. Composition (histoire médiévale et moderne) : Le prince en ses demeures (France, Italie, XIVᵉ-XVIIIᵉ siècle)[1]

Réflexion sur le sujet

Le sujet doit être compris comme « le prince en ses demeures » et non « les demeures princières », ce qui doit focaliser l'attention sur la personne princière et la manière dont elle se sert de ses demeures à des fins politiques, et ceci de manière antérieure à la théorisation de la politisation de l'architecture. Charles V et son maître d'œuvre attitré, Raymond du Temple, n'ont pas attendu Léon Battista Alberti pour comprendre le profit qu'ils pouvaient tirer de la multiplication des demeures royales et de leur réorganisation.

Termes du sujet

Le terme de prince doit être compris au sens large, à savoir celui qui règne en souverain sur un territoire donné, qu'il y ait droit ou non, définition qui rejoint en dernier ressort celle de Machiavel et englobe rois et grands vassaux en France, chefs politiques et militaires dégagés de la tutelle impériale en Italie du Nord, de la tutelle pontificale dans l'Italie centrale. Il faut en outre y inclure le pape lui-même et les dignitaires de l'Église que sont les cardinaux. Le terme de demeure doit lui aussi être interrogé de manière large puisque c'est l'un des enjeux principaux du sujet qui incite à ne pas se limiter au siège principal du pouvoir princier mais à englober dans la réflexion l'ensemble des résidences princières de manière à pouvoir envisager la complexité des relations qui les relient entre elles et la manière dont elles manifestent la magnificence princière.

Bornes géographiques et articulations chronologiques

Les bornes géographiques ont été posées dans la définition globale du programme, à savoir le royaume de France dans son acception la plus large possible, incluant donc à la fois la Flandre et la Provence, et les trois grandes zones de la péninsule italienne que sont l'Italie communale puis princière sous souveraineté impériale, les États pontificaux et le royaume de Naples. On

---

1. Ce sujet correspond à la question de CAPES « Le Prince et les arts, France, Italie, XIVᵉ-XVIIIᵉ siècle ».

rappellera ici pour mémoire que le programme exclut de fait les systèmes considérés comme républicains (Sienne, Gênes, Venise) à l'exception de Florence, devenue siège d'une principauté à l'époque moderne.

Du point de vue des articulations chronologiques, il convient avant tout de se méfier des faux-semblants. On sait à quel point le découpage entre les périodes médiévale et moderne est artificiel et le bas Moyen-Âge ne peut pas être ici réduit au temps des forteresses féodales que l'on opposerait aux palais largement ouverts des XVIIe et XVIIIe siècles sauf à faire un contresens complet sur le sujet et ceci même si l'abandon des impératifs de défense dans le cours du XVIe siècle provoque une mutation architecturale. Une première inflexion chronologique peut être signalée en soulignant que le terme d'architecture n'apparaît en français qu'en 1504 et que ce néologisme doit plus à la remise en lumière de l'architecture par Léon Battista Alberti en 1452 dans son *De re aedificatoria* qu'au latin de Vitruve auquel son traité fait référence. Le milieu du XVe siècle marque le passage du maître d'œuvre qui dirige personnellement son chantier et commande à des équipes de maçons à l'architecte, conçu comme un créateur de formes, à l'exemple de Bramante sur les chantiers milanais (Sant'Ambrogio, Santa Maria delle Grazie) où agissent comme maîtres d'œuvre les Solari. De même peut-on également souligner deux éléments fondamentaux : d'une part, l'évolution de l'art de la guerre conduit, dans le courant du XVIIe siècle, à déplacer la défense sur les frontières des principautés par le biais de citadelles où ne réside plus le prince mais qui sont dotées d'une simple fonction militaire ; d'autre part, le sensible renforcement de la « société de cour » (Norbert Elias) et la théâtralisation croissante de l'exercice du pouvoir princier imposent de nouveaux aménagements qui intègrent de nouvelles formes d'expression artistique (l'opéra ou le ballet par exemple) et prennent en compte la dilatation de l'espace princier (parcs et jardins qui donnent désormais à voir de complexes jeux d'eau). Il s'agit toutefois plus d'inflexion que de ruptures nettes : l'organisation d'une cour royale se lit dès le début du XIVe siècle en France et elle s'accompagne déjà de cérémonies dont le faste va augmenter. De même, entre les jardins de Charles au Louvre et ceux de Versailles ou entre ceux des Médicis au palais Medici-Riccardi et les fameux jardins de Boboli jouxtant le palais Pitti, le changement est d'échelle, il n'est pas de nature.

Questionnement

On peut partir de la réflexion menée par Patrick Boucheron sur « le pouvoir de bâtir » à travers l'exemple des seigneurs puis ducs de Milan en élargissant son propos à un « pouvoir de résider » qui ne se résumerait pas à un art de bâtir mais prendrait en compte les différentes manifestations et utilisations des demeures princières pour tenter de saisir ce concept dans sa globalité. En la matière, on peut s'interroger par exemple sur les changements de résidence princiers qui se jouent tant à l'échelle spatiale (les différentes résidences d'un même prince) que temporelles (les résidences successives d'une même dynastie).

Choix du plan

Pour les raisons évoquées plus haut, le plan ne saurait être chronologique, car il masquerait les continuités inhérentes au sujet et risquerait de se contenter de faire apparaître les différences architecturales là où le cœur du sujet dépasse cette seule question. Il ne saurait cependant se réduire à une simple typologie des résidences princières. On a fait ici le choix d'un plan thématique qui ne dissimule pas les évolutions chronologiques mais entend mettre l'accent sur une certaine cohérence dans l'utilisation que les princes font de leurs demeures.

    I. « Ce que veut bâtir veut dire » ou l'architecture comme signe du politique
        1. Le choix de bâtir ou les métamorphoses du pouvoir
        2. Le prince-architecte ou la conception du projet princier
        3. Les chantiers princiers
    II. Du décor du prince au prince-décor : la théâtralisation du pouvoir
        1. Le prince, pilier et centre vivant de sa demeure
        2. Le décor princier ou l'euphémisation du pouvoir
        3. De l'art de la cérémonie princière : le prince mis en scène
    III. Les nécessaires arcanes du pouvoir
        1. D'une résidence l'autre : la stratégie de la fuite
        2. L'accès au prince : filtres et hiérarchisation
        3. De l'art de gouverner ou l'espace du retrait

Dans les devoirs rédigés ci-dessous, et par souci pédagogique, nous avons indiqué entre [crochets] les différentes subdivisions, mais aucune de celles-ci ne doit apparaître dans une dissertation de concours.

Sujet rédigé

[Introduction]

[Accroche]

« C'est trop plus grant magnificence et meilleur chose de faire un temple ou un palais longuement durable de quoy il est aussi comme perpetuel memoire de celuy qui l'a fait et proffit au bien publique, que de faire une tele chose bele et jolie et de petite duree. » C'est ainsi que Nicole Oresme, dans la traduction de l'*Éthique* d'Aristote qu'il réalise à la demande de Charles V, établit le lien entre magnificence du prince et désir de bâtir, qu'il s'agisse d'un palais ou d'une construction de nature religieuse. Une telle citation est révélatrice du primat donné à l'architecture, ce domaine constituant ce qui est le plus lisible dans le mécénat de ces princes, détenteurs sur un territoire donné d'une souveraineté, de fait ou de droit, en France comme en Italie.

[Définitions des termes du sujet, réflexion]

C'est en effet par sa demeure – que cette dernière représente un espace de résidence quasi-permanent, un espace d'exercice du pouvoir ou le lieu d'un séjour plus occasionnel – que le prince, même en son absence, marque le territoire sur lequel il exerce sa souveraineté. C'est également par son entremise que le prince se rend visible à ses sujets et, selon des modalités qu'il conviendra de préciser, entre en contact avec eux. Dans son *De re aedificatoria* composé en 1452, Léon Battista Alberti, concepteur du Tempio Malestiano de Rimini pour Sigismond Malatesta et de l'église Sant'Andrea de Mantoue pour les Gonzague, est le premier à théoriser l'architecture comme un art de la persuasion et à la définir en tant que langage vernaculaire en ce sens qu'elle est accessible à tous et de manière immédiate. À ses yeux, l'esthétique rendrait inviolable le pouvoir des princes, si bien que le palais princier doit dénoter une force qui est d'autant plus efficiente qu'elle est euphémisée par la beauté. Ce qu'il y aurait de plus efficace et de plus politique dans l'architecture ne serait ainsi rien d'autre que son esthétique parce que le décor orchestré mettrait en état de moindre résistance face à l'argumentaire du prince. Une telle pensée peut être élargie aux demeures princières pour considérer qu'elles ont pour fonction de manifester la force du prince par le détour de la beauté : l'esthétique du palais princier est donc un signifiant de la force princière même s'il est illusoire pour le prince de ne faire reposer sa protection que sur le seul pouvoir de l'esthétisme. Pour Alberti, l'architecture du palais princier est le reflet de son pouvoir. Là où le palais du prince est en position centrale et ouvert aux citoyens, le palais du tyran se veut inaccessible. Là où le Castel Sismondo de Rimini demeure une rocca imprenable, la demeure de Federico da Montefeltro à Urbino renvoie l'image d'un palais plus ouvert : du moins est-ce l'illusion de cette ouverture que projette l'élégante loggia inscrite entre deux colonnettes sur la façade dominant la ville. Néanmoins, cette volonté démonstrative d'afficher le pouvoir dans la pierre a tendance à s'atténuer au fil des siècles ainsi qu'en témoigne, dans la France du XVIIIe siècle, le repli sur des constructions plus intimes à l'instar du Petit Trianon.

Au-delà de la seule façade, l'appréhension globale du phénomène des résidences princières doit aussi prendre en considération l'interpénétration des espaces privés et publics. Toute demeure, y compris les plus intimes, se doit d'articuler fonction d'habitation, de gouvernement et de représentation. Certes le modèle d'organisation peut adopter de légères différences en France et en Italie mais il s'inspire globalement d'un archétype commun, le palais des papes d'Avignon qui articule en un seul ensemble les différents espaces (*aula, camera, capella*) et les diverses fonctions (gouvernement, résidence, liturgique) d'une demeure princière. Ce palais constitue la référence incontournable avant d'être rendu obsolète par la rénovation du palais du Vatican à Rome dans la deuxième moitié du XVe siècle puis par la révolution palatiale que constitue l'édification de Versailles. L'ensemble de la période n'en voit pas moins la répétition d'un schéma quasi-identique : chaque prince tend à se réserver au sein de sa ou de ses résidences des espaces privés progressivement envahis par des fonctions de représentation et d'apparat. Un tel phénomène entraîne un doublement puis un triplement de la chambre royale selon un modèle d'abord pontifical (chambre/chambre de parement) puis royal sous Charles V (chambre de parement/chambre/chambre de retrait) avant d'être transposé en Italie (*camera/anticamera*) et une hiérarchisation croissante des espaces privés qui jouent comme autant de filtres dans l'accès au roi (chambellan puis balustrade), ce dont témoigne l'étiquette de plus en plus discriminante mise en place par Henri III entre 1578 et 1585. L'aboutissement de cette évolution est la théâtralisation du lever et du coucher du roi dans le Versailles de Louis XIV où la chambre, autrefois de retrait, devient le lieu initial d'une mise en scène de la personne princière qui commence avec l'éveil du roi pour ne se terminer qu'à son assoupissement. L'investissement de l'espace intime du roi est alors poussé à un tel point que le roi et ses successeurs sont contraints de se ménager de nouveau des espaces d'intimité en dehors du bâtiment principal (Petit et Grand Trianon, Marly). Mais l'expérience versaillaise montre le lien indissoluble établi entre l'évolution de la résidence princière et la construction progressive d'une « société de cour » (Norbert Élias) dont l'acmé est bien le règne de Louis XIV, avec les contraintes et les risques subséquents dans la mesure où le XVIIIe siècle en voit la remise en cause dès la Régence qui effectue un premier retour du roi à Paris.

[Problématique]

Marqueur territorial, ombre projetée de la personne du prince sur la ville, reflet euphémisé de sa force, la demeure princière fonctionne sur le double modèle d'une épiphanie du prince et des arcanes du pouvoir, synthèse que matérialise l'escalier à vis inventé par Raymond du Temple pour le palais du Louvre qui permet de révéler l'ascension du prince tout en la masquant. Ce n'est autre que cette tension immanente entre le nécessaire visible de la personne du prince et l'indicible nature du pouvoir que révèlent les demeures princières : signal et signe du prince, le palais est « le lieu officiellement privé où se parachève l'image publique du maître des lieux » comme le dit Daniel Arasse à propos du *studiolo* de Federico da Montefeltro à Urbino. Ce mélange indissoluble du sujet et de l'objet n'est cependant exempt ni de contraintes ni de vulnérabilité : c'est bien en investissant Versailles en 1789 et plus encore en s'emparant du palais des Tuileries déserté par le roi en août 1792 que le peuple de Paris désacralise à la fois le lieu de pouvoir et la personne royale en mettant fin à la monarchie de droit divin.

[Annonce du plan]

Pour rendre compte malgré tout du primat de l'architecture, on commencera par s'interroger sur « ce que veut bâtir veut dire » et sur l'architecture en tant que signe du politique avant de se pencher sur la mise en scène du pouvoir que le prince orchestre tant au travers des décors qui ornent ses résidences que des cérémonies qui s'y déploient. Ces dernières, toutefois, ne sont peut-être en fin de compte qu'un trompe-l'œil destiné à détourner les regards de ce qui constitue véritablement les arcanes du pouvoir trouvant à s'incarner dans l'espace de la fuite ou du retrait.

[I. Ce que veut bâtir veut dire ou l'architecture comme signe du politique]

Si bâtir constitue bien le premier des signes matériels du pouvoir princier, la question ne se résume pourtant pas au choix d'un architecte ou d'un type d'architecture. Bâtir ou rebâtir en effet constitue toujours un choix qui traduit des métamorphoses du pouvoir et relève de la seule volonté d'un prince fortement impliqué dans l'édification ou l'aménagement de ses demeures, que ce soit par le soin apporté à la répartition des espaces ou par sa capacité à mobiliser énergies et finances au service de ses entreprises.

[1. Le choix de bâtir ou les métamorphoses du pouvoir]

La citation de Nicole Oresme mise précédemment en exergue insiste sur l'importance du geste de bâtir pour la mémoire princière. Cette dimension mémorielle explique dans bien des cas l'implantation des résidences, laquelle obéit largement à des logiques de continuité dynastique. Le Louvre en est un exemple frappant : la forteresse de Philippe Auguste ayant perdu tout rôle défensif en raison de l'élargissement de l'enceinte de Paris, Charles V la transforme en palais par l'entremise de Raymond du Temple, tout en conservant la grosse tour et certains éléments du règne de Louis IX qui touchent à une dimension mémorielle. Au temps de Charles V, le Louvre, vu comme une fondation capétienne mais réoccupé par les Valois, conforte la légitimité de cette dernière et fragile dynastie. Le Louvre constitue par la suite un chantier permanent de légitimité, une fabrique en soi de la légitimité royale. François Ier l'a bien compris lui qui, en rasant le donjon (1528), fait de la rénovation du Louvre et de sa restructuration confiée à Pierre Lescot avec la « cour carrée » (1546) l'un des grands chantiers de son règne. Mais la démolition de la partie ouest de l'enceinte de Philippe Auguste n'est achevée qu'au début du règne d'Henri II qui ordonne en 1553 le rasement de la partie sud de l'ancienne forteresse. Ses successeurs ne se dégagent qu'à grand-peine de ce modèle depuis Catherine de Médicis qui envisage de réunir le Louvre au palais des Tuileries à Colbert qui préférerait une relance du chantier plutôt que l'édification de Versailles en passant par Henri III qui en fait sa résidence principale. De Philippe Auguste à Louis XIV, le Louvre fonctionne comme cette fabrique de légitimité que chaque dynastie ou branche cadette vient se réapproprier symboliquement comme l'est aussi le palais de la Cité. Jamais en effet, les rois de France n'abandonnent leur palais initial où demeurent, intangibles, la Sainte Chapelle de Saint-Louis et cette *aula* à double nef édifiée du temps de Philippe le Bel où figurent les statues de tous les rois de France depuis Pharamond, *aula* qui est le siège des grandes assemblées politiques du royaume. Lorsque le Louvre prend le pas sur le palais de la Cité, ce dernier demeure néanmoins le siège du Parlement, ce lieu où le roi vient en personne réaffirmer son pouvoir par un lit de justice comme Louis XIV et Louis XV le firent à quelques décennies d'intervalle.

Les princes français et italiens peuvent suivre un schéma identique : le palais ducal de Poitiers de Jean de Berry prend la suite du palais des ducs d'Aquitaine et le duc de Berry fait réaménager l'ancienne *aula* édifiée du temps d'Aliénor d'Aquitaine, ce qui est une réplique politique aux prétentions anglaises sur le duché. À Milan, la reconstruction par le duc Francesco Sforza de sa forteresse à l'emplacement du *Castello Visconteo* détruit par la République Ambrosienne est un autre exemple de cette réoccupation symbolique des lieux de pouvoir, la nouvelle construction intégrant quelques éléments subsistant de la résidence viscontéenne afin de mettre en évidence la continuité Visconti/Sforza. La continuité peut s'avérer plus institutionnelle que dynastique, notamment en Italie, où les princes ont souvent pour demeure une résidence édifiée sur l'emplacement de l'ancien palais communal : l'ancien palais du capitaine du peuple de Mantoue (*Magna Domus*) constitue le cœur initial du palais princier des Gonzague tandis que les Médicis s'empressent de transformer l'ancien palais de la Seigneurie (*Palazzo Vecchio*) en demeure princière dès qu'ils ont mis un terme au régime républicain.

Le choix de bâtir à nouveaux frais une résidence princière manifeste le plus souvent un changement de statut et les métamorphoses successives du pouvoir princier. Un tel phénomène est évident à Florence : du temps de Cosme l'Ancien, les Médicis font le choix d'une implantation conforme à leur statut « officiel » du milieu du XVe siècle en faisant édifier par Michelozzo un palais situé Via Larga au cœur de la paroisse San Lorenzo qui est le centre de leur clientèle, palais dont l'architecture extérieure ne signale pas de manière évidente un statut princier et s'apparente à celle du palais des Rucellai, l'aspiration princière encore inavouable publiquement étant renvoyée aux fresques de Benozzo Gozzoli dans la chapelle des Mages. En revanche, l'accession au titre ducal se traduit par un changement de résidence puisque les Médicis investissent l'ancien palais de la Seigneurie, siège du pouvoir communal. Ils s'en réapproprient certes le capital symbolique mais effacent la mémoire civique par le biais du recouvrement des fresques de Léonard de Vinci consacrées à la bataille d'Anghiari dans la salle des Cinq Cents par celles de Giorgio Vasari mettant en images la conquête de la Toscane – et notamment la prise de Sienne – par Cosme Ier. Le danger d'un retour républicain définitivement écarté, les Médicis peuvent, sous Ferdinand Ier, assumer un véritable statut princier en occupant sur l'autre rive de l'Arno le palais Pitti, réalisé au milieu du XVe siècle par Luca Fancelli pour le banquier Luca Pitti, rival des Médicis, et racheté à Buonaccorso Pitti par Eléonore de Tolède, épouse de Cosme Ier en 1549. En dépit de modalités légèrement différentes, l'évolution est analogue chez les Gonzague de Mantoue et les Este de Ferrare, ces derniers occupant l'ancien palais communal avant de faire édifier le *Castello Estense* par Benvenuto da Imola à partir de 1385 et suite à un complot manqué contre Niccolo II. Pourtant, la domination sur Ferrare assurée, les Este s'installent dans des palais plus ouverts et moins fortifiés, celui de Belfiore d'abord puis le *palazzo Schifanoia* dont les fresques de la salle des Mois manifestent la concession impériale du titre ducal de Modène et Reggio à Borso d'Este en 1452. À Mantoue, c'est avec Frédéric II, 5e marquis et premier duc de Mantoue, que les Gonzague sortent du palais ducal au cœur de la ville pour édifier le *Palazzo Te,* « villa suburbana » et vitrine maniériste d'un mécénat princier qui interpelle et honore le suzerain impérial, Charles Quint venu conférer son titre au nouveau duc (1530) puis lui rendre une seconde visite en 1532.

Ce changement de résidence peut aussi manifester une métamorphose dans l'exercice du pouvoir princier et une modification de ses pratiques. Le Vincennes de Charles V matérialise la pensée politique du règne, à savoir un nouveau mode de gouvernement exercé par le roi en personne entouré de conseillers choisis en fonction de leur compétence plus que de leur rang. Un exercice du pouvoir dont l'héritier lointain mais direct n'est autre que Louis XIV qui réoccupe Vincennes, faisant édifier l'aile de la Reine et du Roi par Le Vau avant que la mise en place de la société de cour ne lui dicte une autre forme architecturale, celle de Versailles.

[2. Le prince-architecte ou la conception du projet princier]

L'un des traits communs à l'ensemble de ces projets n'en demeure pas moins la très forte implication princière dans son élaboration, preuve de l'attention particulière que porte le prince à l'édification de toute nouvelle résidence. Le Palais Neuf d'Avignon est certes réalisé par Jean de Louvres qui, de simple lapicide, devint maître d'œuvre puis seul interlocuteur du pape, se réservant la responsabilité technique du projet, la supervision générale et la négociation des prix. Mais il n'est précisément qu'un maître d'œuvre qui en réfère au pape en ce qui concerne le schéma d'ensemble et Clément VI lui impose d'inscrire son *studium* dans la continuité de la chambre du pape du Palais Vieux. Charles V élabore en étroite collaboration avec Raymond du Temple les plans de réaménagement du Louvre et, plus encore, ceux de Vincennes qui reflètent sa propre conception du pouvoir. Cosme l'Ancien rejeta un projet de Brunelleschi jugé trop ostentatoire au moment où les Florentins lui décernaient le titre de *pater patriae* et prit une part active à la définition du projet médicéen du palais de la Via Larga, y incluant une loggia qui témoignait encore de son activité bancaire et commerciale. L'architecte ou le maître d'œuvre est bien chargé de trouver des solutions techniques (ainsi, l'escalier à vis du Louvre découlant de la volonté de Charles V de conserver le donjon de Philippe Auguste) mais la résidence n'est jamais que la projection dans la pierre de la pensée du prince. L'édification du *Castello Sforzensco* et la présence d'une vaste place d'armes tournée vers Milan et protégeant par son étendue des appartements princiers dirigés vers l'extérieur de la cité doivent ainsi beaucoup à l'expérience militaire de Francesco Sforza même si le Filarète lui conseille d'adoucir l'aspect « tyrannique » de sa façade par une tour carrée placée en son milieu. De même, la répartition des appartements privés de Federico da Montefeltro à Urbino et ce cheminement progressif et vertical qui mène des bains privés du prince au *studiolo* en passant par un *tempietto* dédié aux Muses reflètent la culture humaniste d'un *condottiere* qui choisit de faire de son *studiolo* un espace auquel on accède sans passer par la chambre du prince. L'inscription de la triple *loggia* en façade, encadrée de fines colonnettes, manifeste en outre la figure du prince omniscient, tenant sous son regard l'ensemble de sa ville. Dans ce domaine plus qu'en aucun autre, c'est le prince en personne qui dicte ses volontés et se fait architecte, au risque d'une extrême personnalisation de sa résidence qui rend parfois impossible pour ses successeurs sa réutilisation. Le refus du cardinal Giulio della Rovere de réoccuper les appartements dessinés pour son prédécesseur Rodrigo Borgia ne traduit pas la seule haine de Jules II pour Alexandre VI mais aussi une conception différente du pouvoir pontifical ou du moins de l'image de ce pouvoir que le nouveau pontife entend projeter. Ainsi prend forme la symbolique du « programme » des *Stanze* réalisées par Raphaël pour Jules II et ses successeurs et inspirées par les humanistes néo-platoniciens de la cour pontificale comme Pietro Bembo : la glorification du pouvoir de l'Église face aux monarchies nationales et à l'Empereur.

François Ier, à Chambord comme à Fontainebleau, ou Louis XIV à Versailles, non seulement donnent leur assentiment aux propositions de thèmes allégoriques, voire les suggèrent, mais encore interviennent, « crayon en main », pour modifier les choix de leurs architectes et les programmes esthétiques. Louis XIV, en monarque appliqué aux moindres détails, modifie les plans des bâtiments ou des jardins, impose à Le Brun de renoncer au thème d'Hercule au profit de l'histoire du règne pour le décor de la galerie des Glaces et écrit lui-même un itinéraire de découverte des jardins de Versailles.

[3. Les chantiers princiers]

Aucun de ces chantiers cependant n'est pensable et réalisable sans un engagement financier conséquent. Or, plus qu'aucune entreprise, l'édification d'une nouvelle résidence mobilise des moyens considérables qui permettent de mesurer l'importance que le prince lui accorde. Pour la période médiévale, le chantier de Vincennes est particulièrement bien documenté : dès 1363, 200 maçons, 200 compagnons, 100 valets et 80 tailleurs de pierre travaillent au chantier et, en 1373, ce chantier représenterait à lui seul 3 à 4 % des dépenses totales de la monarchie, son coût global étant estimé à 500 000 livres. À Florence, Cosme de Médicis aurait dépensé plus de 400 000 florins pour le palais de la Via Larga, le couvent San Marco et l'église San Lorenzo. Les huit chantiers circum-parisiens de François Ier, édifiés après la captivité madrilène alors que le roi se retrouve en déficit d'image, prouvent l'investissement du « roi bâtisseur » et ses priorités lorsque sont désertés les bords de la Loire et moins prisée l'œuvre colossale de Chambord. Désormais, Fontainebleau, Saint-Germain-en-Laye et le Louvre, ainsi que les résidences de chasse comme Madrid au bois de Boulogne, concentrent l'attention et les moyens du monarque au cœur de son « système résidentiel ». Le chantier royal le plus colossal est celui de Versailles estimé à environ 82 millions de livres entre 1664 et 1715 (terrassements, jardins et château…) et jusqu'à 100 millions de livres si on y inclut meubles et œuvres d'art, soit 2 % du budget annuel de l'État. Il mobilise, autour de trois générations d'architectes et durant près de 40 ans, jusqu'à 36.000 hommes et autant de chevaux. De 1664 à 1715, le coût des œuvres architecturales de Louis le Grand avoisinerait les 200 millions de livres avec des années fastes (jusqu'à 15 millions en 1686) et des années maigres (à moins de 2 millions) durant les deux dernières guerres du règne.

Au-delà de l'aspect économique, le chantier est un marqueur du pouvoir princier, qui impose une restructuration complète de l'espace urbain. Il peut passer par des entreprises d'expropriation et des travaux de terrassement et d'aménagement du terrain en milieu rural, dont Versailles est un exemple consommé mais non inédit, comme en témoignent les projets de villes « utopiques » de la Renaissance italienne (Pienza, la ville natale de Pie II) ou ceux de Sully et de Richelieu. Le vieux village disparaît et la ville de Versailles, créée quasiment *ex nihilo*, est organisée selon des axes convergeant vers le château, lotie selon une stricte réglementation royale et compte plus de 30 000 habitants à la mort du roi. Au XVIIIe siècle, cette volonté de structuration de l'espace urbain qui dépasse la simple réalisation d'une demeure princière se retrouve à Caserte par la volonté de deux autres Bourbon, Charles VII de Naples (Charles III d'Espagne), puis Ferdinand IV qui, entre 1750 et 1790, confient à Luigi puis Carlo Vanvitelli et à Francesco Collecini la réalisation d'un Versailles napolitain relié à Naples par une avenue monumentale (jamais construite) et accompagnée d'un aqueduc, d'une ville nouvelle (Ferdinandopolis) dont le projet est abandonné lors de l'occupation française en 1799 et de la manufacture de soie de San Leucio dans le cadre d'une « utopie » anticipatrice du saint-simonisme.

La force du prince se mesure donc en partie à sa capacité à entreprendre un chantier, à le mener sur la longue durée et à l'imposer parfois contre vents et marées. *A contrario*, lors des moments de difficultés financières ou de déchirements politiques, le pouvoir princier ou royal, ne peut plus assumer un mécénat monumental marquant : c'est le cas durant les guerres de Religion dans la France des derniers Valois, lors des guerres de la ligue d'Augsbourg et de succession d'Espagne qui ralentissent le chantier versaillais, sous le règne de Louis XVI dont les budgets sont obérés par la dette et le coût de la guerre d'indépendance américaine, ou, en Italie, avec les invasions françaises de la période révolutionnaire durant lesquelles les grands projets sont reportés ou abandonnés (ceux des Bourbons de Naples). Alors, le repli du mécénat apparaît comme une des manifestations de la faiblesse du pouvoir qu'il ne contribue plus à soutenir et à magnifier alors qu'il est l'objet d'une contestation croissante.

Une résidence princière, cependant, ne se résume ni à ses murs, ni à ses plans. Elle doit en effet être appréhendée en tant que le réceptacle d'une vie de cour visant à ordonner la société autour de son souverain et le décor de cérémonies qui sont autant d'occasions de théâtraliser l'exercice du pouvoir.

[II. Du décor du prince au prince-décor : la théâtralisation du pouvoir]

[1. Le prince, pilier et centre vivant de sa demeure]

Le rapport du prince à sa demeure se mesure ainsi à la position qu'il occupe au sein du schéma général d'organisation : Charles V en fait l'expérimentation à Vincennes en plaçant sa chambre au centre du donjon, ce qui le fait apparaître métaphoriquement comme le véritable pilier de l'édifice et, partant, du royaume tout entier. Dans la plupart des résidences, la partie réservée au prince ne se trouve jamais au rez-de-chaussée, lequel peut en revanche comporter une *aula*, mais est plutôt située en élévation, ce qui permet à la fois de théâtraliser les déplacements du prince tout en contraignant les sujets à lever leurs yeux pour admirer la majesté princière. La triple *loggia* du palais d'Urbino qui domine la ville et sur laquelle s'ouvrent les appartements princiers en est une matérialisation parfaite en ce sens qu'elle révèle sans pour autant la dévoiler la présence d'un prince omnipotent sous le regard duquel les sujets se meuvent. De même, au palais Medici-Riccardi, si une chambre se trouve bien au rez-de-chaussée, le véritable espace du prince se situe, lui, au *piano nobile*, un étage inaccessible aux plus humbles des clients des Médicis. L'un des exemples les plus précoces est constitué par la Tour du Pape, premier élément de ce qui allait devenir le Palais Vieux d'Avignon, édifiée sous le pontificat de Benoît XII par son maître d'œuvre Pierre Poisson : les deux pièces les plus importantes y sont la chambre du camérier surmontée par la propre chambre du pape, ces deux pièces se situant sur le plan de la verticalité entre le Trésor Bas en dessous de la chambre du camérier et le Trésor Haut qui surmonte la chambre du pape. Cette logique de verticalité fait apparaître le pape comme le véritable trésor vivant de la Chrétienté et cette position centrale est conservée par Clément VI lors de l'édification du Palais Neuf puisque la chambre du pape va désormais se situer, sur le plan horizontal, entre la chambre de parement et le *studium*. Tant sur le plan horizontal que vertical, le pape apparaît comme le pivot de son palais de même qu'il est le pivot de l'ensemble de la Chrétienté.

Une telle conception architecturale repose sur l'idéologie du « corps politique » du royaume, développée par Jean de Salisbury dont le *Policraticus* est traduit en français sous le règne de Charles V à la demande du souverain. Le royaume y est comparé à un corps humain dont le roi serait la tête et cette conception organiciste imprègne l'ensemble de la pensée politique des XIVe et XVe siècles, voire au-delà car la chambre de Louis le Grand est à la fois le centre géographique et le cœur politique de Versailles. Elle rejoint chez les souverains français l'assimilation du roi au Christ, exacerbée par la mort en martyr de Saint-Louis devant les murs de Tunis en 1270. Le roi est le cœur vivant de son royaume et la sacralité du roi de France explique l'attention particulière portée dans le domaine français à la chapelle, présente certes dans tous les palais princiers, y compris en Italie, mais qui adopte en France le modèle particulier de la Sainte-Chapelle fixé depuis l'époque de Saint-Louis, à savoir un édifice séparé du reste du palais et conservant en son sein des reliques de la Passion. Ce modèle reproduit par Charles V à Vincennes est ensuite dupliqué par ses frères (Louis d'Anjou à Angers, Philippe le Hardi à Dijon, Jean de Berry à Bourges et à Riom) et constitue un élément incontournable de l'affirmation du statut princier au sein de l'espace français. François Ier, en aménageant Fontainebleau, prend bien soi de faire relier la chapelle des Trinitaires à ses appartements par la remarquable galerie qui porte aujourd'hui son nom. Cependant, malgré la piété reconnue à Louis XIV, la chapelle royale à Versailles change quatre fois de place, n'est fixée qu'en 1687 et son édification n'est achevée qu'en 1710 après une longue interruption ; mais son plan, élaboré par Hardouin-Mansart puis par Robert de Cotte, reprend celui de la Sainte-Chapelle, en hommage à Saint-Louis.

La latéralité de l'oratoire privé du prince au sein de la chapelle n'amoindrit en rien sa centralité : elle souligne au contraire que la position centrale du roi ne s'efface que devant celle de Dieu. Seul évidemment, le pape peut aller au-delà dans cette affirmation de sa sacralité surtout lorsqu'il préside à l'office ou aux célébrations liturgiques et qu'il est placé directement devant l'autel dans le chœur : l'édification au palais des papes d'Avignon de la grande chapelle par Clément VI qui trouvait celle de son prédécesseur trop modeste en est un premier signe que vient confirmer la dimension donnée à la chapelle Sixtine au palais du Vatican et l'intérêt que lui portent les papes successifs du XVIe siècle, de Jules II à Paul III en faisant exécuter par Michel-Ange les fresques monumentales de la Genèse puis du Jugement dernier.

[2. Le décor princier ou l'euphémisation du pouvoir]

Plus que dans la chambre privée du prince, c'est au sein des espaces de réception et de représentation que se déploie le faste des décors princiers. C'est donc l'*aula*, ses métamorphoses successives et ses appendices (notamment les galeries qui y donnent accès) qui sont concernés au premier chef par cette esthétisation. Le principe en est ancien, depuis la galerie des hommes illustres commandée par Robert d'Anjou à Giotto pour décorer le *Castel Nuovo* de Naples entre 1328 et 1333 ou l'*aula* du Palais de la Cité à Paris ornée des statues des rois de France. La salle *delle Asse* du *Castello Sforzensco* dont, à Milan, Ludovic le More confie le décor à Léonard de Vinci répond à un impératif identique. Les exemples sont innombrables et signalent que, plus que la chambre privée du prince, c'est l'espace de représentation qui est privilégié en la matière. La comparaison du décor tout en rinceaux de la chambre du pape à Avignon et du *studium* de Clément VI conçu comme un lieu d'audience et que le pape fait décorer de scènes de chasse (salle dite de la *Chambre du Cerf*) ne laisse guère de doutes sur ce point. De même, la *Camera Picta* dite aussi Chambre des Époux peinte par Andrea Mantegna à Mantoue dans le *Castello di San Giorgio* n'est pas une chambre privée à proprement parler puisqu'elle correspond à une chambre de parement ou une *anticamera*. C'est pourtant dans cet espace que Ludovic Gonzague prend soin de mettre en scène sa cour et la double transmission dynastique de son pouvoir (princier et cardinalice) à travers l'illusion d'un dévoilement des fondements de son pouvoir, que vient immédiatement démentir tant le motif de cette lettre indéchiffrable qui constitue le fil rouge du décor que ces tentures peintes qui laissent dans l'ombre les véritables arcanes d'un pouvoir dont la force est euphémisée par la beauté des fresques et relativisée par les motifs de dérision inscrits dans l'oculus en trompe-l'œil qui décore la voûte. Un tel décor princier ne prend sens que dans la mesure où ces pièces s'ouvrent à des visiteurs choisis, princes ou ambassadeurs, chargés, parfois à leurs corps défendant, de propager la renommée des fresques et, partant, de leur mécène. Là où le décor du *studium* de Charles V à Vincennes reste sobre (lambris, symboles des évangélistes aux quatre coins de la voûte, décor héraldique) parce que s'interpose entre lui et le visiteur la chambre de retrait du roi, celui du *studiolo* de Federico da Montefeltro se constitue en véritable autoportrait du prince en un désordre apparent — tant dans la galerie de portraits des hommes illustres que dans le foisonnant et crypté décor de marqueterie — que seul le prince est en mesure d'ordonner puisque sa personne constitue la clef cachée de l'interprétation du décor. Mais ce *studiolo* ne déploie ce décor que parce qu'il est désormais en communication directe avec la salle des Audiences et la garde-robe du duc alors que la chambre propre du prince n'y a pas d'accès direct : dans la circulation intérieure du palais, le *studiolo* joue dès lors une fonction qui l'apparente à une chambre de parement, moins accessible que ne l'est la salle des Audiences, plus accessible néanmoins que ne l'est la chambre du prince. C'est en un sens analogue mais selon un registre légèrement différent qu'il faut interpréter les fresques de Benozzo Gozzoli dans la chapelle des Mages du palais Medici-Riccardi. Si l'Adoration des Mages constitue un thème privilégié chez les marchands florentins avant de devenir un *topos* médicéen par excellence, elle subit un traitement très sobre dans la fresque que réalise Gozzoli au couvent San Marco pour la cellule de Cosme de Médicis parce qu'il s'agit d'un espace dévolu à sa seule dévotion privée. En revanche, c'est sur les parois de la chapelle du palais que peuvent se déployer les ambitions princières des Médicis, projetées dans un avenir proche en la personne idéalisée de Laurent le Magnifique magnifié sous les traits de Gaspard, ambitions inavouables publiquement dans un système républicain mais que Cosme n'hésite aucunement à dévoiler à ceux qu'il considère déjà comme ses pairs et qu'il fait représenter sur ces fresques, Galeazzo Maria Sforza et Sigismond Malatesta, ses alliés du moment.

De même, devenu maître de Paris, Henri IV fait édifier au Louvre la petite galerie détruite lors d'un incendie en 1661. Elle raccorde le palais à la grande galerie construite entre 1595 et 1606 pour relier le Louvre au château des Tuileries. Présentant de grands portraits des rois de France peints par Pourbus, Bunel et Marguerite Bahuche, cette « galerie des rois » témoignait de la continuité monarchique, au moment où les Bourbons, mettant un terme aux guerres de Religion, succédaient aux Valois. La voûte célébrait Jupiter foudroyant les Titans, allégorie des victoires d'Henri IV sur la Ligue et l'Espagne. À Versailles, l'architecture de la chapelle palatiale, la liturgie et le cérémonial sont organisés pour donner le premier rôle au roi très chrétien en tant qu'« évêque du dehors ». Loin d'être un espace privé réservé aux seules dévotions du souverain, la chapelle est un lieu d'exercice du métier de roi où celui-ci prend part à l'action liturgique par le baisement de l'Évangile et où le prie-Dieu royal est placé près de l'autel dans l'espace sacré réservé aux clercs. Le décor, dont les bas-reliefs sont d'inspiration ultramontaine, fait écho aux querelles du temps et illustre un subtil équilibre entre les revendications gallicanes et la fidélité à Rome dont le roi a besoin face aux résistances jansénistes.

Mais les appartements et la chambre du prince proprement dite ne s'ouvrent vraiment au décor que lorsqu'ils deviennent eux-mêmes le décor d'une mise en scène du prince.

[3. De l'art de la cérémonie princière : le prince mis en scène]

C'est qu'en effet, de tels décors, qu'ils soient fixes ou mobiles (songeons aux tapisseries ou au jeu possible sur les tableaux comme on le voit dans la chambre de réception de Laurent le Magnifique qui fait disposer en face-à-face les tableaux de ses alliés et les trois volets de la bataille de San Romano de Paulo Uccello) ne sont précisément que des décors au sein desquels se déploie la magnificence princière via des cérémonies toujours plus somptueuses et plus fastueuses. Les papes en font un usage abondant, eux qui ont la chance de pouvoir mettre en scène non seulement leur propre couronnement pontifical (c'est à la seule fin de disposer d'une chapelle digne d'une telle cérémonie que Clément VI fait construire la grande chapelle du Palais des Papes) mais aussi les cérémonies d'élévation à la dignité de cardinal qui se déroulent à Avignon dans la chambre de parement, la cérémonie annuelle de la Rose d'Or le 4e dimanche de Carême, sans compter les cérémonies liées au calendrier liturgique. Pâques, la Chandeleur ou le dimanche des Rameaux sont autant d'occasions pour le pouvoir pontifical de se mettre en scène depuis une loggia, déjà présente à Avignon et qui prend plus d'ampleur encore lors de la réédification du palais du Vatican.

Si aucun souverain n'est, en ce domaine, l'égal du pontife, ceci ne signifie pas pour autant qu'ils soient enclins à se priver d'un aussi puissant ressort. À Florence, dès le XVe siècle, les Médicis n'hésitent pas à faire de leur palais de la Via Larga le décor extérieur de cérémonies aristocratiques (joutes) ou liturgiques (la cavalcade des Rois Mages) avant que leur faste ne trouve à se déployer dans le cadre plus propice du palais Pitti. Charles V, lui aussi, use de ses résidences comme d'un outil mis au service de l'idéologie royale à l'occasion de la réception à Paris de l'empereur Charles IV au cours de l'hiver 1377-1378. C'est dans l'*aula* du palais de la Cité, à laquelle on accède par de grands degrés et un portail dont le trumeau est orné d'une statue de Philippe le Bel en habit de couronnement, décorée des statues de tous les rois de France depuis le légendaire Pharamond, que se tient le banquet offert à l'empereur qui peut embrasser d'un seul regard la lignée des rois de France et son dernier représentant, Charles V. Mais Charles V fait aussi à l'empereur les honneurs du Louvre et ne manque pas d'attirer son attention sur le décor de la grande vis qui figurait le couple royal surmontant les principaux soutiens de la couronne, avant de partager avec l'empereur son repas dans la chambre de retrait. Enfin, du Louvre, l'empereur se transporte à l'hôtel Saint-Pol avant de parvenir à Vincennes. L'empereur visita ainsi les quatre principales résidences royales à Paris même ou dans ses environs (dont trois sont des chantiers personnels de Charles V) et son trajet l'amena de la plus ancienne résidence, signe de la continuité dynastique (le palais de la Cité), jusqu'au projet le plus personnel de Charles V (Vincennes) en passant par le lieu symbolique de la transmission du pouvoir entre Capétiens et Valois (le Louvre). De telles modalités se retrouvent de façon analogue lors de la traversée du royaume par Charles Quint entre le 27 novembre 1539 et le 20 janvier 1540 ; il s'agit pour François Ier, le vaincu de Pavie, de recevoir avec panache et honneur son ennemi le plus déterminé. C'est pourquoi, le roi, montrant sa généreuse munificence, se doit d'accélérer les travaux du monumental chantier de Chambord, de presser Le Rosso d'achever les fresques de la galerie de Fontainebleau, de tenter d'aménager le Louvre afin d'offrir au Habsbourg des logis dignes de sa personne et de l'impressionner par un mécénat fastueux.

Mais c'est à la cour des grands-ducs du Ponant que cette logique de la cérémonie princière fut poussée le plus loin : le banquet du Faisan célébré par Philippe le Bon à Lille le 17 février 1454 dans la grande salle du palais ducal en présence du futur Charles le Téméraire et du *who's who* de la noblesse des Pays-Bas Bourguignons en est incontestablement le chef-d'œuvre, à la fois en raison des complexes et spectaculaires machineries mises en œuvre, de la qualité des œuvres musicales de Guillaume Dufay et Gilles Binchois jouées à cette occasion, de ce serment sur un faisan qui emprunte au répertoire des chansons de geste et du retentissement que surent lui donner les chroniqueurs et historiographes royaux comme Olivier de la Marche et Mathieu d'Escouchy ou Guillaume Dufay lui-même puisque sa *Lamentatio sanctae matris ecclesiae Constantinopolitanae* est mentionnée pour la première fois dans une lettre qu'il adresse à Pierre et Jean de Médicis le 22 février 1454. Rien d'étonnant par ailleurs à ce que tournois, fêtes de chevalerie (celles de la Toison d'or), banquets et danses caractérisent plutôt les princes que les souverains, les princes n'ayant pas de cérémonie de prise de possession du pouvoir ou de couronnement (à l'exception des ducs de Bretagne qui ont leur propre rite de couronnement) et devant donc se montrer inventifs en la manière. Les ducs de Bourgogne créent bien la cérémonie de la remise du rubis de Bourgogne par l'abbé de Saint-Bénigne de Dijon et tentent d'user des funérailles comme d'une cérémonie d'intromission du futur duc mais leur attention se porte surtout sur la mise en scène de spectacles tels que le banquet du Faisan. Les princes italiens sont eux aussi soumis à une logique identique, privés qu'ils sont de véritables cérémonies politiques. Le mariage d'Isabetta da Montefeltro, fille de Federico, et de Roberto Malatesta en 1475 à Rimini ne s'en transforme pas moins en un spectacle manifestant le triomphe posthume de Federico da Montfeltro sur son vieil ennemi Sigismond Malatesta et la prise de possession de la ville par le duc d'Urbino. Federico et Isabetta pénétrèrent dans le *Castel Sismondo* dont l'entrée était gardée par deux « géants » armés de massues et y furent accueillis par des enfants habillés en anges. Après la messe de mariage, le banquet fut servi sur sept longues tables et comporta de nombreux plats, dont des gâteaux en forme de l'arc d'Auguste, du *Castel Sismondo* et du *Tempio Malatestiano*, et deux jeunes filles s'agenouillèrent devant Federico pour réciter des poèmes en latin et en grec. Une telle cérémonie du mariage coûta certes la somme de 35 000 ducats mais elle permit de faire apparaître Federico da Montefeltro comme le nouveau protecteur de Rimini en présence de nombreux ambassadeurs et de l'envoyé du pape.

L'importance donnée aux fêtes chargées de représenter symboliquement le pouvoir en action et les qualités du monarque à la cour de France aux XVIe et XVIIe siècles sont légion à la cour de France tant au Louvre qu'à la salle proche du Petit-Bourbon ou dans les autres résidences royales, particulièrement de Fontainebleau ou de Saint-Germain-en-Laye en attendant celle de Versailles dont les jardins offrent une scène incomparable aux manifestations festives de Louis XIV jeune. Le plus grand soin est donné à la mise en scène et à la portée des ballets de cour pour lesquels Henri III, pris dans la tourmente des guerres civiles et des affrontements de clans nobiliaires, se fait concepteur et parfois acteur : ainsi le *Ballet Comique de la Reyne* commandé lors du mariage de la sœur de la reine avec l'un des archi-mignons du roi (1581) est pétri d'intentions politiques et philosophiques afin de conjurer les effets néfastes des dissensions qui rongent le royaume en présentant la fusion harmonieuse entre les arts de la musique, la danse et la poésie dans une rhétorique néo-platonicienne. Ici le Roi (l'ordre) est appelé à combattre les maléfices de Circé la magicienne (le désordre ou l'hérésie) et à rétablir un âge d'or avec l'aide de la force de Jupiter et de la sagesse de Pallas (la reine mère Catherine de Médicis). La mise en scène de ces spectacles complets où se conjuguent musique, chant, danse, théâtre et arts visuels (pour les décors et les costumes), contribue au développement de la scénographie au sein de la société de cour. Dès 1617, le Ballet est repris par Louis XIII et devient le moyen d'affirmer l'autorité du Roi sur les grands du royaume. Au moyen de l'allégorie évoquant la mythologie, l'histoire antique, le genre héroïco-pastoral ou la chanson de gestes, on célèbre souvent les exploits du monarque et de son favori, à l'image de Louis XIII et de Luynes dans le *Ballet de la Délivrance de Renaud*, claire évocation de la chute de Concini en 1617. Le cardinal de Richelieu, qui considère que « l'engouement pour danser est tel, par les courtisans, qu'il passe parfois avant les raisons d'État », y est aussi sensible et fait jouer en 1641 au Palais Cardinal (qui deviendra le Palais Royal), *le Ballet de la Prospérité des armes de la France*, porteur d'un message politique en utilisant une machinerie impressionnante pour marquer les esprits. Si le coût et le temps pris par Henri III comme par Louis XIV à se produire sont objets de critique, il n'empêche que les spectacles curiaux sont un instrument nécessaire de pouvoir. Ainsi, Samuel Chappuzeau traduit fidèlement la pensée du monarque dans ce passage de son *Théâtre françois* (1674) : « Un seul des Spectacles que le Roy donne à la Cour, et dont il permet aussi la veüe à ses peuples, soit dans la pompe qui les accompagne, soit dans la richesse du lieu où ils sont représentez... fait voir aux Etrangers ce qu'un Roy de France peut faire dans son Royaume, après avoir veu avec plus d'étonnement ce qu'il peut faire au dehors ».

Avec Louis XIV, épaulé par Lully, le ballet de la Cour, où se mêlent courtisans et danseurs professionnels, devient effectivement le ballet du Roi. Désormais, le souverain ne joute plus, il danse. Le roi se fait alors producteur, metteur en scène et acteur principal et l'un de ses premiers actes politiques, avec l'arrestation de Fouquet, est en 1661 la création de l'Académie royale de Danse. Dans plus de vingt spectacles, Louis incarne des personnages mythologiques : Apollon dans les *Noces de Pélée et de Thétis* (1654) et *les Amants Magnifiques* (1670), Jupiter dans le *Ballet de l'Impatience* et le *Ballet des Muses*, Pluton dans les intermèdes de l'*Ercole Amante*, Neptune également dans les *Amants Magnifiques*. Il joue également des héros chevaleresques (un chevalier dans le *Ballet de Cassandre*, Renaud dans le *Ballet des Amours déguisés*) ou de glorieux conquérants (Alexandre dans le *Ballet de la naissance de Vénus*). Mais surtout, durant cette première période de son règne, son rôle de prédilection est celui du Soleil, déjà joué par Louis XIII ou Anne d'Autriche (1621), au cours du *Ballet de la Nuit*, d'*Ercole Amante*, ou du *Ballet de Flore*. Dans le même esprit qui fait de lui le monarque d'un temps nouveau, il danse le Feu qui purifie, le Printemps, la Paix apollinienne, même s'il représente aussi, parfois, des personnages plus humbles, soldat, curieux ou berger, en un jeu d'inversion carnavalesque. Jusqu'au *Triomphe de l'Amour* de 1681, le ballet de cour a une signification politique visant la glorification de la monarchie française qu'il fasse référence à la mythologie, au merveilleux chrétien, à la pastorale ou à l'histoire nationale. Mais, évolution significative, les courtisans, acteurs des ballets depuis plus d'un siècle, s'effacent peu à peu devant les danseurs professionnels et la scène se sépare de la salle, le roi se contentant d'être le premier spectateur, celui qui ouvre et clôt le temps festif, décide quand il faut applaudir. Avec l'opéra, à Naples (au San Carlo) ou à Paris, c'est de la loge royale que se joue le sort de l'œuvre, c'est vers la loge royale que convergent les regards.

Pourtant, l'inflation des spectacles et la théâtralisation croissante de la personne princière conduisent à une interrogation exactement inverse. Si le prince fait de ces apparitions publiques de véritables mises en scène démonstratives, c'est sans doute aussi parce que c'est loin de ces scènes que s'exerce véritablement le pouvoir, au sein d'autres résidences ou dans ces espaces restreints que constituent chambres de retrait et cabinets d'études.

[*III. Les nécessaires arcanes du pouvoir*]

[*1. D'une résidence l'autre : la stratégie de la fuite*]

Tout n'est pas que représentation dans l'exercice du pouvoir et la résidence princière se doit de ménager des espaces dévolus à la fonction de gouvernement autres que l'*aula* princière, de nécessaires espaces de retrait qui peuvent certes être consacrés à l'origine au délassement du prince mais qui se trouvent vite rattrapés par des fonctions politiques. La constitution progressive d'une société de cour impose au prince une sorte de fuite en avant architecturale qui le conduit à multiplier les résidences à l'écart de sa demeure principale, voire à l'extérieur de sa capitale. Le processus est ancien — Vincennes est à l'origine un manoir capétien où Louis IX exerçait sa justice retenue — mais il s'amplifie au fur et à mesure du renforcement des pouvoirs princiers. L'archétype de cette résidence de gouvernement en dehors de la capitale est, avant Versailles, Vincennes d'où Charles V gouverne entouré de ses proches conseillers et cette fuite hors de la capitale n'a pas que des raisons conjoncturelles visant à assurer la sécurité de la personne royale après la révolte parisienne d'Étienne Marcel. Il s'agit là d'un fait structurel qui vise à protéger le prince de sa propre cour et de l'invasion progressive de son espace de gouvernement par des fonctions de représentation. Charles V dicte ainsi ses ordonnances depuis sa chambre du Louvre ou la salle du conseil de son donjon de Vincennes. Et le schéma ne cesse de se répéter : le prince acquiert ou réoccupe des manoirs plus ou moins isolés qu'il remanie à sa guise et qui sont parfois à l'origine de simples relais de chasse ou des exploitations rurales. En 1380, Philippe le Hardi achète le manoir de Germolles qu'il offre à sa femme, Marguerite de Flandres. Les travaux qui débutent en 1382 font appel aux meilleurs artistes au service du prince (Drouet de Dammartin comme architecte, Jean de Beaumetz comme peintre, Jean de Marville et Claus Sluter comme sculpteurs) et transforment l'ancien château fort du XIIIe siècle en une résidence ducale qui comporte déjà une bergerie modèle voulue par la duchesse mais aussi un escalier à vis qui souligne le statut ducal et une salle d'honneur qui constitue un espace de réception. Mais c'est à Germolles que le duc accueille son neveu Charles VI en 1389 : en très peu de temps, une résidence rurale est devenue un autre pôle de la vie de cour, certes sur un pied plus restreint que le palais ducal de Dijon, mais doté malgré tout de fonctions politiques.

Le phénomène est aussi sensible en Italie, à l'exemple du *palazzo Schifanoia* à Ferrare restructuré par Borso d'Este à partir de 1452 : le Salon des Mois décoré des fresques de Cosmé Tura et de Francesco Cossa y fait désormais l'apologie du bon gouvernement du tout nouveau duc de Reggio et de Modène. Ce phénomène des villas de plaisance est érigé en système par les Médicis : Cosme de Médicis fait remanier par Michelozzo plusieurs possessions rurales de la famille situées sur les hauteurs de Florence ou de Fiesole dont la plus célèbre est la villa de Careggi. Mais cette villa devient sous le règne de Laurent de Médicis le lieu favori de réunion des humanistes regroupés autour de Marcile Ficin, lesquels participent de la transformation du système républicain en système médicéen aux ordres du prince. Et c'est dans cette villa de Careggi et non au palais Medici-Riccardi que meurt Laurent de Médicis en 1492. Les Sforza, eux aussi, adoptent une telle stratégie de repli face à un Milan qu'ils maîtrisent mal en recréant un centre de cour dans la petite ville de Vigevano qu'ils font ériger en évêché : là encore, une simple résidence rurale se voit attribuer de véritables fonctions politiques qui remobilisent autour de la personne princière cette vie de cour qu'il avait voulu éviter.

De 1422 à 1525, c'est autour du Val-de-Loire, pour des raisons stratégiques puis pour des motifs dynastiques, que les derniers Valois puis leurs successeurs installent leur chapelet de résidences, urbaines, comme à Blois, ou rurales, comme à Chambord. Capitales de repli (Bourges ou Amboise) ou résidences de chasse ostentatoires (Chambord), elles sont, entre Charles VIII et François Ier, les premiers laboratoires de l'architecture et des arts mêlant les traditions françaises et les apports de l'italianisme. Mais, après la captivité madrilène, François Ier impose à la monarchie un retour en Île-de-France soit à Paris même, autour du Louvre, soit dans des constructions circum-parisiennes qui permettent le repos et la chasse sans que l'éloignement de la capitale ne soit trop grand : huit chantiers royaux s'ajoutent ainsi aux résidences ligériennes. Ce sont dans ces demeures principales que naissent et meurent nombre de rois et de membres de la famille royale. Certes, conséquence du nomadisme curial et des habitudes des souverains, François Ier meurt au château de Rambouillet, François II à l'hôtel Groslot d'Orléans (1560), mais Charles VIII décède à Amboise, Louis XII et Henri II à l'hôtel des Tournelles, Charles IX naît à Saint-Germain-en-Laye, comme son père, et meurt à Vincennes, Henri III, né à Fontainebleau, est assassiné chez les Gondi, au château de Saint-Cloud, mais Henri IV meurt au Louvre et Louis XIII, né à Fontainebleau, meurt à Saint-Germain. Versailles voit agoniser deux rois, Louis XIV, né à Saint-Germain, et son arrière-petit-fils Louis XV, qui y voit aussi le jour, comme son petit-fils Louis XVI. Mais, même dans les derniers instants dramatiques de leur existence, les monarques ne peuvent fuir : comme les reines accouchent en public, les rois meurent de même et Louis XV, malade au Petit Trianon, se fait reconduire à Versailles. D'ailleurs, seuls les rois, ou les princes du sang, peuvent mourir à Versailles, la seule exception étant pour Madame de Pompadour.

[2. L'accès au prince : filtres et hiérarchisation]

Puisque le prince ne peut trouver son salut dans une fuite qui s'avère vaine, il convient de réglementer de façon de plus en plus stricte l'accès à sa personne. Au milieu du XIIIe siècle, Louis IX demeurait encore largement accessible à ses sujets ; Philippe le Bel l'est déjà beaucoup moins lui à qui une femme dont il refuse d'écouter la requête lui répond par un cinglant : « Alors, ne sois pas roi ! » et Charles V ne l'est plus du tout. Le signe tangible en est l'apparition des maîtres des requêtes qui, placés aux portes du palais, reçoivent les demandes de ceux qui ne sont plus admis à approcher le souverain. Cela, cependant, ne saurait suffire notamment dans un palais de la Cité qui reste très ouvert, ce qui n'est le cas ni du Louvre, ni de Vincennes. L'accès au prince se complexifie donc tout en se théâtralisant : il se fait par le biais d'un escalier qu'il s'agisse des grands degrés du palais de la Cité ou de l'escalier à vis du Louvre et le souverain est placé de façon systématique en opposition par rapport à la porte d'entrée tandis qu'un chambellan est chargé de réglementer l'accès au roi. Cette réglementation se lit dans la miniature des *Très Riches Heures* du duc de Berry illustrant le mois de janvier : on y voit en effet, placé derrière le profil absolu du duc, son chambellan qui prononce les mots « Approche ! Approche ! » invitant l'un après l'autre les invités du duc venus lui apporter des étrennes. Ceci entraîne une restructuration de l'espace princier contraint de se compartimenter afin d'imposer une hiérarchie dans l'accès à la personne princière : l'apparition d'une double chambre (chambre de parement/chambre) au palais des papes d'Avignon en est la conséquence, immédiatement suivie par la tripartition de la chambre du roi dans le Louvre de Charles V (chambre de parement/chambre/chambre de retrait), chaque chambre ayant un accès de plus en plus restreint en fonction du statut des visiteurs.

La multiplication des pièces conduisant aux audiences royales et mettant un peu plus à distance le souverain est une tendance longue qui s'inscrit dans l'agencement des demeures royales en répondant à une étiquette de plus en plus rigoureuse. Sous Henri II, la partie publique du logis royal est organisée de façon ternaire, au Louvre comme à Fontainebleau et à Saint-Germain-en-Laye, avec la salle, l'antichambre et la chambre du roi (suivie du cabinet et de la garde-robe privés). Avec Henri III, en 1578, la réglementation place une chambre d'État et une chambre d'audience entre l'antichambre et la chambre du roi qui ne sert que pour les cérémonies du lever et du coucher et tient lieu de salle de réunion du Conseil. Cette « sanctuarisation » qui s'accompagne d'un renforcement du filtrage par les gardes suisses se renforce et se matérialise avec la mise en place en 1585 de barrières isolant la table où le roi dîne dans l'antichambre, ce qui ne va pas sans provoquer des protestations de la part d'une noblesse se sentant exclue de la proximité royale.

Louis XIV, dans ses mémoires, souligne l'importance du cérémonial comme contrainte nécessaire indispensable au bon ordre du gouvernement : « Les peuples (..) qui ne peuvent pénétrer le fond des choses, règlent d'ordinaire leurs jugements sur ce qu'ils voient au-dehors, et le plus souvent sur les préséances et les rangs qu'ils règlent leur obéissance. » On connaît du « Petit Lever » au « Coucher » en passant par le « souper au Grand Couvert », les itératives astreintes du roi qui font écrire à Saint-Simon : « Avec un almanach et une montre, on pouvait, à trois cents lieues d'ici dire ce qu'il faisait ». À partir de 1684, l'accès au roi passe par la salle des gardes, une première antichambre, puis une seconde antichambre mais, en sus des contraintes spatiales, les aspects réglementaires descendent jusqu'au détail de la hiérarchie des livrées curiales. Pareillement, la querelle du « tabouret des duchesses », incident ridicule vu de notre temps, est révélatrice du poids et de la complexité de l'étiquette et de son impossible transgression, seul le roi, qui s'ingénie à multiplier les subtilités dans la hiérarchie des rangs, en étant le concepteur et le suprême arbitre afin que chacun sache où est sa place. Une façon efficace de discipliner la cour et de gouverner le royaume.

[3. De l'art de gouverner ou l'espace du retrait]

Si bien qu'en définitive, c'est dans le retrait du prince que se gouverne sa principauté, plus et mieux encore que dans les espaces de représentation où se déploie sa majesté. Un retrait qui est sans doute l'espace le plus restreint de la demeure princière mais qui en détermine largement le sens. Richelieu ne dit-il pas que « les quatre pieds carrés du cabinet du roi me sont plus difficiles à conquérir que tous les champs de bataille de l'Europe ! ». C'est bien dans ce retrait que se prennent les décisions qui déterminent l'avenir du royaume ou de la principauté et cela va bien dans le sens d'une extrême personnalisation du pouvoir : on pourrait finalement, en parodiant l'adage pontifical, dire que *ubi Rex (princeps), ibi Francia (Burgundia, Ferrara,…)* en ce sens que la personne physique du prince détermine, au-delà de sa résidence, le vrai principe de gouvernement. L'interchangeabilité des résidences princières en est un signe évident : au fond, cette résidence et son fastueux décor ne sont que des faux-semblants détournant l'attention de l'essentiel, ce retrait sans apparat qui est l'autre face de la résidence princière, ce retrait qui représente, pour reprendre l'expression de Kantorowitcz, le vrai « mystère de l'État ». Les grandes décisions gouvernementales ne s'effectuent pas dans les fastes certes impressionnants des cérémonies de la galerie des Glaces, mais bien dans le conseil d'en-haut, soit quatre à six personnes, peut-être moins lorsqu'un ou deux « ministres » captent, souvent provisoirement, la confiance du monarque.

Ce qui ne veut pas dire pour autant que le prince peut se passer de cet apparat de la résidence princière : si l'intelligence et la puissance d'un Louis XI peuvent se passer d'un tel déploiement de majesté (il est roi non parce qu'il passe pour un roi mais bien parce qu'il est roi), la plupart des princes demeurent prisonniers de ce faste dont l'absence risquerait de les faire apparaître tels qu'ils sont, c'est-à-dire nus. Le déploiement princier au sein de la demeure apparaît de ce fait à la fois comme un artifice visant à détourner le regard des arcanes du pouvoir et comme un paravent au dénuement réel de certains princes, à l'instar d'un René d'Anjou ou des Gonzague de Mantoue. Rien ne le montre mieux que le destin final de Ludovic le More : l'arrêt de son mécénat risquerait de révéler l'amoindrissement de la puissance milanaise à la fin du XVe siècle et Ludovic le More attache une importance considérable à entretenir un mécénat actif et toujours plus coûteux. Mais l'illusion de la puissance princière ne résiste pas à l'avancée des troupes françaises qui s'emparent de la ville en 1500. Pas plus que ne résistent d'ailleurs les résidences princières ou royales lorsque le pouvoir de leurs occupants est remis en cause par la critique croissante des élites et du peuple dont le respect s'évanouit et laisse place à une contestation qui balaie toute crainte. En France, lors des journées révolutionnaires où l'on ne prend pas que la Bastille, en Italie, sous la poussée des armées de la République, les princes et les rois abandonnent leur trône et leurs palais. L'invasion de Versailles et l'assignation à demeurer aux Tuileries marquent pour Louis XVI et sa famille, mais plus encore pour la monarchie absolue française, le glas de la société de cour telle que Louis XIV l'avait réglée, entre minutie de l'étiquette et magnificence de l'apparat. *Sic transit gloria Mundi !*

[Conclusion]

La demeure princière constitue à bien des égards le reflet euphémisé de la force du prince. Elle rend visible cette force par l'architecture tout en l'adoucissant par la beauté. Si l'on en revient toutefois à la leçon de Léon Battista Alberti, celle-ci se révèle remarquablement ambiguë. En effet, le palais ducal d'Urbino, euphémisme de la force du *condottiere* qu'est Federico de Montefeltro, peut-être vu comme le triomphe du duc sur Sigismond Malatesta et son *Castel Sismondo* qui ne représente aux yeux de ses sujets comme du pape que la façade apparente d'une force brute dont l'euphémisation se situe ailleurs, dans le *Tempio Malatestiano*. Mais c'est un triomphe de courte durée : dès 1502, le fils de Federico, ce Guidobaldo que l'on voit enfant peint aux côtés de son père, est balayé dans Urbino même par ce « Prince » pleinement moderne aux yeux de Machiavel qu'est César Borgia, prince si pleinement moderne que son pouvoir s'écroule aussi brutalement qu'il avait surgi, à la mort de son père, le pape Alexandre VI. Mais César Borgia est précisément un prince sans demeure, même s'il occupe Imola, Urbino, Faenza et Rimini : plus précisément, aucun des palais qu'il occupe n'est clairement identifiable à sa personne de prince, liés qu'ils sont à des dynasties antérieures. La seule résidence liée aux Borgia, ce sont les appartements Borgia du pape Alexandre VI : le pape mort, César Borgia est définitivement ce prince sans demeure dont le pouvoir s'évanouit faute de s'inscrire dans la pierre.

Et l'extrême personnalisation des demeures princières a évidemment son revers : si le prince s'identifie à sa demeure, que lui reste-t-il lorsque cette dernière est occupée par un adversaire politique (c'est la leçon de la prise d'Urbino par César Borgia) ou par un peuple en révolte ? En s'emparant de Versailles et des Tuileries, les révolutionnaires ne font que répéter le geste des Milanais détruisant le *Castello Visconteo*. Et ceci à la différence des Parisiens de 1357 envahissant le palais de la Cité : en l'investissant, les Parisiens s'en prenaient à certaines formes de l'État moderne ; en investissant Versailles, c'est désormais au roi lui-même que l'on s'en prend. Façades apparentes tout autant qu'obscures du pouvoir, les résidences princières en sont venues à incarner et à personnifier le prince au terme d'un processus initié par des princes qui ont souhaité en faire la traduction matérielle de leurs propres manières de gouverner.

14. Écrit 1.
Composition (histoire moderne) : La circulation internationale de l'information en Europe, années 1680-années 1780[1]

Réflexion sur le sujet

Le sujet est très vaste et peut se prêter à plusieurs types d'approche. Il est propice à prouver vos capacités de synthèse et de réflexion. L'érudition est ici sans doute un peu moins importante que dans d'autres sujets, mais les exemples doivent être choisis de manière à montrer que vous maîtrisez une large variété de formes d'information.

Termes du sujet

Le terme le plus important à interroger ici est celui « d'information ». La définition ne doit pas se limiter à une sèche ligne de dictionnaire. Il faut développer les différents aspects de la signification des termes historiques principaux. Dans l'exemple donné ici, les termes de « circulation » et « d'Europe » ne doivent pas être interrogés de manière abstraite, mais en rapport avec le sujet. Inutile par conséquent de rappeler que ce qui circule est ce qui se déplace ou que l'Europe va des Iles Britanniques au Nord-Ouest à l'Oural à l'Est, mais il faudra préciser comment l'information circule (par le vecteur des hommes qui se déplacent, des lettres et des imprimés) et quelles sont les grandes divisions de l'espace européen à ce sujet. Le terme « international » est en fait anachronique (le mot n'apparaît qu'en 1789), il a seulement pour but dans le cadre de la question au programme de la limiter aux circulations de tous genres entre les États. Il faudra le rappeler très brièvement.

L'intitulé du sujet invite moins à analyser le contenu de l'information que les modalités de sa circulation dans l'espace européen et dans la période donnée, on insistera donc sur une typologie des formes d'information et des manières dont elle circule. De même, il faut poser la question des limites et des contraintes à la

---

[1]. Ce sujet correspond à une question d'histoire moderne au programme des agrégations externe et interne (2010-2015) : « Les circulations internationales en Europe, années 1680-années 1780 ». Elle aurait fort bien pu être aussi une question du CAPES, mais les questions au programme des deux concours étaient alors dissociés. Ce sujet est néanmoins adapté à ce que aurait été attendu si cette question avait été aussi au programme du CAPES.

circulation de l'information. Il convient donc de s'interroger sur les limites naturelles, géographiques, technologiques, politiques et linguistiques de cette circulation. Cela ne saurait se limiter à poser la question de la censure et de la désinformation par les États.

Bornes géographiques et articulations chronologiques

Le maillage géographique de la circulation de l'information est, dans cette période, différent d'une région de l'Europe à l'autre. On devra donc rappeler dans l'introduction que les routes, les canaux, les chemins de poste, mais aussi le réseau des imprimeurs-éditeurs, celui du colportage, etc. sont inégalement répartis dans l'espace européen avec une opposition entre Est et Ouest, mais aussi entre Europe méditerranéenne et Europe du Nord-Ouest.

Quant aux bornes et surtout aux articulations chronologiques, elles sont plus difficiles à déterminer de manière précise ici. Il n'existe pas de date particulière qui pourrait être identifiée comme un tournant remarquable dans l'évolution de la circulation de l'information. Inutile ici de reprendre la définition générale des bornes du programme (des dernières décennies du règne de Louis XIV, correspondant à la « crise de la conscience européenne » décrite autrefois par Paul Hazard, à la veille de la Révolution française). En revanche, il s'agit de mettre en valeur les grandes lignes de l'évolution générale de la période. Incontestablement, la circulation de l'information est plus rapide, plus sûre et moins soumise aux aléas politiques à la fin de la période qu'au début. Cette évolution est le fruit non d'une révolution technologique (comme le sera celle des chemins de fer par exemple) mais plutôt d'une série d'accumulations quantitatives qui finissent par se transformer en évolution qualitative. On sait que la période 1763-1789 (de la fin de la guerre de Sept Ans aux débuts de la Révolution française) est caractérisée par une accélération des circulations de tous types en Europe, celle de l'information est donc englobée dans une évolution générale. Les hommes des Lumières en sont tout à fait conscients et théorisent d'ailleurs cette évolution dans leurs écrits politiques, économiques, artistiques, etc. C'est cette évolution chronologique qu'il faudra mettre en évidence non seulement dans l'introduction mais aussi dans le corps du devoir en rappelant la césure entre « premier XVIIIe siècle » (années 1680-1763) et « deuxième XVIIIe siècle » (1763-1789).

Questionnement et historiographie

L'historien Pierre-Yves Beaurepaire est l'un de ceux qui, ces dernières années, s'est le plus intéressé à cette question de la circulation de l'information. Il utilise en particulier les concepts de « société de l'information » ou « d'espace européen de l'information ». On pourra partir de ces concepts pour les interroger et pour montrer sa capacité à maîtriser les grandes lignes de ce champ de la recherche. La dimension historiographique n'a pas forcément vocation à se retrouver seulement dans l'introduction, il faut, quand c'est possible, montrer aux correcteurs que vous savez identifier les chercheurs qui ont apporté du neuf sur une question.

À partir d'une interrogation initiale sur les concepts proposés par Pierre-Yves Beaurepaire, il faut élaborer un questionnement dit « secondaire » reprenant les questions essentielles posées par le sujet. Dans ce cas, ce pourrait être les suivantes : quels sont les espaces de la circulation de l'information en Europe ? Par quels moyens, matériels et immatériels, les espaces européens sont-ils reliés au sein de cette « société de l'information » ? Qui est concerné par cette circulation ? Quelles formes différentes prend la circulation de l'information en Europe ? Quelles sont les limites à cette circulation ?

Choix du plan

Un plan qui se contenterait de faire la liste des différentes formes de circulation de l'information en fonction du type d'information (politique, économique, culturelle) n'est pas envisageable, car toute la dimension chronologique, mais aussi la question de la dialectique contrainte-liberté de circulation aurait disparu, mais il faut tout de même impérativement commencer par une typologie des formes d'informations qui circulent de manière « internationale ».

1. Cette typologie étant *a priori* foisonnante (économique, scientifique, technologique, politique, culturelle, artistique, familiale), il est préférable de l'organiser selon les modalités de sa circulation, à savoir l'information publique, secrète et privée.
2. Puis il faut se tourner vers la question de l'organisation spatiale de cette circulation. Cela revient à s'interroger sur l'existence et la structuration d'un « espace européen de l'information » (réseaux, nœuds, voies).
3. Enfin, il faut aborder la problématique de la liberté et des contraintes liées à la circulation de l'information : contraintes naturelles, politiques, institutionnelles et facteurs facilitant au contraire la circulation.

Sujet rédigé

[Introduction]

[Accroche]

Le 24 septembre 1706, dans la bourgade saxonne d'Altranstäd, Charles XII de Suède impose un traité à Auguste II de Pologne par lequel le second renonce à la couronne. Par le biais de leurs réseaux de correspondants, les gazettes d'Amsterdam et de La Haye (et les espions anglais dans ces villes) reçoivent cette nouvelle et la publient avant même que l'ambassadeur de France qui renseigne Versailles sur le roi de Suède n'informe Louis XIV. En effet, le ministre de France qui suit les allées et venues du roi de Suède se trouve alors à Varsovie et l'information, qui passe quasiment en droiture de la Saxe à Amsterdam (à travers l'Allemagne du Nord et les liaisons maritimes entre Hambourg et les Provinces-Unies), doit faire un long détour pour passer de

Varsovie à Paris par des voies continentales. Cet exemple est révélateur des distorsions introduites par les conditions politiques, mais aussi géographiques et matérielles de la circulation de l'information à la fin du règne de Louis XIV. En effet, l'information — qu'elle soit politique comme dans le cas évoqué, ou bien économique, culturelle, artistique, technologique ou familiale — ne circule pas de manière fluide en Europe entre les années 1680 et les années 1780 mais selon des voies complexes déterminées par les conditions matérielles, technologiques et culturelles du temps.

[Définition des termes du sujet]

L'information est ce qui renseigne sur quelqu'un ou quelque chose. Elle est un ensemble de représentations dont on dispose sur le monde dans le but de réaliser une tâche. Un renseignement devient information quand une ou plusieurs personnes émettent ce renseignement et qu'il est « reçu » et interprété par d'autres.

L'information ne se limite pas au récit d'événements, mais concerne des domaines multiples. Le contenu de l'information est notamment politique, économique, commercial, culturel, scientifique, artistique. À ces différents types d'information correspondent des modes de circulation spécifiques. Immatérielle en elle-même, l'information se diffuse et se propage dans l'espace européen, comme toute circulation, par le biais des hommes et nécessite des supports. La circulation orale de l'information étant difficilement préhensile par l'historien, ce sont surtout les informations qui passent par les supports écrits tels que les livres, les journaux, les lettres qui nous sont les plus connues. L'information n'a pas forcément vocation à être connue de tous, à être publique, elle peut être privée, voire secrète. La circulation de toute information est dite « internationale » quand son contenu se diffuse d'un État à un autre.

[Limites géographiques et articulations chronologiques du sujet]

Le maillage géographique de la circulation de l'information est différent d'une aire à l'autre en Europe et dépend fortement de la densité des moyens de transport des hommes. Les routes, les canaux, les chemins de poste, les liaisons maritimes sont bien plus nombreux en Europe de l'Ouest qu'au-delà de l'Oder et dans l'Europe du Nord-Ouest que dans l'Europe méditerranéenne. L'effet de cet inégal maillage de voies de communication est accentué par d'autres facteurs : le « marché » des lecteurs et donc les réseaux des imprimeurs, des gazettes ou des journaux se trouve principalement dans l'Europe du Nord-Ouest et dans les grandes villes. Celles-ci sont donc en quelque sorte les « nœuds » des réseaux de la circulation de l'information.

On assiste, entre les années 1680 et les années 1780, à une accélération de la circulation des hommes, des choses et des idées et donc de celle de l'information, mais en l'absence d'évolutions technologiques majeures, les contraintes naturelles restent fortes. Néanmoins, la croissance de l'alphabétisation, celle du nombre de titres édités ou de celle du nombre de gazettes, journaux, revues au cours du siècle permettent d'affirmer que la circulation de l'information est plus aisée à la fin qu'au début de la période, les contraintes d'ordre politique (comme les guerres qui mettent aux prises les grandes puissances européennes) ne jouant que ponctuellement et n'ayant pas d'incidence sur l'évolution générale. On peut dire que la circulation de l'information s'accélère particulièrement au cours du « second XVIIIe siècle » après 1750-1760 du fait de l'amélioration, même limitée, de la circulation des lettres, des imprimés et des voyageurs.

[Réflexion, historiographie et problématique]

Pour autant, existe-t-il une « société de l'information » ou un « espace européen de l'information » — selon l'expression de l'historien Pierre-Yves Beaurepaire — au XVIIIe siècle ? Alors que dans les années 1970-1980, les spécialistes s'étaient intéressés à l'essor de la diffusion de l'écrit et du livre en particulier (cf. les travaux de Robert Darnton, de Roger Chartier et Henri-Jean Martin), les travaux de ces deux dernières décennies ont élargi la perspective en étudiant tous les supports de la circulation de l'information (journaux et gazettes avec les travaux de Jean Sgard notamment, correspondances privées et savantes avec Pierre-Yves Beaurepaire et bien d'autres), mais aussi aux réseaux créés par ces circulations (par exemple les travaux sur la « République des Lettres » de Daniel Roche ou de Françoise Waquet). Les historiens se sont également penchés plus particulièrement sur certains types de circulations d'informations qui avaient été peu étudiés auparavant comme l'information économique (cf. les travaux de Jean-Yves Grenier) ou l'information technologique (cf. les travaux de Liliane Hilaire-Perez sur les transferts technologiques ou ceux d'Isabelle Laboulais sur Gabriel Jars).

Cet ensemble de travaux récents permet d'apporter des réponses nouvelles à une série de questions : quels sont les espaces de la circulation de l'information en Europe ? Par quels moyens, matériels et immatériels, les espaces européens sont-ils reliés au sein de cette « société de l'information » ? Qui est concerné par cette circulation ? Quelles formes différentes prennent la circulation de l'information en Europe ? Quelles sont les limites à cette circulation ?

[Annonce du plan]

Il s'agira d'abord de présenter une typologie des modalités de la circulation internationale de l'information en Europe entre les années 1680 et les années 1780. En effet, les informations publiques, secrètes et privées ne circulent pas de la même manière. La nature de l'information détermine également des modalités spécifiques.

La question de l'organisation sociale et spatiale de cette circulation sera ensuite posée. Comment cet espace de l'information est-il structuré non seulement par les contraintes matérielles et/ou technologiques, mais aussi par les hommes qui font circuler l'information en empruntant les réseaux de sa diffusion ? Quelle est la géographie de la circulation de l'information internationale en Europe ?

Enfin, la circulation de l'information n'est ni fluide ni homogène. De nombreux blocages (politiques, institutionnels, sociaux et culturels) la limitent fortement. Certes, le siècle voit également d'autres facteurs qui la facilitent. C'est de la dialectique entre contraintes et extension de la circulation de l'information que naît, malgré ses limites, une forme « d'espace européen de l'information » à la fin du XVIIIe siècle.

[I. Typologie de la circulation de l'information internationale]

Pour la clarté de l'exposé, il faut distinguer trois modalités principales de la circulation en fonction du caractère de l'information : l'information publique, l'information secrète et l'information privée. Mais en réalité ces trois formes ne sont pas exclusives les unes des autres. Une lettre « privée » de Voltaire par exemple peut ainsi contenir une information semi-publique ou publique dans la mesure où certaines lettres du patriarche de Ferney étaient destinées à être recopiées et diffusées. De même, les dépêches secrètes des ambassadeurs contenaient souvent des extraits des gazettes « publiques ». Enfin, des lettres circulaires des maisons de commerce internationales contenaient aussi bien des nouvelles économiques publiques, d'autres secrètes que des informations privées.

[1. L'information publique]

L'information publique « internationale » passe par des supports écrits : livres, journaux, partitions musicales, catalogues d'œuvres d'art, gazettes, revues savantes. L'histoire du livre a montré que le XVIIIe siècle est celui de l'explosion du nombre de titres édités, mais aussi des traductions, des rééditions, des réimpressions internationales. Cela touche tous les domaines de l'édition, de l'ouvrage littéraire aux livres pieux ou encore aux brochures interdites (souvent des textes pornographiques plus que « philosophiques »).

La période voit également une nette croissance du nombre de journaux ou de gazettes publiés dans toute l'Europe, même si certaines créations sont très éphémères (cf. le *Dictionnaire des journaux* dirigé par Jean Sgard). Cette croissance s'accélère dans les années 1770 en particulier dans le contexte de la guerre pour l'indépendance de l'Amérique. L'Europe du Nord-Ouest est surtout concernée, mais des journaux et des gazettes apparaissent même en Pologne dans les années 1750 (cf. la *Gazette de Varsovie*, 1758-1764). Ces publications se diversifient dans leur contenu. Alors que les gazettes (comme celles de Hollande qui sont les plus lues) transmettent surtout des nouvelles politiques, les journaux proprement dits s'adressent à des lectorats plus ciblés : journaux savants, littéraires, ecclésiastiques, militaires, artistiques et même de mode font leur apparition en France, en Angleterre, ou en Allemagne.

Les principales de ces publications sont réimprimées loin de leur base « nationale », contribuant à la circulation de l'information, mais aussi à celle de ses supports. La pratique de la réimpression locale permet de faire baisser les coûts. Ainsi, à Genève à la fin du XVIIe siècle, on réimprime le *Mercure Historique* français et la *Gazette de Hollande*. Les gazettes hollandaises sont diffusées dans toute l'Europe. Les « magazines » anglais sont imités par des publications locales. Ainsi le *Tatler* de Londres — l'un des premiers journaux, créé par Steele en 1709 — devient le *Babillard* en France dans le premier tiers du XVIIIe siècle. Les journaux français prestigieux comme le très officiel *Mercure de France* sont imités dans toutes les cours européennes. La *Gazette de Leyde* est emblématique des gazettes « européennes » dans la période. Fondée en 1680, elle connaît son apogée dans la deuxième moitié du XVIIIe siècle. Elle contient des informations militaires, diplomatiques, des « correspondances » plus ou moins réelles, des textes officiels, des « nouvelles » des cours européennes (mariages, naissances, événements d'importance). Le *Journal des sçavants* est une respectable publication créée en 1665 à destination de ce que l'on appelle alors la « République des Lettres », c'est-à-dire au public lettré en Europe. Il diffuse surtout des nouvelles et informations scientifiques. Le modèle est largement imité dans les autres pays. Beaucoup de ces journaux sont publiés soit dans les capitales, soit dans des principautés autour du royaume de France pour échapper aux contraintes de la censure. Ainsi, la *Gazette universelle de littérature* est publiée dans la principauté des Deux-Ponts.

Dans le foisonnement de la presse spécialisée, on peut relever en particulier l'essor de la presse économique qui diffuse (surtout à partir des années 1750) non seulement les écrits des physiocrates, mais aussi des textes agronomiques, des comptes rendus d'expérimentation industrielle, etc. Ainsi, les *Éphémérides du citoyen*, sont publiés entre 1765 et 1772 par l'abbé Baudeau et contribuent à la diffusion internationale de la pensée des « Économistes ». La presse économique compte également de nombreuses publications locales sous le nom « d'affiches » ou de « nouvelles » qui diffusent des annonces, des listes de prix, des arrivées de cargaison, des nouvelles sur la navigation, etc. Ces informations sont en effet indispensables aux maisons de commerce qui envoient des marchandises d'un bout à l'autre de l'Europe. Or, l'information est rare et donc chère. Ceux qui maîtrisent le mieux cette circulation font les meilleures affaires.

La circulation de l'information publique en Europe crée une forme « d'opinion publique européenne » qui se manifeste par exemple lors des grandes campagnes de Voltaire en faveur de Jean Calas ou du chevalier de la Barre dans les années 1760 ou lors de la guerre d'Indépendance américaine à la fin des années 1770. Les souverains s'adressent à ce « public » dans les gazettes pour le convaincre du bien-fondé de leurs « prétentions ». Frédéric II de Prusse fait publier dans la presse européenne (et en particulier dans le *Courrier du Bas-Rhin* qui lui est favorable) son manifeste lors du premier partage de la Pologne en 1774.

À côté des gazettes et des journaux existent également des formes semi-publiques d'imprimés qui contribuent à la diffusion de l'information. C'est ce que l'on appelle les « nouvelles à la main ». Il s'agit de publications manuscrites reproduites à un nombre restreint d'exemplaires et destinées aux grands personnages de l'Europe. Leur caractère semi-public leur permet de diffuser des informations — notamment sur les principaux personnages des cours — qui ne pourraient pas être imprimées officiellement. La *Correspondance littéraire...* (rédigée principalement par Grimm à partir de 1753) en est un exemple éloquent. Envoyée à une vingtaine d'abonnés (dont Catherine II de Russie et Gustave III de Suède), elle contient des comptes rendus littéraires, artistiques, des nouvelles politiques, mais aussi des ragots sur les mésaventures des Grands ou des principaux « philosophes ».

Les « nouvelles à la main » relèvent donc de l'information « publique » mais aussi de l'information « secrète ».

[2. L'information secrète]

L'information secrète ne concerne pas que les espions et les agents diplomatiques des princes. Le secret est aussi parfois recherché par les grandes maisons de commerce ou les banques qui conservent les informations les plus sensibles, voire par les personnes privées qui entendent cacher des informations compromettantes pour les familles.

Selon la formule de François de Callières un ambassadeur est « un honorable espion » dont « l'une des principales occupations est de découvrir les secrets des cours où il se trouve ». L'information est la condition nécessaire à l'élaboration d'une politique étrangère. La correspondance est au cœur de l'activité des diplomates, qui sont avant tout des informateurs et, dans un second temps, des négociateurs. Ils doivent informer leur gouvernement de tout ce qui paraît digne d'attention à commencer par les affaires politiques et militaires, mais aussi les disgrâces de ministres ou de maîtresses, et les informations économiques. Si le premier destinataire des dépêches d'un diplomate est son ministre de tutelle ou son souverain, il nourrit aussi toute une correspondance avec ses collègues dans d'autres postes ou avec différents informateurs, sans parler du courrier proprement privé. Ces circulations multiples forment un réseau international permettant la diffusion des nouvelles, une société de l'information diplomatique dont la condition nécessaire d'existence est la rapidité et la sécurité du déplacement des lettres, supports alors indépassables de la transmission de l'information.

Remplir cette tâche est un double combat pour le diplomate : d'abord contre l'espace qu'il faut traverser le plus rapidement possible sous peine de rendre le renseignement caduc ; ensuite, contre les hommes qui dissimulent les secrets ou divulguent de fausses informations. Les dépêches diplomatiques qui empruntent le plus souvent les services postaux ordinaires supportent des délais identiques à ceux des lettres particulières. Au début du XVIIIe siècle, il faut 3 à 4 jours pour arriver à Paris depuis La Haye, autant pour Londres, 12 à 15 jours pour Madrid ou Venise, une vingtaine pour Stockholm ou Varsovie, trois ou quatre mois pour Moscou. Ce délai peut avoir des conséquences importantes, car il nuit à l'efficacité de l'action diplomatique. Ainsi l'envoyé anglais à Moscou entre 1704 et 1712, Charles Whitworth, se plaint fréquemment que le peu de lettres qu'il reçoit arrive avec un tel décalage que leur contenu est souvent devenu hors de propos.

La nécessité d'informer leurs gouvernements respectifs amène les diplomates à organiser des structures de collecte et d'expédition du renseignement. C'est pourquoi ils doivent disposer de réseaux de renseignements dans le pays dans lequel ils servent et même au-delà. Depuis les travaux de Lucien Bély, le drainage du renseignement français en Europe occidentale pendant la guerre de Succession d'Espagne est bien connu. Il s'appuie sur des personnes de toutes qualités, ecclésiastiques, militaires, diplomates étrangers, aventuriers, marchands qui eux-mêmes disposent de relations grâce auxquelles ils parviennent à obtenir des renseignements. Parmi ces informateurs, on retrouve des gens ordinaires, des notables, mais aussi des aventuriers — cf. les travaux d'Alexandre Stroev sur les « aventuriers des Lumières » — dont le plus célèbre est Casanova ou des voyageurs qui réclament des subsides aux autorités en échange de quoi ils s'engagent à remettre des rapports à leur retour (cf. le cas du Marquis de Poterat qui voyage en Russie en 1781 étudié par Eric Schnakenbourg). La correspondance des diplomates à l'étranger recèle de nombreuses allusions montrant que les auteurs des dépêches savent parfaitement que leurs écrits sont susceptibles d'être interceptés. La détérioration des lettres et des paquets, des retards inexpliqués sont des indices forts tendant à montrer que les envois ont été interceptés. La méfiance des diplomates vis-à-vis des postes ordinaires a un véritable effet sur la circulation de l'information. Il leur arrive de retenir des informations par-devers eux lorsqu'ils considèrent que le risque d'espionnage de leurs dépêches est trop important.

La parade la plus courante pour échapper à l'espionnage est le chiffrage des lettres. L'ambassadeur partant rejoindre son poste emporte avec lui une table de concordance indiquant les correspondances entre les nombres et les groupes de lettres. Le risque du décryptage par les cabinets noirs ou d'une trahison toujours possible, amène les diplomates à emporter plusieurs chiffres, une douzaine pour les plénipotentiaires français à Utrecht, qu'ils utilisent en fonction des interlocuteurs et de l'importance des sujets à traiter. Sabatier de Cabre, qui part en ambassade à Saint-Pétersbourg en 1769, se voit remettre plusieurs chiffres dont un qu'il sera le seul à utiliser pour transmettre les nouvelles les plus importantes à Choiseul. Les diplomates disposent aussi d'autres parades pour mettre en échec l'espionnage et transmettre malgré tout l'information. Sachant pertinemment que son courrier est espionné, James Harris, ambassadeur anglais à Saint-Pétersbourg entre 1777 et 1783, utilise une double correspondance. La première ostensible est confiée aux postes russes, donc interceptée, sert de leurre ; alors que la seconde, qui contient les informations les plus importantes, passe par d'autres voies notamment celle des marchands anglais. L'envoyé de France en Russie dans les années 1720, Jacques de Campredon, préconise de se servir du réseau de correspondants du banquier hambourgeois Alexandre Bruguier pour faire passer ses dépêches jusqu'en France. Une autre solution est l'usage de fausses adresses et du nom d'un destinataire fictif : Lenoir, banquier de Rouen ou Luffroy marchand bonnetier de Paris, sont autant d'écrans de fumée destinés à cacher le ministre des Affaires étrangères Torcy en 1714.

Les correspondances commerciales ou économiques ont également souvent recours au secret, en particulier quand il s'agit de « savoir-faire » stratégique et d'espionnage industriel. Dans un monde où les techniques circulent seulement avec ceux qui les connaissent, le secret est un outil indispensable à la captation des secrets de fabrication. Ainsi, à Venise existe une législation très sévère (qui va jusqu'à la peine de mort) pour ceux des ouvriers qui seraient tentés de monnayer leurs techniques auprès de souverains étrangers.

Le secret est aussi un instrument indispensable des relations entre les communautés politiques ou religieuses persécutées comme les Huguenots après la Révocation de l'édit de Nantes en 1685 ou comme les Jacobites anglais qui entretiennent des correspondances secrètes faisant circuler les informations militaires ou diplomatiques qui regardent leurs coreligionnaires. Ainsi, le pasteur français calviniste Pierre Jurieu, réfugié aux Provinces-Unies, met sur pied un véritable réseau de renseignement pendant la guerre de Succession d'Espagne qui s'appuie sur les Huguenots dispersés en Europe.

Enfin, certaines publications imprimées sont entièrement secrètes et servent de traits d'union entre les membres de réseaux d'opposants. La plus célèbre de ces publications régulières clandestines est le journal janséniste, *Les Nouvelles ecclésiastiques*, diffusé en France mais aussi dans les Pays-Bas et en Italie. De sa création en 1728 jusqu'à la Révolution, cette publication échappe à la vigilance des services de la censure et contribue à faire circuler les informations de la communauté janséniste.

On ne saurait oublier les familles qui sont particulièrement attentives au secret dans les affaires délicates qui concernent leur honneur (mauvaise conduite d'un héritier, mœurs répréhensibles, mariages), on touche ici à la fois à l'information secrète et privée.

[3. L'information privée]

La lettre est le vecteur le plus important de l'information « internationale » relevant du « privé ». Les correspondances personnelles se multiplient avec la baisse progressive des coûts de la poste, l'augmentation des circulations en général et en particulier celle des voyageurs.

Les liens entre les migrants (définitifs ou provisoires) et leurs communautés d'origine nourrissent des échanges nombreux. Ainsi, comme l'a montré Corine Maitte, les verriers piémontais d'Altare installés en France continuent de correspondre régulièrement avec leurs collègues du « métier » restés en Italie.

Certains des personnages les plus célèbres du siècle ont été d'immenses épistoliers. On sait par exemple que Voltaire pouvait écrire ou dicter plusieurs dizaines de lettres par jour. Mais si Voltaire correspond « avec l'Europe entière », il est loin d'être le seul. Les grands savants comme Albrecht von Haller ont, eux aussi, écrit des milliers de lettres à leurs correspondants de la « République des Lettres » pour les informer des parutions scientifiques, des expériences et des découvertes du moment. Ces lettres dont on recopiait des extraits pour faire circuler l'information touchent donc parfois à la forme semi-publique. D'ailleurs, on ne connaît pas alors forcément ses correspondants *de visu*. Ils peuvent être eux-mêmes des correspondants recommandés par d'autres. Des correspondances suivies sur des dizaines d'années n'étaient pas rares entre personnes qui ne se connaissaient pas directement.

La correspondance « privée » des hommes de lettres est, elle aussi, parfois semi-publique, car il est d'usage de faire circuler les lettres de personnages connus. Ainsi, l'abbé Morellet, en voyage en Angleterre en 1772, envoie à Paris des lettres à ses amis des salons philosophiques pour faire connaître son périple et lui donner plus d'importance.

Un autre exemple de correspondance semi-privée est l'usage des circulaires marchandes envoyées par les maisons mère de commerce à leurs filiales, voire avec leurs associés comme le montre l'étude de Robert Chamboredon sur la correspondance des frères Fornier entre Nîmes et Cadix dans la seconde moitié du XVIIIe siècle. Dans ce cas, il s'agit aussi de donner à voir sa capacité à acquérir la bonne information et donc de renforcer sa « réputation » dans les milieux négociants. Apparaître comme celui qui peut récolter et diffuser la « bonne » information à ses associés ou à ses clients est une bonne manière d'investir pour de futures affaires.

Qu'elle soit publique, secrète ou privée, l'information circule selon des modalités différentes dépendant en partie des conditions matérielles des circulations en général. Celles-ci construisent des réseaux spécifiques organisés spatialement selon le type d'information en circulation. Les acteurs de la circulation de l'information construisent en quelque sorte une géographie européenne de sa diffusion.

[II. Modalités et réseaux de la circulation de l'information]

La circulation de l'information dépend avant tout de ses conditions matérielles et des voies empruntées par les écrits et les voyageurs qui les portent. On ne peut parler de réseaux au sens propre que lorsqu'existe une forme d'interconnexion entre les différents protagonistes de la circulation d'une information. Une simple correspondance entre deux personnes ne constitue pas un réseau. Mais il existe bien des réseaux de tous types constitués pour faire circuler l'information. Enfin, « l'espace européen » de l'information est très loin d'être fluide et homogène. Les réseaux, les nœuds, les espaces sous-irrigués par la circulation de l'information dessinent une géographie spécifique.

[1. Les conditions matérielles de la circulation de l'information]

Il n'existe pas encore à proprement parler de « réseau » européen des voies de communication. Des grandes routes royales traversent les États et relient entre elles les principales villes, mais elles sont bien peu nombreuses. Ainsi au Portugal, seule la route reliant Lisbonne à Porto peut rivaliser avec les grandes voies européennes. En Russie, la première route reliant Saint-Pétersbourg à Moscou ne verra le jour qu'au XIXe siècle. L'Europe du Nord-Ouest (France, Angleterre, Pays-Bas et Provinces-Unies) est bien pourvue en routes et en grands chemins, mais l'Europe méditerranéenne est très en retard. La péninsule ibérique ne comporte que quelques grandes routes, la péninsule italienne, fragmentée en de nombreux États est, elle aussi, mal lotie et les liaisons maritimes sont plus rapides que les liaisons terrestres. Pourtant, tous les États ont compris la nécessité d'investir dans la construction et l'entretien de grandes routes, notamment pour améliorer la circulation de l'information, mais ce n'est que dans les États puissants comme la France que cette politique a été menée systématiquement. Les ingénieurs du roi sont regroupés dans une même institution : le corps des Ponts-et-Chaussée bientôt doté d'une école spécifique. D'abord impulsée par Colbert, puis par le Régent et enfin par Louis XV, cette politique connaît une sorte d'apogée sous le contrôleur général et directeur général des Ponts-et-Chaussées Philibert Orry dans les années 1730-1740. À la fin du siècle, les temps de déplacement ont été souvent divisés par deux et les grandes routes françaises sont — avec celles des Pays-Bas et des Provinces-Unies — universellement reconnues comme les meilleures d'Europe.

Dans tous les États, les services de la Poste empruntent ces grandes routes. Souvent affermées à des compagnies ou à des familles particulières (cf. le monopole de la famille Thurm und Taxis dans l'Empire jusqu'à la fin du XVIIe siècle), les Postes font circuler marchandises, lettres et voyageurs dans d'innombrables voitures ou sur les cours d'eau navigables. Dans le dernier tiers du siècle, on assiste à une reprise en main des Postes par les États. Ainsi, en France, à partir de 1774, Turgot récupère les affermages et standardise les services des messageries royales. L'exemple est partiellement imité en Angleterre et dans d'autres États. L'une des principales routes postales en Europe est la grande dorsale du Nord qui va de Saint-Pétersbourg jusqu'à La Haye puis vers Paris et Londres, mais à la fin du siècle toutes les capitales sont plus ou moins reliées entre elles par un (ou plutôt des) réseau (x) de messageries.

[2. Réseaux et nœuds]

Il existe des réseaux constitués pour faire circuler l'information. C'est le cas notamment des réseaux de correspondance savante, des Académies, mais aussi de la franc-maçonnerie. Ces réseaux dessinent une « géographie » de la circulation internationale en Europe.

Les académies existent depuis le début du XVIIe siècle en Italie, mais le modèle académique européen se diffuse à partir de la création de l'Académie royale des sciences en 1666 par Louis XIV. Rapidement, tous les États d'importance se dotent d'académies royales des sciences ou des arts. Ces académies tissent des correspondances croisées et la pratique de l'affiliation multiple (un même savant est membre de plusieurs académies) contribue à créer de véritables réseaux de correspondance savante. La pratique des correspondances académiques est solidement établie à partir des années 1720. Ainsi, dès 1729, s'organise un échange régulier de publications officielles entre la *Royal Society* de Londres et l'Académie impériale de Saint-Pétersbourg. En 1753, les

Philosophical Transactions de Londres sont diffusés assez largement vers les Académies de Paris, de Berlin, de Göttingen, de Madrid. Les savants eux-mêmes circulent d'une académie à l'autre ou participent à des travaux collectifs favorisant la diffusion de l'information scientifique. Ainsi, le géographe français Delisle dirige l'Académie de Saint-Pétersbourg en 1720-1730. Quand il revient en France, il publie une carte de la Russie. L'Académie de Saint-Pétersbourg tente d'ailleurs, en vain, de faire retirer la carte, car les données sont considérées comme stratégiques.

Outre leurs activités académiques, les savants, les érudits et hommes de lettres européens entretiennent des « commerces épistolaires » souvent extrêmement étendus. Ainsi, la correspondance du mathématicien Leonhard Euler, étudiée par Siegfried Bodemann, forte de presque 3000 lettres, montre comment se construisent les réseaux savants entre 1726 et 1781. Ce réseau s'étend de Londres à Moscou et de Saint-Pétersbourg à Pise avec comme « nœuds » principaux les villes dont les académies entretiennent une forte activité : Londres, Paris, Berlin et Saint-Pétersbourg, mais aussi avec la Suisse qui compte alors plusieurs mathématiciens de renom. À noter que Euler n'entretient aucune correspondance avec des villes italiennes au sud de la Toscane ni avec la péninsule ibérique. La circulation des informations scientifiques passe également par les étudiants qui fréquentent les universités principales de l'Europe (Göttingen, Paris, Bologne, etc.) mais aussi par les réseaux personnels des enseignants comme le montre l'étude du réseau de correspondance scientifique de l'Université d'Édimbourg étudié par Stéphane Van Damme.

Sans parler de l'Église catholique dont les correspondances s'étendent à toute l'Europe non-protestante, d'autres réseaux confessionnels jouent un rôle primordial dans la circulation de l'information, qu'elle soit politique ou culturelle, c'est le cas des réseaux Huguenots déjà évoqués. Ainsi, la guerre des Camisards dans les années 1710 est connue dans toute l'Europe alors même que ce conflit est relativement mineur, car le milieu des journalistes en Hollande compte de nombreux réfugiés français informés par les correspondances circulant entre les communautés réformées. Le réseau des juifs séfarades dans les ports de Bordeaux à Hambourg est un autre exemple de ces maillages à base confessionnelle. Mais les réseaux de correspondance les plus étendus et les plus « transnationaux » du temps sont ceux de la franc-maçonnerie, étudiés par Pierre-Yves Beaurepaire. En effet, les maçons entretiennent non seulement des correspondances entre les individus mais aussi entre les loges mères et les nombreuses sociétés filiales (cf. l'étude de la correspondance de la Loge marseillaise Saint-Jean d'Écosse par Pierre-Yves Beaurepaire).

[3. L'espace européen de l'information]

De larges aires géographiques sont presque dépourvues de ces « nœuds » par lesquels l'information circule (l'Europe de l'Est, à l'exception de Berlin et de Saint-Pétersbourg et l'Europe du Sud-Est), tandis que la Grande-Bretagne, les Provinces-Unies, les Pays-Bas, la France et l'ouest de l'Allemagne présentent un maillage dense. Cette géographie de l'information évolue d'ailleurs dans le temps. Les réseaux se recomposent. Par exemple, le réseau des diffuseurs de livres en Allemagne est centré sur Francfort jusqu'au milieu du siècle, puis Leipzig prend de plus en plus d'importance.

Toutes les études de réseaux épistolaires montrent qu'il existe des lieux spécifiques qui concentrent les correspondances et les différents supports de l'information. Ce sont les grands ports qui concentrent les flux de voyageurs, de marchandises, de capitaux bancaires et de nouvelles (Amsterdam, Hambourg, Bordeaux, Cadix, Venise pour les nouvelles du Levant), mais aussi les « capitales des Lumières » (Paris, Londres, Amsterdam, Berlin, Venise dans une moindre mesure) et les grandes « plateformes » postales, par exemple La Haye dans les Provinces-Unies ou la petite ville de Celle en Basse-Saxe. Ces « nœuds » sont précieux pour les pouvoirs locaux qui en tirent de nombreux avantages. Certains petits États et certaines principautés secondaires dans la balance de l'Europe sont particulièrement actifs dans la circulation de l'information imprimée. C'est le cas de Genève, de Liège, de Neuchâtel ou de la principauté de Bouillon qui bénéficient d'un régime de censure moins strict qu'ailleurs et qui attirent donc les journalistes (*Le journal encyclopédique* à Liège) ou les éditeurs (la Société Typographique de Neuchâtel). Mais la circulation de l'information est évidemment polarisée par les grandes capitales politiques qui sont productrices d'information politique et culturelle et qui concentrent l'ensemble des flux de voyageurs, de marchandises et d'information. À l'inverse, de larges espaces sont structurellement sous-alimentés par l'information : les marges de l'Europe, donc la péninsule ibérique, l'Europe orientale, les campagnes éloignées des centres urbains. Cette géographie de la circulation de l'information est également différenciée selon la nature de cette information. Ainsi, les informations économiques sont polarisées par les grandes places du commerce terrestre et maritime tandis que l'information politique se concentre dans les capitales productrices de nouvelles diplomatiques. L'information artistique et/ou musicale est, quant à elle, marquée par la centralité de Paris et des capitales italiennes (Venise, Rome, Florence, puis Naples dans la deuxième moitié du siècle) qui attirent les artistes de toute l'Europe et qui se trouvent à l'origine de circulations d'information sur les œuvres, les artistes, les modèles artistiques. Ainsi Haendel voyage-t-il dans toute l'Italie avant de s'installer en Angleterre en 1720. De même, les voyages de Mozart dans les années 1760 sont dus à sa volonté d'acquérir des « savoir-faire » techniques en Italie, mais aussi de se constituer un carnet d'adresses et des contrats en France et en Allemagne.

[III. Liberté et contraintes de la circulation de l'information]

Si la circulation internationale de l'information emprunte des routes et utilise des réseaux spécifiques, elle est soumise à des contraintes de différents types (naturelles, culturelles mais aussi économiques et politiques), toutefois, ces contraintes ne sont pas des obstacles infranchissables, car d'autres facteurs facilitant cette circulation jouent en sens inverse pour la favoriser.

[1. Les contraintes naturelles et culturelles]

On l'a vu, la circulation de l'information passe le plus souvent par des voies qui sont celles des circulations générales. Or c'est d'abord la lenteur et l'incertitude qui les caractérisent. La vitesse de circulation des nouvelles dépend donc de la distance séparant l'émetteur et le receveur, mais aussi de la proportion de trajets terrestres et maritimes, de la proximité avec les grands axes de circulation postale. Dans les régions occidentales du continent à forte densité de population avec une urbanisation importante, le maillage routier est dense, les échanges nombreux, mieux organisés et donc plus rapides mais si l'on met à part les routes royales dans les grands États, les voies de communication terrestre sont plutôt de grands chemins, voire dans certaines régions éloignées des grands axes des sentiers, et l'on ne va guère plus vite qu'un homme marchant d'un bon pas, même en utilisant la traction animale. Seules les routes dotées d'un bon réseau de relais de poste sur lesquelles on peut trouver des chevaux de remonte permettent une circulation plus rapide mais l'on n'y peut tout de même que rarement dépasser les cinquante kilomètres par jour. Les voies fluviales peuvent être plus intéressantes pour le transport des marchandises ou des ballots de livres, mais elles sont rarement navigables sur l'ensemble de leur cours. Les voies maritimes sont soumises aux aléas de la mer et l'on navigue peu en hiver surtout au Nord de l'Europe. Les obstacles climatiques, les froids extrêmes, la boue sont autant de facteurs qui ralentissent les déplacements et donc la circulation de l'information.

Le corollaire obligé de la lenteur est le coût élevé des transports en général et de celui des journaux, des livres en particulier, car aux frais de transport proprement dits s'ajoutent des taxes. En France, au début du siècle, les gazettes hollandaises coûtent trois fois plus cher qu'en Hollande. Pour limiter ce surcoût, les journaux « s'abonnent » en payant une taxe annuelle aux services de la Ferme afin d'être diffusés par la Poste après le milieu du siècle en France.

Pour les lettres ordinaires ou pour les correspondances commerciales qui peuvent s'effectuer de port à port, on préfère confier ses lettres à un voyageur de confiance en partance qui remettra ses lettres en mains propres à un correspondant à l'arrivée. Cela offre l'avantage de ne rien coûter et surtout de ne pas dépendre des aléas du transport (pertes, vols, livres abîmés, journaux déchirés). Les correspondances intellectuelles sont remplies de demandes d'ouvrages et surtout de demandes d'information sur les « nouveautés ». En effet, pour pouvoir acheter des livres ou des journaux publiés à l'étranger, encore faut-il savoir qu'ils existent. Une bonne partie des correspondances privées sont donc consacrées aux nouvelles parutions tandis que les journaux prennent l'habitude de proposer des annonces de parution, des extraits ou des comptes rendus de lecture.

Les différences linguistiques sont aussi des contraintes majeures de la circulation et de la réception de l'information. Si le français devient une sorte de *lingua franca* européenne des élites, il n'est pas parlé ni écrit partout. Le latin y supplée encore souvent chez les savants. L'allemand est aussi langue de culture en Europe centrale et de l'est. Comment diffuser ou recevoir l'information dans une langue qui n'est pas la sienne ? La circulation de l'information doit nécessairement passer par la multiplication des traductions parfois multiples pour pouvoir être « reçue » dans de nombreuses langues européennes. Des ouvrages anglais sont par exemple traduits en français avant d'être retraduits en italien, en espagnol ou en suédois. Un exemple de ces problèmes de réception est celui des traductions de Shakespeare. Dans les années 1740, un *Shakespeare revival* se manifeste en Angleterre, mais les traductions de ses pièces passent par le filtre de ses adaptateurs français comme Ducis qui élimine les « inconvenances » du dramaturge anglais pour s'adapter au goût dominant et aux règles du classicisme français.

Outre les contraintes naturelles, technologiques ou linguistiques, ces contraintes religieuses, sociales ou politiques contribuent également à bloquer ou du moins à orienter les flux d'informations internationaux.

[2. Contrôle de la circulation de l'information]

Dans tous les États, même ceux réputés plus « libéraux » en la matière, existent des institutions chargées de contrôler la production et la circulation de l'information, voire de tenter d'en interdire la diffusion. La censure connaît de très nombreuses formes et n'est pas toujours un monopole de l'État. Les Églises — catholique, protestantes et orthodoxe — jouent des rôles toujours actifs dans le contrôle de la circulation des écrits. Ainsi en Espagne ou au Portugal, l'Inquisition considère que le contrôle des écrits fait partie intégrante de sa mission de surveillance de la pureté doctrinale. Dans les États républicains comme les Provinces-Unies ou Genève, les institutions de censure sont parfois municipales. Le régime de la censure est réputé plus libéral en Hollande, en Suisse et en Angleterre, mais si la censure préalable est supprimée en Angleterre en 1697 (elle est rétablie en 1737 notamment sur les pièces de théâtre), cela ne veut pas dire qu'il n'y a pas de contrôle *a posteriori*, surtout quand il s'agit d'informations venant de l'étranger.

En effet, la censure est dite « préalable » quand elle s'exerce à la source, avant l'impression et la diffusion, mais elle peut également s'exercer après une autorisation « tacite » de publication (c'est-à-dire sans la protection du « privilège » accordé par le souverain). En France, c'est la Direction générale de la Librairie qui est chargée d'examiner les ouvrages avant publication, mais aussi le contenu des livres qui entrent dans le royaume par les voies légales. Elle doit également détruire les « mauvais livres » et les contrefaçons. Des livres sont interdits de publication ou de vente. Des éditeurs, des imprimeurs, des journalistes, des colporteurs sont emprisonnés ou soumis à des amendes. Les douaniers de tous les États s'intéressent toujours particulièrement aux ballots de livres. Les *Mémoires* de Casanova racontent les subterfuges employés par les voyageurs « éclairés » pour tromper les douaniers à l'entrée de Rome ou de Vienne. Souvent, il suffit de les corrompre, mais ce n'est pas toujours possible, on cache alors les livres dans des malles à double fond ou on insère les

« mauvais » livres dans des reliures dont les titres renvoient à une littérature « orthodoxe ». Confrontés à la censure probable de leurs lettres, les grands épistoliers comme Voltaire ou les simples particuliers emploient des expressions codées, pratiquent le sous-entendu, les mots à double emploi, etc.

La censure peut aussi s'exercer sur des journaux en particulier. Les gazettes hollandaises sont ainsi interdites à l'importation et à la vente en France à plusieurs reprises dans la période, lors des périodes de tensions politiques avec les Provinces-Unies notamment. La censure peut aussi avoir des objectifs économiques en cherchant à préserver les revenus des éditeurs nationaux contre les imprimeurs étrangers qui ne paient pas le privilège. La censure ne revêt donc pas forcément une forme directement politique : on peut censurer un journal en augmentant les coûts ou les taxes (le « timbre »).

Dans tous les États fonctionnent des formes de censure postale plus ou moins efficaces qui sont d'abord tournées vers le contrôle de la circulation de l'information politique adressée par les ambassadeurs à leurs souverains ou simplement venant de l'étranger. Pourtant, selon les théoriciens du droit des gens, Wicquefort ou Vattel, les dépêches d'un ambassadeur sont inviolables au même titre que ses autres propriétés. En réalité, le viol de leurs courriers est sans doute l'atteinte aux immunités diplomatiques la plus fréquente. Le renforcement général du monopole d'État sur le transport des courriers au XVIIe siècle crée les conditions favorables à l'ouverture clandestine des dépêches. Des structures dédiées spécifiquement à l'espionnage postal sont organisées : les cabinets noirs. L'expression désigne aussi bien l'endroit dans lequel le secret des correspondances est violé, que la procédure technique d'ouverture, de transcription et de fermeture des lettres. Ces activités sont placées sous l'autorité directe, ou en relation étroite, avec le département des Affaires étrangères, que ce soit le *Secret Office* anglais, le *Geheime Kabinetskanzlei* autrichien, ou leurs équivalents français, russe, espagnol, hollandais. Des puissances de moindre envergure, mais situées sur des nœuds routiers se dotent des moyens d'intercepter les courriers diplomatiques. C'est le cas dès la fin du XVIIe siècle de Hambourg ou du Hanovre qui se trouvent sur l'itinéraire reliant la Scandinavie au continent, mais aussi sur le grand axe Riga-Dantzig-Amsterdam. Au XVIIIe siècle, les électeurs de Hanovre étant devenus rois d'Angleterre, l'électorat allemand devient la pierre angulaire de leur système de renseignement dans le Nord. Dissimulé sous l'expression *The Correspondant in Paris*, l'espionnage hanovrien informe le gouvernement de Londres des ordres envoyés par Versailles avant même qu'ils n'atteignent l'ambassadeur en poste à Stockholm. C'est ainsi que, par exemple, lors de la guerre de Sept Ans, le gouvernement anglais connaît la teneur d'un projet français de débarquement en Angleterre, ou qu'au début des années 1770, il apprend les préparatifs du coup d'État de Gustave III de Suède.

En effet, si le contrôle de l'information est de tout temps, les temps de crise ou des guerres sont particulièrement marqués par les tentatives des États d'en prendre la maîtrise. À tel point que les journaux s'autocensurent parfois (c'est le cas des gazettes de Hollande) pour éviter l'interdiction de vente. Les États tentent de contrôler la circulation de l'information qu'ils ne produisent pas mais ils cherchent aussi à l'orienter en produisant de la désinformation ou de la propagande. Les ministres utilisent les gazettes et les éditeurs pour publier des nouvelles à leur avantage ou pour diffuser de fausses nouvelles militaires ou diplomatiques. La propagation de fausses nouvelles est toutefois rapidement dévoilée par la multiplicité des sources. Ainsi, en 1709, pendant la Grande Guerre du Nord, la Suède tente de faire croire à une victoire sur la Russie à la bataille de Poltava en inondant les gazettes de comptes rendus mensongers mais on apprend rapidement la déroute suédoise devant les armées de Pierre Ier.

Si les États tentent de contrôler la circulation de l'information ou de l'orienter, ils l'interdisent pourtant relativement rarement. Les princes éclairés ou non en Europe considèrent en effet que leur rôle est d'encourager la « bonne » information en pratiquant une politique volontaire de construction d'infrastructures de transport. Les officiers de l'État, de plus en plus « administrateurs » et « économistes », sont convaincus que la circulation de l'information publique doit profiter à tous. Ils encouragent notamment la circulation des statistiques économiques ou celles des savoirs non-stratégiques. Certains souverains contribuent eux-mêmes à la circulation internationale de l'information, administrative, économique et technologique, comme le montrent les exemples des voyages de Pierre le Grand en 1697 ou ceux de Joseph II d'Autriche dans les années 1770 et 1780, voyages pendant lesquels les deux souverains s'enquièrent des nouveautés technologiques et dans l'art d'administrer les peuples.

Le rôle des États n'est donc pas entièrement négatif sur la circulation de l'information. Ils doivent aussi compter avec les évolutions des mentalités et des esprits, mais aussi avec des facteurs qui échappent en partie à leur contrôle, comme l'alphabétisation croissante et l'accentuation du nombre des Européens qui se déplacent d'un pays à l'autre.

[3. Les facteurs favorisant la circulation de l'information]

Certes, les contraintes à la circulation internationale de l'information sont nombreuses, pourtant d'autres évolutions contribuent au contraire à son accentuation.

Tout d'abord, ce qu'on pourrait appeler « l'esprit du temps » ou bien les « idées des Lumières ». Pour les « philosophes », la « publicité » est un facteur de progrès. La circulation et la diffusion du savoir permettent d'améliorer le sort des hommes. En supprimant les obstacles à la circulation des savoirs, des techniques, des arts et des sciences, on prépare la fin des « préjugés », car le « commerce » entre les hommes (au sens le plus général du terme) permet la confrontation des mœurs, des usages mais aussi de saisir ce qui fonde l'unicité de la nature humaine malgré la diversité des mœurs. Les philosophes « économistes » font l'apologie de la circulation des marchandises, des savoirs et de l'information censée fluidifier les relations humaines au bénéfice de tous. On fustige les « égoïsmes » de nation, on fait l'apologie des voyages qui permettent de se confronter aux réalités de l'autre côté des frontières. L'utopie maçonnique de la circulation sans contrainte et universelle des hommes et des idées renvoie à l'idée d'*œkoumène*, de communauté du genre humain. Une certaine forme de conscience européenne cosmopolite est fort répandue dans les élites du temps, elle conduit à une sorte de « culture » éclairée européenne des élites au sein de laquelle la circulation de l'information est pensée comme la circulation des fluides naturels dans le corps humain. L'information, le savoir, les Lumières irriguent les artères de l'Europe. Les lettrés voient d'ailleurs dans la relative homogénéité culturelle des élites européennes ce qui les distingue du « bas peuple ». La circulation des idées dans cette élite cosmopolite est aussi vue comme l'indice de la supériorité de la « civilisation » de l'Europe sur les autres « parties de la terre ».

La croissance de la production et de la circulation des imprimés et donc de l'information qu'ils contiennent est également le fruit de l'essor de l'alphabétisation dans les régions développées de l'Europe. Le nombre de personnes sachant lire augmente dans presque tous les États et donc la « demande » d'information. Dans les villes européennes, la pratique des salons de lecture permet à ceux qui ne peuvent acheter les livres de s'abonner et d'en emprunter. N'oublions pas, par ailleurs, que la pratique de la lecture collective est commune dans la période. L'information contenue dans les imprimés se diffuse donc au-delà des personnes sachant lire. Les colporteurs la font circuler (par le biais des almanachs notamment) même dans les campagnes éloignées des villes. La circulation de l'information est renforcée par le développement des formes plus ou moins nouvelles de sociabilité (salons, clubs, sociétés de pensée) qui se multiplient dans les dernières décennies du XVIIIe siècle. Ainsi, les sociétés des Amis de la Patrie (*Amigos del Pais*) en Espagne dans les années 1780 prennent en charge la diffusion de l'information économique et administrative. Néanmoins, l'espace européen de l'information est essentiellement urbain et socialement limité aux élites sociales, même si les couches populaires supérieures des grandes villes y ont accès aussi. Il existe par ailleurs une circulation de l'information dans les milieux populaires par le biais du colportage ou des correspondances de métier, mais elles sont moins bien connues, à l'exception toutefois de la communauté des verriers d'Altare étudiée par Corinne Maitte.

La croissance indéniable du nombre de voyageurs pendant le siècle est évidemment un facteur de l'accélération de la circulation de l'information. Cette augmentation crée une forte demande pour la littérature apodémique étudiée par Daniel Roche : le nombre de titres destinés à préparer le voyage, les guides, les cartes, les atlas, les récits envahissent les bibliothèques et contribuent à diffuser les informations pratiques destinées aux voyageurs. Ainsi, quand elle part faire son premier Grand Tour en Europe en 1769, la princesse Dashkoff emporte-t-elle de nombreux ouvrages décrivant les contrées qu'elle va parcourir. Elle compare ses propres réflexions à celles des voyageurs qui l'ont précédée et en rend compte dans ses lettres vers la Russie et plus tard, dans ses *Mémoires*. La croissance de la demande en produits manufacturés contribue également à l'apparition d'une nouvelle forme d'information publique : la réclame. Les premiers catalogues de produits de luxe apparaissent (notamment en ébénisterie, joaillerie, parures de Paris) en même temps que des listes de prix de produits à la vente dans les journaux.

[Conclusion]

La circulation internationale de l'information des années 1680 aux années 1780 crée-t-elle un « espace européen de l'information » ou une « société de l'information » ? Incontestablement, la circulation des informations de tous types s'accélère entre le début et la fin de la période : l'accélération des déplacements provoqués par les améliorations, même limitées, des voies de communication, l'augmentation du nombre de voyageurs, la sûreté accrue des déplacements, mais aussi la croissance de la demande d'information et des vecteurs qui la transmettent, sont autant de facteurs qui expliquent cette évolution.

Qu'elle soit publique (à travers les principaux médias du temps que sont les livres, les journaux, les gazettes, les partitions, les catalogues d'œuvres d'art), secrète (comme dans les correspondances diplomatiques) ou privée (notamment par les lettres dont le coût de l'acheminent diminue), l'information circule selon des modalités très différentes mais qui peuvent se recouper.

Ces circulations empruntent des voies qui constituent des réseaux animés par des acteurs de tous types : les réseaux épistolaires des savants et des académies ne correspondent pas à ceux des diplomates ou marchands qui s'échangent des informations économiques ou financières ou encore à ceux de la diaspora huguenote en Europe. Le maillage, ténu ou dense, de ces réseaux dessine une géographie de la circulation de l'information en Europe, géographie caractérisée par des contrastes et des clivages spatiaux qui opposent l'Europe du Nord-Ouest, irriguée par des flux d'échanges incessants et les autres parties de l'Europe où les échanges sont rendus plus difficiles par les conditions géographiques et politiques du temps. Partout, les informations circulent au rythme lent des déplacements des hommes le long des voies de transports de l'époque.

Les pouvoirs, étatiques ou religieux, tentent de contrôler, d'orienter et parfois d'interdire la circulation de l'information. Ils disposent pour cela de moyens réels mais limités. Certes, les différentes formes de censure, de désinformation ou de propagande peuvent être ponctuellement efficaces, il n'en reste pas moins que jamais elles n'arrêtent les flux d'information qui circulent d'un bout à l'autre de l'Europe. Les États ne recherchent d'ailleurs pas à empêcher toute circulation, mais plutôt de l'orienter à leur profit. D'où des politiques d'investissement qui, partout, tentent de favoriser la circulation — du moins les circulations matérielles — pensée comme condition de l'enrichissement des États et des populations.

« L'espace européen de l'information », « la société de l'information » européenne ont donc une certaine réalité entre les années 1680 et les années 1780, mais cet espace, cette société ont des limites marquées par l'absence de transformation technologique massive, par les contraintes des milieux naturels et celles engendrées par les sociétés et les pouvoirs d'Ancien régime. Il faut attendre la révolution des chemins de fer au siècle suivant pour voir l'espace européen de l'information se transformer sous l'effet de l'accentuation de la fluidité de la circulation de l'information.

15. Écrit 2.
Commentaire d'un dossier de documents (histoire ancienne) : L'élaboration du principat, enjeux et contenu des « réformes » d'Octavien/Auguste

1. Analyse critique (notée sur 10 points).

Faire le commentaire composé des six documents proposés, en soulignant leur intérêt et leurs limites éventuelles pour la compréhension du thème.

2. Exploitation adaptée à un niveau donné (notée sur 10 points).

Rédigez un écrit de synthèse, résultant de l'analyse critique des documents et visant à la transmission d'un savoir raisonné, en mettant en évidence les notions, les connaissances et les documents ou extraits de document que vous jugerez utiles à un enseignement d'histoire en classe de sixième.

Document 1 : Extrait des *Res Gestae Diui Augusti. Hauts Faits du Divin Auguste*, 34-35, texte établi, traduit et commenté par J. Scheid, Paris, Les Belles Lettres, 2007, p. 24-25.

34. 1. Pendant mon sixième *(28 av. J.-C.)* et mon septième *(27 av. J.-C.)* consulat, après avoir éteint les guerres civiles, étant en possession du pouvoir absolu avec le consentement universel, je transférai la république de mon pouvoir dans la libre disposition du Sénat et du Peuple romain. 2. Pour ce mérite, je fus appelé Auguste par sénatus-consulte, les montants de la porte de ma maison furent revêtus sur ordre public de laurier, une couronne civique fut fixée au-dessus de la porte de ma maison, et dans la curie fut accroché un bouclier d'or, que le Sénat et le Peuple romain m'offraient en raison de ma vaillance, de ma clémence, de ma justice et de ma piété, ainsi que l'inscription figurant sur le bouclier l'atteste.

3. Depuis ce temps, je l'emportais sur tous en autorité, mais je n'avais pas plus de pouvoir que tous ceux qui ont été mes collègues dans toutes les magistratures.

35. Lorsque je gérais mon treizième consulat *(2 av. J.-C.)*, le Sénat et l'ordre équestre, ainsi que le Peuple romain tout entier, m'ont donné le titre de père de la patrie, et ont décidé que ce titre serait gravé dans le vestibule de ma maison, dans la Curie, et au Forum Auguste sous le quadrige qui m'y a été élevé en vertu d'un sénatus-consulte. J'ai soixante-seize ans au moment où je rédige ce texte.

Document 2 : Tacite, *Œuvres complètes. Annales*, Livre I, chap. II, 1, III, 1 et 7 et IV, 1, texte traduit, présenté et annoté par P. Grimal, Gallimard, Paris, 1990, p. 373-375.

II. *1.* Une fois que, après la défaite de Brutus et de Cassius, l'État n'eut plus d'armée, que Sextus Pompée fut vaincu dans les eaux de Sicile, que l'élimination de Lépide, la mort d'Antoine n'eurent laissé au parti julien lui-même d'autre chef que Caesar, celui-ci abandonna le titre de triumvir, se déclara consul, se contentant disait-il, de la puissance tribunicienne pour protéger la plèbe ; puis quand il eut gagné l'armée par ses largesses, le peuple par des distributions de vivres, tout le monde par la douceur de la paix, peu à peu le voici qui monte et attire à lui les prérogatives du sénat, des magistrats, des lois, sans que personne lui résiste, étant donné que les hommes les plus énergiques avaient péri sur les champs de bataille ou par suite des proscriptions et que les nobles qui survivaient étaient comblés de richesses et d'honneurs dans la mesure où chacun était plus empressé à servir ; ayant gagné au changement de régime, ils aimaient mieux le présent et sa sécurité que le passé avec ses périls. [...]

III. *1.* Cependant Auguste, pour mieux fonder son autorité absolue, éleva le fils de sa sœur, Claudius Marcellus, qui n'était encore qu'un tout jeune homme, au pontificat et à l'édilité curule et honora de deux consulats consécutifs M. Agrippa, d'origine obscure mais grand homme de guerre et compagnon de sa victoire, puis, lorsque Marcellus mourut, il le prit pour gendre ; il promut Tibérius Nero et Claudius Drusus, ses beaux-fils, au titre d'imperator alors même que sa propre maison était encore intacte. [...]

7. À l'intérieur, tout était tranquille, les noms des magistratures étaient les mêmes ; les plus jeunes hommes étaient nés après la victoire d'Actium, même le plus grand nombre des hommes âgés étaient nés au milieu de la guerre civile ; combien restait-il de gens qui avaient vu la République ?

IV. *1.* Ainsi, le régime de l'État transformé, rien, nulle part, ne subsistait intact de l'esprit ancien. Tous, oubliant l'égalité, attendaient les ordres du prince, sans rien craindre pour le moment présent, aussi longtemps qu'Auguste, dans la force de l'âge, maintint sa propre personne, sa maison et la paix.

Document 3 : avers et revers de l'*aureus* d'Octavien,
28 av. J.-C. (British Museum).

Document 4 : l'*Ara Pacis*, frise du mur sud
(Museo dell'Ara Pacis, Rome, cliché : M.-J. Ouriachi).

Document 5 : Hurlet Frédéric, Les auspices d'Octavien/Auguste,
dans *Cahiers du Centre Gustave Glotz*, 12, 2001. p. 179-180.

À la concurrence auspiciale d'époque républicaine succédait dans le domaine militaire un usage dynastique des auspices qui faisait du prince et de sa *domus* les seuls garants de la volonté des dieux.

L'intérêt d'Octavien/Auguste pour les auspices témoigne à la fois du traditionalisme du nouveau régime et de l'ambiguïté foncière d'une telle politique. En la matière, le prince fit rétablir et appliquer à partir de 19 au détriment des proconsuls la règle ancestrale qui réservait aux magistrats le droit de connaître la volonté des dieux, tandis qu'il se faisait octroyer la même année une dérogation à une telle pratique. De cette manière, il entendait mettre un terme à un laxisme généralisé à la fin de la République, déjà dénoncé par Cicéron, qui n'avait pas empêché les promagistrats nommés après avoir exercé leur magistrature de prendre des auspices pourtant viciés d'un strict point de vue augural ou selon une interprétation rigoriste défendue par Varron. Mais derrière cette restauration religieuse de façade se dissimulaient des intentions politiques d'autant plus évidentes si on la met en rapport avec la loi qui instaurait au début du principat un délai quinquennal entre la gestion de toute magistrature et l'exercice d'une promagistrature. Une telle mesure légale présentait pour Auguste un double avantage : priver tout d'abord les consuls de leur *imperium militiae* ; mais aussi mettre en cause la légitimité des auspices pris par des proconsuls qui partaient en province au moins cinq années après la préture ou le consulat. La mise en œuvre de tout un programme qui touchait à des questions à la fois religieuses et politiques déboucha en fin de compte pour le nouveau régime vers un résultat global positif qui témoigne des pratiques et de la nature du principat : sous l'apparence de la continuité et par une voie légale, le prince ainsi que les membres de sa famille associés aux pouvoirs impériaux gagnèrent à être reconnus désormais comme les seuls détenteurs légitimes des auspices pris en province. Par la même occasion, ils monopolisèrent les salutations impériales, les ovations et les triomphes, honneurs militaires pour lesquels une prise d'auspices régulière apparaissait comme une condition indispensable. Le système auspicial fut dans ces conditions profondément transformé sous le principat augustéen et réorienté de façon à constituer un des fondements juridiques du pouvoir impérial dans les provinces. Le retour aux traditions politiques et religieuses originelles ne doit pas faire oublier que l'observation par Octavien du vol des vautours annonçait aussi la naissance d'une nouvelle Rome et l'avènement d'un nouveau Romulus, surnom qu'Auguste déclina après avoir longuement hésité.

Document 6 : Suétone, *Vie des Douze Césars, Auguste*, XXXI, texte établi et traduit par Henri Ailloud, Les Belles Lettres, Paris, 1967, p. 88-90.

Lorsqu'il devint grand-pontife après la mort de Lépide, car il n'avait jamais voulu, de son vivant, lui retirer cette charge, ayant rassemblé tous les recueils de prophéties grecs et latins qui, sans aucune autorité ou sans autorité suffisante, avaient cours dans l'empire, soit plus de deux mille ouvrages, il les fit brûler, et ne conserva que les livres Sibyllins, encore après y avoir fait un choix, puis il les enferma dans deux armoires dorées, sous la statue d'Apollon Palatin. […] Il rétablit même quelques institutions religieuses d'autrefois, peu à peu tombées en désuétude comme l'augure du Salut, la dignité de flamine de Jupiter, la cérémonie des Lupercales, les jeux séculaires et ceux des Compitales. Il interdit la course des Lupercales aux jeunes gens encore imberbes et défendit aux jeunes gens des deux sexes d'assister, durant les jeux séculaires, à aucune représentation nocturne, sans être accompagnés d'une personne âgée de leur famille. Il décida que les Lares des carrefours seraient ornés de fleurs deux fois par an, au printemps et en été. […]

Annexe

Pour la classe de 6ᵉ : extrait du BOEN du 28 août 2008.

III. ROME
(environ 25% du temps consacré à l'histoire)
Thème 2 - L'EMPIRE : L'EMPEREUR, LA VILLE, LA ROMANISATION

CONNAISSANCES	*DEMARCHES*
L'empereur dispose de l'essentiel des pouvoirs ; il a le soutien de l'armée et fait l'objet d'un culte.	Étude du personnage d'Auguste et d'un autre empereur important au choix.
La paix romaine, appuyée sur la puissance militaire, s'impose aux provinces de l'Empire. Elle favorise la construction d'infrastructures et le développement des échanges.	L'étude est conduite au choix à partir d'une villa gallo-romaine ou du trajet d'un produit (vin, huile, métaux, céréales...).
L'Urbs, capitale de l'Empire, concentre les monuments symboliques où le pouvoir se met en scène.	L'étude est conduite à partir d'une visite de l'Urbs (monuments, sanctuaires, statuaire) et d'un exemple au choix d'une ville romaine en Gaule ou en Afrique du Nord.
La romanisation s'appuie sur l'urbanisation sur le modèle de Rome, et sur la diffusion du droit de cité romaine sans faire disparaître la diversité religieuse et culturelle.	

CAPACITES
Connaître et utiliser les repères suivants
- Le principat d'Auguste, 27 av. J.-C. - 14
- « Paix romaine », Ier et IIe siècles
- L'édit de Caracalla, 212
Décrire et expliquer le rôle d'Auguste dans la vie politique
Reconnaître les principaux monuments de l'Urbs au 1ₑ siècle
Décrire une ville gallo-romaine

Réflexion sur le sujet

Concernant la première partie de l'épreuve : analyse critique

Le terme « élaboration » de même que la désignation « Octavien-Auguste » ont été volontairement choisis pour alerter le candidat sur le fait que le principat est le fruit d'une lente construction qui ne saurait se limiter à la seule année 27 av. J.-C. (l'ensemble des documents est d'ailleurs révélateur de cette épaisseur temporelle du sujet). Cela nous conduit d'emblée à définir un *cadre chronologique* qui remonte au moins à l'année 28 av. J.-C., lorsque Octavien restaure les assemblées électives et rédige un édit mettant fin aux mesures illégales prises pendant la dictature de César et lors de son triumvirat avec Lépide et Marc Antoine. Quant à la limite aval du sujet, il faut la faire coïncider avec le décès du fondateur du principat, puisque, dans son testament politique (doc. 1), Auguste justifie ses actes, de manière à assurer la survie de son œuvre et la transmission de son pouvoir à son fils adoptif : les mois d'août et septembre 14 prouvent que cet objectif a été atteint.

Le sujet porte sur les *enjeux* et le *contenu* des « *réformes* » augustéennes. L'usage des guillemets permet d'inciter le candidat à revenir sur les débats autour du terme « réforme », et surtout à réfléchir à son sens dans le contexte du monde romain antique. En effet, les auteurs anciens n'utilisent pas le mot *reformare* avec le sens que nous lui connaissons (transformer un état des choses pour le faire évoluer) : dans les sources antérieures à l'époque byzantine, *reformare* a le sens de « rendre à sa forme première ». Il s'agit donc de réparer un défaut afin de permettre un retour à un état précédent (Yann Rivière, avant propos de l'ouvrage, *Des réformes augustéennes*, Rome : École française de Rome, 2012, p. 2). L'usage de ce terme est particulièrement riche dans le cas qui nous occupe ici, puisqu'Auguste insiste sur la restauration de l'état de droit tout en transformant en profondeur la nature du régime. Les deux acceptions, ancienne et moderne, du terme réforme se rencontrent donc dans l'œuvre politique augustéenne. Si le sujet ne porte pas uniquement sur le contenu des réformes, c'est parce qu'il nous semble important que les candidats s'interrogent sur les enjeux de cette construction : pour Auguste, comme pour ceux qui ont accepté cette évolution, notamment institutionnelle, il s'agit d'abord d'éviter un retour aux désordres passés. Cependant, la prudence affichée par Auguste s'explique sans doute aussi par le souci de ne pas provoquer de réaction brutale de la part des partisans de l'ordre ancien (et éviter de subir le sort de son père adoptif).

Dans ce sujet, la définition d'un *cadre spatial* ne constitue pas un élément déterminant. Les décisions sont prises à Rome mais concernent l'ensemble de l'empire (notamment le partage des provinces de l'année 27).

Puisqu'il s'agit d'un commentaire de *documents*, il convient de voir en quoi les pièces du dossier éclairent les différentes facettes du sujet. Les documents du corpus permettent de traiter la dimension institutionnelle du sujet (restauration de l'état de droit/concentration des pouvoirs dans les mains d'un seul homme, construction dynastique alors que le pouvoir n'est en apparence pas héréditaire), mais également d'aborder la dimension morale et religieuse de l'œuvre d'Auguste. Les documents 1, 3 et 4 sont enfin révélateurs des discours et des images qu'Auguste a produits pour tenter d'influer sur la perception que ses contemporains pouvaient avoir de son action : on touche là aux bases idéologiques du régime.

• Problématique : le projet augustéen mêle intimement restauration et transformation, de sorte qu'il ne se laisse pas aisément appréhender. Nous verrons qu'Octavien-Auguste, tout en mettant en avant l'idée de restauration de la *res publica*, parvient à installer progressivement un nouveau régime, dans lequel les principes institutionnels de la République sont subvertis (au moins en ce qui concerne les pouvoirs du prince).

Choix du plan

I. Rétablissement de la paix et restauration de l'état de droit.

II. Une concentration progressive des pouvoirs dans les mains d'un seul.

III. Les raisons d'un succès : consensus et restauration morale.

Concernant la deuxième partie de l'épreuve : exploitation adaptée à un niveau donné

Le dossier propose de travailler sur la transposition de tout ou partie de ce sujet dans une classe de 6ᵉ. Le thème 2 de la partie du programme consacrée à Rome porte précisément sur « L'Empire : l'empereur, la ville, la romanisation ».

Eu égard au sujet traité et à la composition du dossier, nous proposons d'aborder le principat d'Auguste – qui constitue un des repères du programme – en prenant appui sur l'une des capacités mentionnées dans ce même programme : « décrire et expliquer le rôle d'Auguste dans la vie politique ». Nous proposerons de prendre appui sur deux extraits (simplifiés et adaptés à l'âge des élèves) des doc. 1 et 2, afin de comprendre la nature des pouvoirs du prince et les circonstances qui ont permis le passage de la République à l'Empire.

Première partie : analyse critique

[Introduction]

[Accroche]

Octave-Octavien-Auguste : l'évolution de la dénomination du fondateur du principat constitue un puissant révélateur d'une ascension hors norme, qui permet au fils d'un *homo novus* de se hisser au sommet de l'État romain, en disposant d'un pouvoir inédit dans la République finissante. Cette réussite d'un individu et de son projet de rénovation politique interroge l'historien qui peine à cerner le dessein d'Auguste, d'autant que la longévité de l'empereur conduit à se demander quelle part revient au projet initial et quelles inflexions ont pu intervenir durant son règne.

[Définition des termes du sujet]

Les historiens utilisent souvent le terme de « réforme » pour évoquer l'œuvre politique d'Auguste et les changements qu'elle a induits : cette notion doit être utilisée avec précaution car le sens ancien de *reformare* est « rendre à sa forme première » et non transformer pour faire évoluer. Son intérêt réside toutefois dans le fait qu'elle permet de conjuguer l'idée de restauration des pratiques anciennes avancée par Auguste et un changement politique effectif. Le sujet met en avant à la fois le contenu — c'est-à-dire les décisions et les réalisations d'Auguste — mais aussi les enjeux de cette réforme : il s'agit de s'interroger sur les motivations du prince et de ceux qui ont accepté cette évolution du régime.

[Limites chronologiques du sujet]

Le sujet invite à prendre en compte le facteur temps dans l'analyse de la mise en place du principat : en effet, Octavien est le nom que Caius Octavius prend à partir de 43, c'est-à-dire après la ratification de son adoption par César. Il convient donc de ne pas faire démarrer l'analyse en 27 av. J.-C. et surtout de ne pas considérer que le processus est achevé à cette date. Nous remonterons donc à la victoire d'Octavien sur ses adversaires et prolongerons l'analyse jusqu'au décès d'Auguste, la transmission de son pouvoir à son fils adoptif Tibère étant également à porter à son crédit.

[Sources]

La difficulté, lorsqu'on analyse les réformes augustéennes, réside notamment dans les sources puisque les auteurs sur lesquels se fonde notre connaissance — Velleius Paterculus, Tacite, Suétone ou Dion Cassius — proposent une analyse des faits *a posteriori*, et sont influencés par ce qu'est devenu le régime à l'époque des Antonins ou des Sévères. Ainsi Dion Cassius voit-il dans la mise en place du principat une rupture : les contemporains d'Auguste étaient-ils conscients de cette réalité ? Pour appréhender au mieux cet épisode, il convient donc de prendre également appui sur les documents contemporains des faits mais ceux-ci sont pour la plupart une émanation du prince lui-même ou de son entourage. C'est tout l'intérêt du corpus proposé que de mêler ces deux types de sources. On notera que les documents sont de natures différentes, puisque le premier est la transcription d'un document épigraphique — il s'agit d'un extrait des *Res Gestae*, autobiographie ou testament politique d'Auguste, un document affiché à la mort d'Auguste sur deux tables de bronze devant son mausolée, tables que l'on n'a pas retrouvées mais dont le texte a pu être reconstitué grâce à quatre copies plus ou moins fragmentaires provenant des anciennes provinces de Galatie et d'Asie, tandis que les documents II et VI sont constitués par des extraits des ouvrages de Tacite (*Annales*) et Suétone (*Vie des douze Césars : Auguste*), deux historiens qui ont composé leur œuvre sous les premiers Antonins ; à ces textes viennent s'ajouter deux documents iconographiques avec l'*aureus* d'Octavien daté de 28 av. J.-C. et une vue partielle de la frise du mur sud de l'*Ara Pacis*, inauguré en 9 av. J.-C., représentant les membres de la famille d'Auguste, participant à une procession en compagnie de flamines. L'ensemble de ces documents est à classer dans les documents sources, à l'inverse du texte 5, que l'on doit à Frédéric Hurlet., dans lequel cet historien analyse la confiscation des auspices par Auguste.

[Problématique]

L'ensemble documentaire permet de ne pas se limiter à une approche institutionnelle, mais d'aborder également d'autres dimensions telles que la religion et la morale voire l'idéologie. Il s'agira de montrer qu'Octavien-Auguste, malgré un discours centré sur l'idée de restauration de la *res publica*, a profondément transformé le régime et mis en place un système dans lequel l'essentiel des pouvoirs était entre ses mains.

[Annonce du plan]

Nous évoquerons dans un premier temps le projet affiché par Auguste de rétablir la paix et restaurer l'état de droit. Nous analyserons ensuite la lente construction institutionnelle qui lui a permis de constituer la figure du prince. Notre analyse s'achèvera sur les facteurs qui expliquent le succès de l'entreprise augustéenne en en étudiant notamment les dimensions morale et idéologique.

[I. Le rétablissement de la paix et la restauration de l'état de droit]

L'ascension d'Octavien (que les sources anciennes désignent plutôt sous le nom Caesar, comme le prouve le doc. 2, l. 3) s'inscrit dans un contexte qui détermine la première phase de son action politique, mais aussi lui sert à constituer un véritable leitmotiv de son projet, que sont le retour à la paix et le rétablissement de l'état de droit.

Dans le doc. 1, constitué par les *Res Gestae*, Auguste affirme « avoir éteint les guerres civiles » (il utilise le « je », afin de bien signifier que c'est à lui que la population doit ce bienfait). Plus loin, il évoque la couronne civique qu'il a reçue en 27 av. J.-C. à l'initiative du sénat : cette couronne de feuille de chêne est une récompense militaire attribuée à quelqu'un qui a sauvé la vie d'un citoyen romain ; elle témoigne ici de la reconnaissance du sénat à l'égard de l'homme qui a apporté la paix à ses concitoyens. Tacite, un siècle plus tard évoque également « la douceur de la paix » (doc. 2, l. 6) mais cette remarque fait suite à un rappel brutal de la réalité de la guerre civile (l. 1 à 3), à laquelle Octavien n'est pas étranger. Tacite rappelle opportunément — à propos de possibles opposants à la politique d'Octavien-Auguste — que « les hommes les plus énergiques avaient péri sur les champs de bataille ou par suite des proscriptions » (l. 8-9). C'est notamment au cours des proscriptions que Cicéron a été éliminé physiquement. Or Octavien/Auguste tente de masquer cette réalité, de même qu'il évite de rappeler qu'il est arrivé en politique à 19 ans, à la tête d'une armée recrutée illégalement pour venger son père adoptif, ou que la guerre contre Marc Antoine et Cléopâtre a été conduite sans disposer de moyens légaux. Notons toutefois, que « l'élimination de Lépide » dont parle Tacite, est une élimination politique : Lépide, qui conservera son titre de grand-pontife jusqu'à sa mort, est exilé dans une villa du Cap Circei, en 36 av. J.-C. Il n'est donc pas anodin de constater qu'en 29, lorsqu'il rentre à Rome — après sa victoire à Actium —, Octavien fait un geste hautement symbolique en faisant fermer les portes du temple de Janus, de manière à signifier que Rome est en paix.

Cette figure de pacificateur, qu'Octavien choisit de mettre en avant, n'est pas uniquement mobilisée en 29 av. J.-C., au sortir de la guerre civile : elle est utilisée durant tout son règne, ainsi que le montrent les *Res Gestae* et comme le prouve l'autel de la Paix Auguste (doc. 4). Cet autel, édifié à l'initiative du sénat en 13 av. J.-C. et consacré en 9 av. J.-C., célèbre le retour de l'empereur après ses victoires en Espagne et en Gaule. Nous reviendrons donc ultérieurement sur la place du thème de la paix dans l'idéologie augustéenne.

L'autre élément clé du discours politique d'Octavien, dans la période qui suit Actium réside dans l'idée de restauration de l'état de droit. Le doc. 2 évoque l'abandon par Octavien des pouvoirs triumviraux (l. 4), tandis qu'Auguste dans les *Res Gestae* écrit « je transférai la république de mon pouvoir dans la libre disposition du sénat et du peuple romain » (l. 3-4). Il prend d'ailleurs soin de préciser qu'il était alors en « possession du pouvoir absolu ». Grâce à une monnaie d'or de 28 av. J.-C. (doc. 3), preuve est faite que la formule *Res publica restituta* (« rétablissement de la chose publique » et non de la République), fait partie intégrante du programme politique d'Auguste. Cet aureus porte au revers la légende *leges et iura P. R. restituit* : il fait donc référence à la restitution des lois et des droits aux/du peuple romain (on ne sait si *populus romanus* était décliné au génitif ou au datif). Quelle que soit la forme prise par cette restauration institutionnelle, elle est donc bien présente dans le discours officiel. Il ne semble pas qu'Octavien (puis Auguste) ait prétendu restaurer la République, en tant que régime politique, mais plutôt rétablir un état de droit mis à mal par les guerres civiles. C'est ainsi qu'en 28 av. J.-C., les assemblées électives reprennent leur activité tandis qu'un édit met fin aux mesures illégales prises pendant le second triumvirat. Le moment clé est toutefois constitué par la séance du 13 janvier 27 av. J.-C., qui voit Octavien proposer au sénat de se démettre de ses pouvoirs, ainsi qu'il le raconte dans son autobiographie politique (doc. 1). Ce coup de maître, qui a pour but de lui permettre de sortir de l'impasse institutionnelle dans laquelle il se trouve, permet à Octavien de forcer le sénat à refuser son retrait, par peur du retour au chaos.

Ainsi, le contexte joue un rôle déterminant dans la mise en place du principat : le fait d'avoir vaincu ses ennemis et d'avoir mis fin aux guerres confère à Octavien une autorité supérieure et crée des conditions favorables pour faire évoluer le régime.

[II. Une concentration progressive des pouvoirs dans les mains d'un seul homme]

Le texte de Tacite évoque l'« autorité absolue » d'Auguste ; surtout, son analyse met l'accent sur la lente montée en puissance d'Auguste (« peu à peu, le voici qui monte et attire à lui les prérogatives du sénat, des magistrats, des lois »). L'habileté d'Auguste réside dans cette construction lente d'un pouvoir neuf, qui semble pourtant se couler dans le moule des institutions républicaines. Les faits sont, de ce point de vue, bien établis : le 15 ou le 16 janvier 27 av. J.-C., outre les honneurs qui lui sont rendus, et dont Auguste fait mention dans les *Res Gestae* (doc. 1, l. 4-8), Octavien reçoit le titre d'Auguste : ce surnom honorifique, à caractère religieux, souligne le caractère sacré du prince et est à mettre en relation avec l'*auctoritas*, l'autorité que confère la vertu (doc. 1, l. 7 : Auguste rappelle les vertus que le sénat lui a reconnues et qui sont gravées sur le *clipeus vitutis*). Par cette seule qualité morale, tous les actes et toutes les décisions d'Octave sont enrichis d'une autorité supérieure. Auguste affirme d'ailleurs l'emporter sur les autres par son *auctoritas* et non par la nature de son pouvoir (doc. 1, l. 9).

Il obtient également la gestion d'une partie des provinces, selon une procédure couramment utilisée pour octroyer un commandement extraordinaire à un consul à la fin de la République (par exemple Pompée). Cet *imperium*, qui lui est conféré pour une durée de 10 ans, Auguste l'exerce en tant que consul (doc. 2, l. 4 : en fait, il l'est sans discontinuer de 31 à 23 av. J.-C.), puis, après abdication du consulat (car l'itération du consulat heurte la « légalité républicaine »), en tant que proconsul. Notons toutefois, qu'en 19 av. J.-C., il obtient le droit de franchir le *pomerium* aussi souvent qu'il le souhaite, sans avoir à faire renouveler son *imperium*. L'*imperium* d'Auguste se devait d'être supérieur à celui des autres magistrats ou promagistrats, qu'il soit en déplacement dans l'empire ou à Rome.

Le texte de Tacite évoque également la puissance tribunicienne (doc. 2, l. 4) : en effet, pour compenser la perte de pouvoir qu'occasionne le renoncement au consulat, Auguste se fait conférer la puissance tribunicienne (il ne peut être tribun de la plèbe puisque son adoption par César l'a fait devenir patricien). Avec l'*imperium* et l'*auctoritas*, la puissance tribunicienne constitue le troisième pilier du pouvoir du *princeps* : elle lui permet de présider l'assemblée tribute, donc de participer à l'élaboration des lois, de convoquer le sénat mais aussi de se présenter comme le défenseur du peuple (ce qui apporte une coloration plus populaire à un pouvoir essentiellement militaire) et ce dans l'ensemble de l'empire puisque la puissance tribunicienne a une vocation universelle. Enfin, elle assure à Auguste la sacro-sainteté et l'inviolabilité.

Ainsi que l'écrit Tacite, Auguste a bien « attiré à lui les prérogatives du sénat, des magistrats, des lois ». L'exemple de la prise d'auspice étudiée par Frédéric Hurlet (doc. 5) est révélateur de cette lente confiscation des pouvoirs des magistrats par le prince. Si Auguste, à partir de 19 av. J.-C., entend rétablir les règles ancestrales en matière de prise des auspices, c'est pour mettre en cause la légitimité des consuls et des proconsuls en la matière, et ce faisant les priver de la possibilité d'obtenir « les salutations impériales, les ovations et les triomphes », puisque la prise d'auspice régulière est une condition *sine qua non* pour pouvoir y prétendre. Ce document est aussi éclairant par la manière dont Auguste fait une exception pour les membres de sa famille, qu'il a pris soin d'associer à son pouvoir. On a parlé d'une « co-régence » d'Agrippa, Tibère et Drusus Minor et le doc. 2 mentionne qu'Agrippa a été par deux fois consul et que Tibère et Drusus ont reçu le titre d'*imperator* (doc. 2, l. 14 et 16). Il convient en effet de rappeler qu'Auguste a également lentement constitué une dynastie, d'abord par les mariages et la descendance de sa fille Julia (avec les trois hommes évoqués par Tacite à savoir Marcellus, Agrippa et Tibère), puis grâce à la descendance de son épouse Livie, que mentionne aussi l'historien, Tibère et Claudius Drusus. Cette structure familiale appelée *domus augusta*, et à laquelle Tacite fait référence (« sa maison »), joue un rôle clé dans le projet d'Auguste, qui entend transmettre son pouvoir à l'un de ses descendants. *L'Ara Pacis* (doc. 4) montre d'ailleurs une procession à laquelle participent les membres de cette famille notamment Agrippa son gendre (et ami), Livie sa seconde épouse, ses petits-fils, Caius et Lucius Caesar.

Ainsi Auguste a-t-il effectivement donné naissance à un régime d'un type nouveau, sans toutefois l'afficher clairement. Nous allons à présent essayer d'expliquer comment Auguste a procédé pour éviter une réaction hostile.

[III. Les raisons d'un succès : consensus et restauration morale]

La réussite du projet augustéen réside sans doute dans la prudence du *princeps* qui élabore un pouvoir neuf tout en conservant en apparence les institutions républicaines. Auguste prend soin de se faire régulièrement confirmer ses pouvoirs par le sénat. De plus, malgré le soin pris par le prince pour assurer sa succession politique, ce pouvoir ne se présente pas comme héréditaire : en 14, Tibère rejoue d'ailleurs la scène de 27 av. J.-C., en refusant tout d'abord le principat pour mieux l'accepter ensuite. La légitimité du prince ne repose donc pas sur la naissance, mais sur les pouvoirs qui lui sont délégués notamment par le sénat.

Auguste évoque un « consentement universel » qu'il doit à ses mérites (doc. 1, l. 2). Tacite, quant à lui, met l'accent sur les « largesses » faites à l'armée, sur les « distributions de vivres » au peuple (l. 5 et 6), mais aussi sur les « richesses et les honneurs » dont il a comblé la noblesse (l. 9). Il est intéressant de noter que Tacite mentionne les trois éléments que sont l'armée, le sénat et le peuple, qui tous trois vont jouer un rôle dans l'investiture des empereurs. Les deux documents permettent de mettre l'accent sur la notion de consensus, qui constitue un point clé de l'idéologie augustéenne : l'empereur doit réussir à emporter l'adhésion de tous. Cette volonté de rassembler la population autour de sa personne explique pourquoi Auguste a pris soin de restaurer la concorde entre les citoyens. Nous avons évoqué ci-dessus l'autel de la Paix (doc. 4) et son message dynastique mais ce monument, par sa nature (c'est un autel), montre que la Paix devient une divinité. Les éléments de décors, notamment les rinceaux d'acanthe visibles sur le doc. 4, prennent ici une signification particulière : le rinceau acanthisé est, selon P. Gros, un « symbole d'abondance, de régularité et d'infinie fécondité ». Il participe à l'exaltation de la mystique augustéenne du retour de l'Âge d'or. D'où l'importance accordée par Auguste à la restauration morale et religieuse. Le doc. 6 rappelle ligne 1 qu'Auguste « devint pontife après la mort de Lépide » donc en 12, ce qui lui permit de capter à son profit l'autorité morale attachée à ce sacerdoce. Tacite indique qu'Auguste a rétabli des « institutions religieuses d'autrefois » (il fit aussi bâtir ou reconstruire de temples) et qu'il a notamment restauré les « jeux séculaires ». La cérémonie eut lieu en 17 av. J.-C., elle fut pour Auguste l'occasion de célébrer le début d'une ère nouvelle, tout à la rattachant à ses origines mythiques (ce qui rappelle la double dimension des réformes d'Auguste, entre restauration conservatrice et renouvellement). Le texte de Tacite évoque également l'interdiction faite aux plus jeunes d'assister à certaines cérémonies (doc. 6, l. 8-9) : cette volonté de restaurer un certain ordre moral correspond sans doute au désir d'une partie de la population de revenir aux valeurs morales traditionnelles de Rome, qui seraient à l'origine de sa puissance, et qui auraient été perverties sous l'influence de la culture grecque.

Car si la Paix est célébrée telle une divinité, la Victoire est également au cœur du discours augustéen. Auguste est un *imperator* (c'est d'ailleurs son nouveau prénom), et le temple de la Paix célèbre le retour à la concorde entre Romains mais la paix ne concerne pas les autres peuples : l'autel a d'ailleurs été érigé afin de célébrer les victoires d'Auguste en Espagne et en Gaule. Le doc. 5 fait d'ailleurs état du soin qu'a pris l'empereur de confisquer à son profit l'ensemble des manifestations triomphales : ainsi la victoire est désormais obtenue sous ses seuls auspices. Et les *Res Gestae* rappellent longuement la liste des victoires remportées par Auguste. Le thème de la victoire occupe donc une place prépondérante dans l'idéologie augustéenne, d'autant que ses succès militaires lui permettent de justifier son pouvoir.

Le dossier n'évoque pas un élément important du projet de restauration de la cohésion que constitue le culte impérial : rappelons qu'il s'agit d'un culte dédié aux empereurs morts et divinisés mais aussi à l'empereur et aux membres de sa famille vivants. Auguste n'a jamais été considéré comme un dieu à Rome de son vivant ; en revanche, il a mis l'accent sur son ascendance « divine » en dédiant notamment un temple à son père adoptif. Quant au culte impérial dans les provinces, il se mit en place progressivement avec notamment l'autel des Trois Gaules fondé en 12 av. J.-C. par Drusus, au confluent du Rhône et de la Saône. Il s'agit donc d'un culte à forte connotation idéologique, appelé à jouer un rôle clé dans la cohésion de l'empire.

[Conclusion]

Ainsi, c'est dans un contexte dominé par le souvenir des guerres civiles et des violences qui les ont accompagnées, qu'Octavien-Auguste a donné naissance à un régime qui mêle étroitement changement politique et restauration des pratiques anciennes. Même si dans le discours les éléments évoquant la restauration l'emportent, il semble incontestable que « rien, nulle part, ne subsistait de l'esprit ancien » (Tacite). Ce jugement *a posteriori* de l'œuvre du *princeps* ne doit pourtant pas occulter le fait que le principat doit être vu non comme le résultat d'une réforme qu'Auguste aurait imaginée dès 27 av. J.-C., mais plutôt comme le fruit d'une série de réformes qui modifient les équilibres politiques en renforçant le pouvoir du *princeps*. Auguste a pris soin d'inscrire ses pouvoirs dans le strict cadre républicain mais en inaugurant une concentration — dans les mains d'un seul homme — de pouvoirs jusque-là répartis entre plusieurs magistrats/institutions. Malgré cette captation des pouvoirs, Auguste a maintenu la fiction d'une République en conservant au sénat l'apparence de ses prérogatives et en rendant au peuple un semblant de pouvoir électoral. Auguste a pris soin d'entretenir de bonnes relations avec les sénateurs — dont il contrôle l'activité — mais à qui il distribue des charges liées à la gestion de l'empire. De même le *cursus honorum* est maintenu, et l'élection aux magistratures reprend grâce à la reprise de l'activité des comices : le princeps capte toutefois souvent à son profit le consulat. La dimension institutionnelle de cette réforme ne doit toutefois pas masquer le travail de reconstruction morale et religieuse. Auguste, lui-même de mœurs austères, a voulu ainsi restaurer la grandeur de Rome. Et l'idéologie de la Victoire, associée au culte de la Paix, rend compte du désir d'Auguste de renforcer la cohésion à l'intérieur tout en poursuivant l'œuvre de domination de Rome sur le monde. Auguste justifie son pouvoir par les vertus qu'on lui reconnaît. Le principat repose donc en partie sur la personnalité du *princeps*, et comporte donc une importante dimension personnelle, de sorte que les successeurs d'Auguste imprimeront à leur tour leur marque à un régime que pourtant Auguste a pris soin de décrire dans son testament politique, peut-être pour éviter toute dérive néfaste.

Seconde partie : exploitation adaptée à un niveau donné.

Introduction servant à faire la transition avec l'analyse critique du dossier – présentation des objectifs

L'étude du corpus a permis de mettre en évidence le talent politique d'Auguste qui réussit à fonder un régime de type monarchique tout en conservant les apparences du régime républicain. En classe de 6e, il ne sera toutefois pas envisageable d'entrer dans les subtilités d'un tel projet. En revanche, il conviendra de travailler sur les pouvoirs d'Auguste, afin de montrer en quoi le régime qu'il a fondé constitue une rupture par rapport aux institutions républicaines, étudiées dans le cadre du thème 1 (« Des origines à la fin de la République : fondation, organisation politique, conquête », plus particulièrement « La République romaine... un régime oligarchique »).

Sur le plan méthodologique, il s'agira de faire travailler les élèves sur de courts extraits de deux documents sources (doc. 1 émanant d'Auguste lui-même, doc. 2 qui donne la vision d'un historien de l'Antiquité, qui raconte les mêmes événements à un siècle de distance). La lecture attentive des documents, l'explicitation de leur contenu et la comparaison des points de vue seront au cœur du travail mis en œuvre en classe.

La problématique (qui est plutôt une question) d'enseignement pourra donc être rédigée ainsi : comment Auguste parvient-il à concentrer l'essentiel des pouvoirs ? (autre proposition : comment Auguste a-t-il réussi à transformer la République en Empire ?).

Les notions
- Princeps (prince) : ce terme désigne le « premier des citoyens » (dans la Rome républicaine, le *princeps senatus* est le premier des sénateurs, celui

qui s'exprime en premier lors des débats du sénat ; avec le principat, c'est à Auguste qu'est conférée cette dignité). Ce terme, qui n'est pas institutionnel, sert à exprimer l'autorité d'Auguste sur le sénat. Il rend également compte de la volonté de ce dernier de s'inscrire dans la logique républicaine, et de masquer le caractère innovant de son pouvoir.

– Principat/Empire : principat est le nom donné au régime politique fondé par Auguste, en référence à « princeps ». Les pouvoirs du prince sont hérités de la période républicaine : la nouveauté réside dans le fait qu'un même individu concentre entre ses mains tous ces pouvoirs, qui par ailleurs ne sont plus annuels. Le terme principat est rarement utilisé en classe notamment en collège ; on lui préfère Empire, qui fait référence à l'*imperium*, c'est-à-dire au pouvoir civil et militaire suprême détenu par Auguste. Ce terme et celui d'empereur sont les plus fréquemment employés en classe. Il faut toutefois bien expliquer aux élèves que le terme « empire » (sans majuscule) a aussi un sens territorial : c'est l'espace sur lequel s'exerce l'*imperium* du prince.

– Auguste : il s'agit du surnom honorifique, à caractère religieux, octroyé à Octavien par le Sénat en 27 av. J.-C. Il souligne le caractère sacré du prince. Il est à rapprocher du mot *auctoritas*, c'est-à-dire de l'autorité que confèrent les vertus, les succès, l'excellence… Auguste affirmait l'emporter sur les autres par son *auctoritas* et non par la nature de son pouvoir. Ce nom fait ensuite partie de la titulature de la quasi-totalité des princes/empereurs.

Les connaissances (ou « narration »)

Les connaissances peuvent s'organiser en trois parties :

– Dans un premier temps, il conviendra de rappeler qu'Auguste est arrivé au pouvoir après une longue période de guerre civile qui a fragilisé la République. Ayant réussi à éliminer tous ses adversaires, le fils adoptif de César a pu se prévaloir d'avoir restauré l'état de droit et la paix.

– Cette réussite lui permet également de justifier les pouvoirs qu'il détient et de faire évoluer le régime politique. Tout en affichant son désir de restaurer les institutions de la République (magistrats, sénat, assemblées du peuple), il transforme profondément le système politique. En 27, il reçoit le titre d'Auguste, qui lui confère une autorité supérieure à celle des autres magistrats et aux membres du sénat. Il concentre entre ses mains tous les pouvoirs : civils, militaire, religieux (grand pontife après la mort de Lépide).

– La réussite de son projet réside dans le fait qu'il réussit à obtenir le soutien de l'armée, dont il est le chef, des sénateurs, auquel il prend soin de demander régulièrement la prorogation de ses pouvoirs, et du peuple, dont les assemblées ont été restaurées et qui bénéficie du retour à la paix et des largesses de l'empereur.

Étude de documents (étude de cas)

Justification du choix de documents : le doc. 5 a été écarté en raison de son niveau de difficulté et parce qu'il ne s'agit pas d'un document source, que les instructions officielles incitent à privilégier. Trois documents sources n'ont pas été retenus pour des motifs différents : le doc. 3 semble trop complexe pour être proposé à des élèves de 6e (voir les débats entre historiens sur la restitution des initiales PR) ; le contenu du doc. 6 évoque une seule dimension du sujet (la restauration religieuse et morale) ; le doc. 4 en revanche pourrait faire l'objet d'une analyse fine, en lien avec l'histoire des arts : il permet de travailler sur plusieurs points (construction dynastique, célébration du retour à la paix, dimension religieuse du pouvoir d'Auguste). Il est donc possible d'envisager son étude en complément des pistes évoquées ci-dessous à partir des doc. 1 et doc. 2.

Documents retenus (il conviendra de les réécrire pour en simplifier le vocabulaire) :
– doc. 1 (chap. 34) : on pourra supprimer la référence au sénatus-consulte, vocabulaire complexe, peu adapté au niveau de classe, expliciter le terme proscription à l'aide d'une note…
– doc. 2 (chap. II.1, de « puis quand il eut gagné… » jusqu'à « servir », chap. III.7 et chap. IV.1 jusqu'à « ancien »).

Après lecture des deux textes et explication du vocabulaire, l'enseignant pourra conduire le questionnement de la manière suivante :

1. Qui sont les auteurs des deux textes ? Recherche dans un dictionnaire qui est Tacite et à quelle période il a vécu.

    Dès cette phase de l'étude, il faudra conduire une réflexion sur la nécessité de prendre en compte *qui* écrit. On a en effet d'un côté un contemporain des faits, mais qui n'est pas neutre puisqu'il présente l'histoire de sa propre ascension, de l'autre un historien qui n'est pas contemporain des faits rapportés mais qui a pu consulter des documents et rencontrer des témoins directs ou indirects.

2. Relève dans les deux textes les morceaux de phrases qui évoquent la période qui précède le changement de régime politique. Que constates-tu ?

    Alors qu'Auguste met l'accent sur la fin de la guerre civile (donc le retour de la paix), Tacite évoque les victimes de cette période. Il faudra expliquer qu'Auguste (alors appelé Octave) a participé à cette violence, qu'elle a été un moyen de se débarrasser de ses adversaires.

3. Quels sont les pouvoirs de l'empereur d'après Auguste lui-même (doc. 1) ? D'après Tacite (doc. 2) ?

    Auguste utilise la formule : « je l'emportais sur tous en autorité, mais je n'avais pas plus de pouvoirs que tous ceux qui ont été mes collègues dans toutes les magistratures ». Ainsi, il n'est que le premier des magistrats ou des sénateurs, c'est le sens du mot prince. Selon Tacite en revanche,

Auguste a tous les pouvoirs, notamment ceux qui autrefois appartenaient au sénat et aux magistrats. Selon lui, le régime ancien (donc la république) n'existe plus. On pourra, pour être complet, expliciter un dernier point : il s'agit de la référence à la « maison » du prince. Cette évocation de la famille d'Auguste permettra d'expliquer que ce dernier a préparé la transmission de son pouvoir à l'un de ses descendants, mais il faudra préciser que ce pouvoir n'est pas à proprement parler héréditaire puisque le sénat intervient pour attribuer les honneurs au nouveau prince, comme il l'a fait en 27 av. notre ère pour Auguste.

4. Comment le doc. 2 explique-t-il la réussite d'Auguste ? Quel argument Auguste met-il en avant ?

Le texte du doc. 2 insiste sur plusieurs points : le retour de la paix mais aussi les richesses dont Auguste a comblé les sénateurs qui auraient pu s'opposer à lui. Le texte fait référence à l'acceptation du nouveau régime par l'armée, le peuple et le sénat : on retrouve ici les éléments qui permettent à Auguste de parler de « consentement universel » (doc. 1). Le paragraphe II. 7 évoque aussi le fait qu'à la fin du règne d'Auguste, plus personne ne se souvient de la République. Dans le doc. 1, Auguste quant à lui évoque également le retour de la paix, mais il insiste plus sur ses propres qualités qui lui valent les honneurs du sénat et le consensus autour de sa personne.

(Pour simplifier le travail des élèves, on pourra leur proposer de compléter un tableau distinguant les deux documents, un par colonne, et comportant en ligne les différents éléments sur lesquels porte l'analyse : auteurs, contexte qui précède l'arrivée au pouvoir d'Auguste, description des pouvoirs d'Auguste, éléments qui expliquent la réussite de son projet.)

5. En utilisant tes réponses aux questions précédentes, explique comment Auguste a su imposer son pouvoir aux Romains.

Il s'agit de reprendre les éléments évoqués ci-dessus, pour construire la trace écrite. Celle-ci devra mettre l'accent sur la concentration des pouvoirs entre les mains d'un seul homme, malgré la préservation du cadre institutionnel républicain.

16. Oral 1.
Mise en situation professionnelle (histoire contemporaine) : L'école de la République (1870-1899)

Réflexions préliminaires et préparation du sujet

Attention ! Le sujet n'est pas « L'école *et* la république » ! Le « de » implique une dimension de projet politique qu'il faut prendre en considération dans la réflexion. L'expression complète, à prendre comme un tout indissociable, est bien ici « l'école de la République », ce qui amène à s'interroger sur l'extension à donner au mot école. En effet, la République, troisième du nom, n'a pas inventé un système scolaire qui fait partie d'un héritage dont les premiers éléments remontent aux lycées napoléoniens (1802) et à l'université reconstituée par l'Empereur en 1808. L'enseignement primaire lui-même — y compris les écoles normales d'instituteurs, qui sont l'un des fers de lance de l'école de la IIIe République — lui est antérieur (mesures Guizot de 1833-1834 par exemple). Il faudra donc tenir compte de cette réalité d'un système éducatif déjà assez fortement structuré sous l'égide de l'État. L'expression « école de la République » peut être retenue d'une part en regard de l'importance de l'achèvement institutionnel assuré par la République, entre 1880 et 1902. Ce sont successivement les lois Ferry sur l'enseignement primaire (1881-1882), la réorganisation de l'Université menée en 1896 (création des universités de province par regroupement des facultés lorsqu'elles sont en nombre suffisant), enfin la loi sur l'enseignement secondaire de mai 1902. Dans cet ensemble, on peut d'autre part distinguer ce qu'est véritablement l'école de la république, c'est-à-dire l'enseignement primaire gratuit, obligatoire et laïque qui porte le projet éducatif républicain. Cette dimension politique — qui concerne donc les affaires de la Cité — est consubstantielle à l'institution républicaine de l'école.

En effet, elle permet de restituer, derrière le sujet, les éléments du triptyque qui forment l'énoncé de la question au programme du concours[1]. Tout sujet posé, aussi restrictif qu'il soit, doit être replacé autant que possible dans la perspective de la question générale dont il découle. Ici, cela suppose une réflexion sur la manière dont les notions de citoyenneté, de république et de démocratie sont mises en jeu, et comment elles se nouent. Pour la république, cela ne pose pas de difficulté, puisqu'elle est dans le sujet lui-même. Mieux

---

1. Il s'agit, comme pour le chapitre 9, de la question d'histoire contemporaine du concours 2015 : Citoyenneté, République, Démocratie en France 1789-1899.

encore, elle en oriente fortement la lecture en invitant le candidat à isoler, au sein de l'ensemble du système éducatif de l'époque, ce qui relève proprement de l'action et du projet républicain. Or ce projet est, comme le dit Ferry lui-même en 1883, un projet d'éducation *nationale*. C'est dire qu'il implique la question du rapport à la citoyenneté républicaine. Par ailleurs, on est également invité à réfléchir à la dimension démocratique de ce projet, une dimension qu'il conviendra d'apprécier à l'aune des conceptions contemporaines de la démocratie. Il faudra garder en mémoire que l'idée démocratique renvoie alors à au moins deux conceptions : celle portée par le mouvement ouvrier, issue pour une part de la Révolution française, celle portée par les républicains, opportunistes comme radicaux, même si des nuances peuvent être relevées parmi ces derniers.

Les limites chronologiques du sujet sont ici évidentes : 1870, fondation de la IIIe République, 1899, fin du programme. On pourra retenir que les premières mesures significatives remontent à l'année 1872. Certaines concernent l'enseignement supérieur et ne relèvent pas du projet républicain (l'assemblée est, rappelons-le, dominée alors par les monarchistes) mais d'un débat ancien (il remonte au milieu des années 1840) sur le monopole de l'université. D'autres touchent à l'enseignement secondaire et primaire, domaine dans lequel intervient par exemple le géographe Pierre Émile Levasseur (1828-1911), qui entreprend d'élaborer les premiers programmes nationaux pour cet enseignement. L'année 1899 n'est guère plus significative que l'année 1870. En revanche, les années 1896-1898 sont plus décisives, car elles marquent la grande réforme des études supérieures. 1898 est, par exemple, l'année où paraît l'ouvrage de Langlois et Seignobos — *Introduction aux études historiques* — à destination des étudiants préparant le DES d'histoire. Or cet ouvrage comporte un appendice consacré à l'enseignement secondaire.

Pour ce qui est enfin de la transposition du sujet dans l'enseignement, deux programmes pourront être retenus, ceux de 4e et de 1re. On privilégiera ici celui de 4e qui fait explicitement mention de la question scolaire et permettra ainsi de passer aisément de l'exposé scientifique à la réflexion didactique et pédagogique.

Bibliographie et choix de documents

Pour la bibliographie, — qui dépendra des fonds effectivement disponibles dans la bibliothèque du concours, en dehors des manuels de préparation au concours qui y figurent tous — on pourrait retenir ici à titre d'exemple :

Manuels et ouvrages généraux

Marc BELISSA, Yannick BOSC, Rémi DALISSON et Marc DELEPLACE : *Citoyenneté, république démocratie en France 1789-1899*, Paris, Ellipses, 2014

Jérôme GRONDEUX, *La France entre en République, 1870-1893*, Paris, Hachette, Poche, 2000.

Monographies

Pierre GIOLITTO, *Histoire de l'Enseignement primaire au XIXe siècle*, Paris, Nathan, 1983.

Christian AMALVI, *Les héros de l'Histoire de France. Comment les personnages illustres de la France sont devenus familiers aux Français*, Privas, 2001.

OZOUF Mona, *L'École, l'Église et la République*, Paris, Seuil, 1992

Pour les documents qui accompagneront l'exposé[1] :

Loi du 28 mars 1882 : articles 1, 2, 4, 5 et 17.

Circulaire de Jules Ferry en date du 17 novembre 1883 (extraits).

Préface du *Livre-Atlas des colonies françaises à l'usage de l'enseignement colonial en France et dans les colonies*, Maleterre et Legendre, Paris, Delagrave, 1902 (extraits).

Page du manuel Belin, édition 1899 (en annexe).

Exposé scientifique

Introduction

Jules Ferry — s'adressant aux instituteurs de France à la veille de quitter le ministère de l'Instruction publique pour prendre le portefeuille des Affaires étrangères — résume ainsi le projet contenu dans la loi du 28 mars 1882 qui a institué l'obligation scolaire dans le cadre d'un enseignement laïc : « elle affirme chez nous la volonté de fonder une éducation nationale ». L'école de la République, c'est-à-dire essentiellement l'enseignement primaire gratuit (ce qui ne veut pas dire que l'enseignement secondaire ne soit pas sollicité également, mais il faut attendre la loi de Séparation de 1905 pour qu'il entre pleinement dans ce projet), sera le vecteur de la réalisation de ce projet. Or ce projet comporte une dimension fondamentalement politique, car il vise à l'éducation du citoyen. Les principales mesures de mise en œuvre de ce projet sont prises entre 1879 et 1886. Elles ont pour but de donner les moyens matériels et humains nécessaires à sa réalisation, et de définir les contenus et les finalités. Enfin, ce projet ne saurait être conçu en dehors de son rapport à la fondation républicaine.

Développement

La question de l'école est placée au cœur du projet républicain depuis le programme de Belleville de 1869. C'en est l'un des points qui sera le plus rapidement et le plus sûrement réalisé par les républicains des années 1880.

---

1. Ces documents se trouvent aisément sur internet, à l'exception de la page du manuel (tiré des fonds du Musée aubois d'histoire de l'éducation de Troyes) reproduite en annexe, à la fin du chapitre. La préface de l'Atlas de 1902 est accessible sur le site de la bibliothèque numérique Gallica.

I. Instituer l'école de la République

Il s'agira dans cette première partie de présenter les principales mesures dans leur dimension institutionnelle.

1. L'établissement d'un système d'enseignement primaire gratuit (1881), public, obligatoire et laïc (1882).

2. La laïcisation du corps enseignant (1886), et la réforme du système de leur formation (écoles normales d'instituteurs et d'institutrices, 1880).

3. La définition de programmes nationaux (1872), et la rédaction d'instructions les accompagnant pour les différents enseignements (ex. celles de Lavisse pour l'histoire en 1885).

II. École de la République et projet éducatif

1. Les attendus de la loi du 28 mars 1882 : éducation morale et civique en tête des matières de l'enseignement primaire. Explicitations données par Ferry en 1883.

2. L'attention portée à l'éducation des filles (concernées à égalité avec les garçons). Un exemple de l'implication de l'enseignement secondaire (loi Camille Sée sur les lycées de filles en 1880).

3. La dimension démocratique du projet.

III. École de la République et citoyenneté républicaine

1. Un projet qui s'inscrit dans un processus de laïcisation de l'État. La loi de 1882 inaugure ce processus et en constitue l'un des fers de lance. De 1882 à 1905, on vote par exemple l'abandon des prières publiques à l'ouverture de la session parlementaire en 1884, la laïcisation des cimetières et des hôpitaux, etc.

2. Une œuvre collective, liée à la politique d'un groupe : celui des républicains opportunistes autour de Jules Ferry (Camille Sée, Ferdinand Buisson, Ernest Lavisse, Félix Pécaut, Paul Bert)

3. Une école et un projet qui accompagnent et justifient l'expansion coloniale : « Après la conquête armée s'ouvre maintenant l'ère de l'exploitation pacifique des terres nouvelles et commence l'éducation morale des populations récemment amenées dans l'orbe de la culture occidentale », Atlas Delagrave, 1902.

Conclusion et transition

Le projet scolaire républicain s'inscrit donc dans un projet politique global qui assure la fondation républicaine, l'enracinement de la République entre 1879 et 1899. Parmi les grandes figures de la mise en œuvre de ce projet se distingue Jules Ferry, qui peut nous permettre d'entrer dans le programme de 4e.

Propositions pédagogiques

« L'école de la République (1870-1899) » entre pleinement dans le programme de 4e, puisqu'il s'agit de traiter la question suivante : « La victoire des républicains vers 1880 enracine solidement la IIIe République qui résiste à de graves crises ». Parmi les démarches pour mettre en œuvre cette étude, le programme indique que « l'exemple de l'action d'un homme politique peut servir de fil conducteur ». Jules Ferry peut donc répondre à cette proposition, d'autant que parmi les capacités qui concluent cette partie du programme, il est souligné que les élèvent doivent être en mesure de « Raconter des moments significatifs de la IIIe République ». Et parmi ces moments, l'on trouve : « Jules Ferry et l'école gratuite, laïque et obligatoire : 1882 ».

Une séance consacrée à l'école de la République peut donc s'ouvrir par l'étude du document issu du manuel Belin de 1899 et donné en annexe.

Ce document présente l'intérêt d'être lui-même issu de l'école de la République. Il permet d'aborder en premier lieu la représentation de la fondation républicaine par l'école de la république. On peut ensuite, sur un plan méthodologique, en faire un travail de lecture d'image, en repérant la construction par agencement symétrique de vignettes qui vise à récapituler trente ans d'histoire républicaine. On soulignera le caractère central de la figure de Jules Ferry et le fait qu'il est renvoyé à deux aspects de sa politique : la politique scolaire et la politique coloniale.

On s'attardera ensuite à la mise en scène du premier volet, qui permettra d'introduire le thème sur la politique scolaire de la République, thème pour le traitement duquel on pourra en complément mobiliser des extraits de la loi de 1882 et de la lettre de Ferry aux instituteurs de France de 1883.

Pour en revenir à l'image du manuel, outre le texte qui accompagne la vignette qui montre le portrait de Jules Ferry (« Enseignement primaire, gratuit, laïque, obligatoire »), on pourra relever les deux figures tutélaires de Victor Hugo et Louis Pasteur, comme un renforcement de l'importance du projet éducatif de la République. On pourra par exemple souligner que ces deux figures sont statufiées dans la cour de la Sorbonne (inaugurée en 1904), de part et d'autre de la chapelle construite elle sous Richelieu. Cela permet d'aborder la façon dont l'école de la République construit un panthéon républicain (se référer à Amalvi, cité dans la bibliographie), lui-même porteur d'une dimension civique et morale : Hugo « le grand poète républicain » ; Pasteur « le bienfaiteur de l'humanité ».

Annexe : page du manuel Belin, édition 1899.

17. Oral 2.
Analyse de situation professionnelle (histoire) :
Enseigner la Seconde Guerre mondiale au collège, l'événement en histoire

I. Éléments de présentation de la situation professionnelle : La bataille de Stalingrad

Document 1 : extrait du programme pour la classe de 3ᵉ
(BOEN du 14 novembre 2013)

Thème 2 - Les régimes totalitaires dans les années 1930	
Connaissances	**Démarches**
Les régimes totalitaires sont fondés sur des projets de nature différente mais présentent des caractéristiques communes. Ils s'appuient sur l'adhésion d'une partie des populations. Ils mettent en œuvre des pratiques fondées sur la violence pour éliminer les oppositions et uniformiser leur société. Staline instaure une économie étatisée et un contrôle de la population par la propagande et la terreur de masse. Antisémite, raciste et nationaliste, le régime hitlérien veut établir la domination du peuple allemand sur un large « espace vital ». Il se caractérise par la suppression des libertés, l'omniprésence de la police et du parti unique, la terreur, une économie orientée vers la guerre.	L'étude met en relation les pratiques et l'idéologie de chaque régime (stalinien et nazi) dans un processus de fabrication d'une société totalitaire.
Capacités	
Connaître et utiliser les repères suivants : - Staline au pouvoir : 1924-1953 ; - la « grande terreur » stalinienne : 1937-1938 ; - Hitler au pouvoir : 1933-1945 ; - les lois de Nuremberg : 1935. Raconter et expliquer : - la stalinisation de l'URSS ; - la mise en place du pouvoir nazi.	

Caractériser chacun des régimes totalitaires étudiés	
Thème 3 - La Seconde Guerre mondiale, une guerre d'anéantissement (1939-1945)	
Connaissances La guerre est un affrontement aux dimensions planétaires. C'est une guerre d'anéantissement aux enjeux idéologiques et nationaux. C'est dans ce cadre que le génocide des Juifs et des Tziganes est perpétré en Europe.	**Démarches** L'observation de cartes permet de montrer l'extension du conflit et d'établir une brève chronologie. L'étude part d'un exemple au choix (la bataille de Stalingrad ; la guerre du Pacifique) permettant d'étudier la mobilisation de toutes les forces matérielles et morales des peuples en guerre. L'étude des différentes modalités de l'extermination s'appuie sur des exemples : l'action des *Einsatzgruppen,* un exemple de camp de la mort. En fonction de la question du Concours National de la Résistance et de la Déportation, le traitement de Vichy et la Résistance dans la Seconde Guerre mondiale peut s'inscrire dans ce thème.
Capacités Connaître et utiliser les repères suivants : la Seconde Guerre mondiale : 1939-1945 ; la libération des camps d'extermination : 1945 ; fin de la Seconde Guerre mondiale en Europe : 8 mai 1945 ; bombes atomiques sur Hiroshima et Nagasaki : août 1945.	

Documents 2 A et B : histoire-géographie, classe de 3ᵉ, Hatier, 2012, p. 86-87

Document non reproduit ici mais disponible dans toutes les bibliothèques de préparation au concours.

II. Éléments d'analyse scientifique et méthodologique de la situation professionnelle : Quelle place pour l'événement en histoire ?

Document 3 : J.-B. Duroselle, *L'Europe de 1815 à nos jours*, PUF, 1964

L'historien n'est pas un collectionneur de faits : son rôle est de rendre la réalité intelligible. Autrement dit, il doit choisir. Choisir, c'est avant tout discerner ce qui est « important ». Or, l'importance se mesure selon un critère expérimental : l'ampleur des conséquences. Comment évaluer cette ampleur si nous sommes trop proches de l'événement ? L'historien de 1939 pouvait constater l'existence de mouvements « nationalistes » dans les colonies et les protectorats. Mais pour lui, ces mouvements avaient moins d'importance apparente que les ambitions de l'Allemagne nazie ou de l'Italie fasciste à l'égard des Empires coloniaux français et britannique. Vingt-cinq ans après, il est possible de dire que le rôle des mouvements nationalistes dépassait en ampleur celui des rivalités impérialistes. Si les empires se sont désagrégés, c'est en raison de la vigueur croissante du nationalisme chez les peuples dépendants.

Par contre, pouvons-nous dire aujourd'hui si le différend soviéto-chinois fut un simple épisode sans lendemains, ou au contraire l'affaire essentielle des vingt prochaines années ?

L'importance relative des événements, déjà compliquée par l'absence de recul, l'est plus encore par l'accélération du progrès technique. […]

La guerre, qui est l'essence même des relations internationales, est bouleversée dans sa nature plus encore que la paix. La bombe atomique a révélé un concept nouveau, la « capacité de destruction totale ». La guerre, qui était au cours des siècles, selon la formule de Clausewitz, « la continuation de la politique par d'autres moyens », a cessé de remplir ce rôle dans un monde fondé sur « l'équilibre de la terreur ». Autrefois, on pouvait préparer la guerre pour atteindre un objectif. Aujourd'hui, l'armement suprême n'a plus qu'un but, la dissuasion […]. La paix est assurée par la menace du cataclysme. Pourtant, on est à la merci de l'incident ou de l'acte de folie qui pourrait déclencher le conflit. Par contre, une autre forme de guerre se développe, la « subversion », qui permet aux peuples pauvres, mal armés, de résister aux forces « conventionnelles » des riches.

III. *Éléments d'analyse de la dimension civique de la situation professionnelle : comprendre l'économie : événement, actualité et conscience citoyenne*

Document 4 : La guerre au Mali : situation au 18 janvier 2013

Carte consultable au lien suivant :
http://www.courrierinternational.com/article/2013/01/18/guerre-au-mali-situation-au-18-janvier 2013

Réflexions préliminaires sur le dossier et le sujet

Le libellé du dossier, conformément à ce qui est indiqué dans le rapport du jury 2014, comporte deux énoncés qu'il faut lier l'un à l'autre pour définir le sujet. D'une part, il indique la situation d'enseignement qu'il conviendra d'aborder. Cette situation n'est pas facultative mais doit être traitée et analysée pour elle-même. Ce premier énoncé est tout à fait général, mais on ne doit pas le négliger pour autant : « Enseigner la Seconde Guerre mondiale au collège ». Il renferme en effet le sujet d'étude auquel on devra s'intéresser, et qui devra être précisé par les documents 1 et 2 du dossier. Ceux-ci nous indiquent que le sujet d'étude retenu est celui de la bataille de Stalingrad, bataille qui, dans le programme de la classe de 3e, s'inscrit comme étude au sein de la thématique portant sur l'identification de la Seconde Guerre mondiale comme guerre

« d'anéantissement », terme qui demandera certains développements et posera de premières interrogations sur le sens de l'étude de l'objet historique « bataille de Stalingrad ». Quant au second énoncé, il nous guide dans la problématisation de cette étude : « L'événement en histoire ». C'est donc sous cet angle qui renvoie à une question classique de la réflexion sur la pratique de l'histoire, l'événement et son rapport au fait historique d'une part, à l'écriture de l'histoire, au récit historique, de l'autre. Analyse didactique et épistémologique sont donc bien directement liées dans le libellé du sujet et dans la situation professionnelle présentée.

Comment le document 3 peut-il orienter notre lecture du sujet ? Il apporte les éléments de réflexion suivants (les termes importants sont soulignés par nous) :

« L'historien n'est pas un *collectionneur de faits* : son rôle est de rendre la réalité *intelligible* »... « *Choisir*, c'est avant tout *discerner* ce qui est « *important* »..., « Or, *l'importance* se mesure selon un critère expérimental : *l'ampleur des conséquences* »..., « La guerre, qui est *l'essence* même des *relations internationales*, est bouleversée dans sa nature plus encore que la paix ».

Le texte permet d'organiser notre réflexion, en nous orientant sur quelques points (mais quelques points seulement) relativement à la notion d'événement historique. La réflexion doit cependant partir de l'analyse de la situation professionnelle qui est soumise, c'est-à-dire de l'étude d'un exemple précis (ici la bataille de Stalingrad). Il faut s'interroger sur la manière dont la situation didactique s'insère dans le programme et sur la cohérence — interne et par rapport aux programmes — de cette situation. Cette analyse doit être critique, non pas en ce qu'elle devrait débusquer les incohérences ou inadéquations, mais en ce qu'elle doit mettre en évidence toutes les composantes de la situation.

Suit la question plus générale de l'événement en histoire, et donc de voir comment l'exemple de la bataille de Stalingrad permet cette fois de situer la réflexion dans un contexte épistémologique plus large. Ce contexte n'est pas détaché du support didactique, puisqu'il permet au contraire de faire un retour sur les attendus méthodologiques de l'enseignement de l'histoire dans un cas précis.

Enfin viendra la question de la dimension civique de la situation professionnelle considérée, dimension qu'il conviendra d'aborder à la fois par le prisme de la situation en question (donc sans écarter la bataille de Stalingrad et son environnement dans les programmes) et en la recontextualisant dans une dimension sociale et civique plus large.

Tout cela peut se traduire par le plan suivant[1].

---

1. Les passages marqués *NB* renvoient à des compléments à la méthodologie générale de l'épreuve et sont donc transposables pour tout sujet.

Exposé

Introduction

Les programmes d'histoire de l'enseignement secondaire demeurent toujours attentifs à ce que l'histoire enseignée soit une histoire incarnée, et non une abstraction, une épure. C'est en ces termes que le programme de 4e de 1985 justifiait l'importance accordée à la fois aux événements et aux personnages dans l'étude de la Révolution française. D'une certaine manière, ils répondent ainsi à la réflexion de Jacques Rancière (*Les Noms de l'histoire*, 1992) expliquant qu'en dernière instance, faire de l'histoire, c'est dire : « il est arrivé quelque chose à quelqu'un ». Le récit d'événements, revalorisé par les derniers programmes du collège en particulier, qui insistent sur la capacité à « raconter » (que l'on retrouve parmi les activités attendues de l'élève dans le doc. 2 du présent dossier) comme l'une des compétences à acquérir pour les élèves, interroge donc la place et le sens de l'événement dans l'enseignement de l'histoire et dans la production historique.

L'évocation de la bataille de Stalingrad servira de fil conducteur dans cette réflexion. Nous verrons tout d'abord quelles questions soulèvent les choix effectués par les auteurs du manuel au regard de l'événement et de son traitement en histoire, avant d'aborder celle de sa dimension dans la formation du citoyen.

[I. La bataille de Stalingrad dans l'enseignement en classe de 3e]

Le choix de cet objet d'étude répond aux attentes des programmes qui en font l'un des exemples permettant d'aborder la notion de « guerre d'anéantissement » introduite à l'occasion de l'étude de la Seconde Guerre mondiale en classe de 3e.

[1. L'événement « Stalingrad » dans les programmes]

Il s'agirait ici d'expliquer le fait que l'événement peut être rapporté à un concept, celui de guerre d'anéantissement. Il pourrait être judicieux de souligner que ce concept succède à celui de « guerre totale », utilisé dans les programmes et dans l'historiographie de la Première Guerre mondiale. Il faudrait relever et commenter les termes par lesquels ce concept est explicité dans le programme. Ces termes sont en fait de deux ordres : ceux qui évoquent les enjeux « idéologiques et nationaux » ; ceux qui parlent de « mobilisation de toutes les forces matérielles et morales des peuples en guerre ». On pourrait souligner ici que ces derniers renvoient plus évidemment à la notion de « guerre totale », tandis que les premiers donnent une autre coloration. Certes, les enjeux nationaux peuvent être lus comme classiques, dans une dimension d'histoire des relations internationales et d'histoire intérieure des États, idée qui a longtemps irrigué l'approche historique de l'événement (chez Ranke comme chez les historiens de l'école méthodique en France). Mais si l'on se réfère à la notion d'anéantissement, il ne peut seulement s'agir du combat classique pour vaincre l'adversaire, mais bien l'anéantir (une conception qu'Hitler retourne en définitive contre le peuple allemand lui-même en 1945), ce que la notion d'enjeux idéologiques ne fait que renforcer On remarquera que la notion renvoie dans le programme au thème précédent portant sur l'étude des régimes totalitaires dans leur dimension idéologique. De surcroît, il ne faut pas négliger que ce paragraphe sur la guerre d'anéantissement est clairement articulé à la question du génocide des juifs et des Tziganes.

[2. Son traitement dans la situation proposée]

Celui-ci renvoie à deux dimensions complémentaires. D'une part, la bataille donne lieu à *un traitement proprement événementiel*, perceptible dans les docs 1 (chronologie de la bataille), 2 (plan de la bataille), et 7 (tableau des pertes humaines et matérielles durant la bataille, pour les deux belligérants) du dossier du manuel. Traitement que l'on retrouve également dans les activités proposées : « décrivez la scène de combat » (à propos du doc. 4 montrant une photographie très connue de combattants), selon un principe de description de la bataille : « Racontez la bataille de Stalingrad ».

Ce récit est cependant orienté vers la notion de « violence » qui introduit ainsi au deuxième aspect. Il y a donc d'autre part un traitement plus conceptuel, voire anthropologique, à hauteur d'homme en quelque sorte. Cela se lit surtout dans les docs. 5 (témoignage d'un soldat allemand), et 6 (photographie de la reddition de l'armée allemande) ainsi que dans une partie du questionnement du pavé « activités », par exemple celle portant sur les explications de la résistance acharnée des Russes, ou sur les souffrances des soldats allemands.

Une fois balayé ainsi le dossier documentaire du manuel, et mis en évidence sa structure interne et la double lecture que l'on peut faire de l'événement bataille de Stalingrad, se pose la question de savoir dans quelle mesure ce dossier répond bien à la question de la mise en exergue dans le cours de la notion de guerre d'anéantissement. Et là, plusieurs remarques peuvent être faites qui autorisent une réflexion critique. Ainsi, peut-on considérer que le discours de Staline (doc. 3 du dossier du manuel) relève bien exclusivement de cette notion ? Le verbe « exterminer » apparaît bien deux fois dans le discours, mais s'il est bien question « d'exterminer l'ennemi » pour « défendre nos terres » et « sauver la patrie » (ce qui relève autant d'une rhétorique classique de défense nationale que d'une idéologie de l'anéantissement de l'ennemi), la première apparition du verbe est pour rappeler que « les paniqués et les lâches doivent être exterminés sur place », ce qui, incontestablement avec un degré de violence supérieur, peut aussi s'entendre comme un écho des fusillés pour l'exemple de 1914-1915 (voir les travaux d'André Bach). On pourra donc mettre en évidence que l'aspect de guerre d'anéantissement n'est ici rien moins qu'évident (les docs. 6 et 7 ne sont pas suffisants sur ce point : ils demandent soit un commentaire complémentaire, soit des éléments de comparaison qui ne sont pas présents dans le dossier).

En revanche, on pourra souligner que plusieurs éléments renvoient aux caractères de l'événement historique en général, ce qui introduit au II du propos.

[II. La question de l'événement en histoire]

Cette deuxième partie — organisée autour de l'analyse plus précise du doc. 3 (bien que celui-ci ait déjà été mobilisé en fait dans l'analyse du doc. 2) — doit toujours permettre de répondre à la problématique historiographique et épistémologique plus large contenue dans le sous-titre du sujet (analyse épistémologique 2).

Il s'agit ici d'élargir le propos en montrant comment l'analyse de l'événement bataille de Stalingrad introduit à la question plus générale de l'événement en histoire.

[1. La place de l'événement dans l'analyse historique]

On pourra repartir des réflexions de Jacques Rancière lorsqu'il attribue à Michelet la création du discours historique, qui se traduit dans une forme de récit, le récit historique, qui allie narration et explication (voir également les *Douze leçons sur l'histoire* d'Antoine Prost). Jacques Rancière résume son propos en expliquant que, chez Michelet, au « récit de l'événement succède le récit du sens de l'événement ».

La narration historique n'est donc jamais simple description. Elle engage la question de l'interprétation historique, à l'image des réflexions que nous avons pu faire sur le doc. 2 (double page de manuel présentant la bataille de Stalingrad au travers d'un trajet documentaire varié). En effet, si, comme le dit Jean-Baptiste Duroselle (doc. 3), « L'historien n'est pas un collectionneur de faits », mais que son rôle est bien, conformément au programme attribué par Rancière à Michelet, de « rendre la réalité intelligible », alors un dossier pédagogique tel que celui que présente le manuel doit répondre au moins partiellement à ces critères. En particulier, le choix des documents — et plus encore l'organisation du trajet pédagogique qu'ils dessinent, avec les questionnements qui leur sont adjoints (pavé « activité » de la double page) — correspond bien au principe énoncé par Duroselle que « *Choisir*, c'est avant tout *discerner* ce qui est *important* ».

C'est à ce point que nous rencontrons les caractères de l'événement historique, tels qu'ils ont été fixés dès le XIXe siècle par les pères fondateurs de l'historiographie contemporaine, caractères non remis en cause par leurs successeurs des *Annales*, aussi critiques qu'ils aient pu se montrer par ailleurs à leur encontre. Ainsi du critère de l'importance repris par Duroselle : « Or, *l'importance* se mesure selon un critère expérimental : *l'ampleur des conséquences* ». Ce qui inscrit l'événement dans une logique d'enchaînement causal, en même temps que ce propos rappelle que l'événement historique est avant tout ce qui bouleverse une société (ce que dit également Antoine Prost).

Enfin, Jean-Baptiste Duroselle explique dans son texte que « La guerre, qui est *l'essence* même des *relations internationales*, est bouleversée dans sa nature plus encore que la paix », à propos de l'évolution de ce phénomène au XXe siècle. Cela fait écho à un traitement de la bataille de Stalingrad qui l'inscrit dans l'horizon d'une guerre d'un type nouveau, la guerre d'anéantissement, posée comme notion clé à atteindre dans le programme de 3e. Cela nous conduit à revenir pour clore cette partie, sur la question du traitement historique de l'événement.

[2. Le traitement historique de l'événement]

Le dossier proposé en doc. 2 (double page de manuel) et sa confrontation au doc. 3 permettent de mettre en évidence deux points. D'abord que l'événement historique peut classiquement relever d'une analyse historique qui privilégie la compréhension d'événements d'ampleur différentielle (ici la place de la bataille de Stalingrad au regard de l'histoire de la Seconde guerre mondiale). L'histoire comme récit d'événements demeure ici prépondérante. Ensuite, que l'événement peut également conduire à une lecture sociohistorique, voire anthropologique (cf. docs. 5 et 6 du dossier fourni en doc. n° 2), et qu'ici l'on pourrait judicieusement convoquer d'autres exemples d'une histoire non-événementielle de l'événement, dont le classique *Dimanche de Bouvines* de Georges Duby ouvrant l'histoire de l'événement à celui d'un phénomène historique (la guerre médiévale) et plus loin encore à celui d'une histoire des représentations (construction historique de l'événement dans sa dimension de représentation sociale).

Cette épaisseur historique de l'événement est celle que, confronté au désastre de 1940, Marc Bloch (*L'Étrange défaite*) interrogeait, à la fois en historien et en citoyen, s'aventurant ainsi sur un terrain que l'on qualifierait aujourd'hui d'histoire immédiate. Une démarche qui interroge à son tour le lien entre la pratique historienne et l'engagement citoyen.

[III. La dimension civique de l'événement historique]

[1. La dimension historique de l'événement d'actualité]

Aborder la question de l'événement d'actualité qu'est la guerre au Mali peut supposer d'introduire une dimension historique : l'héritage de la présence française issue de la colonisation comme introduction à la compréhension de l'intervention française.

Mais ce serait oublier une autre dimension, dont on peut discuter. En effet, le travail historiographique de ces trente dernières années sur les violences coloniales peut inviter à construire une relation plus complexe entre réflexion historique et compréhension citoyenne de l'actualité. Les violences coloniales ont été interrogées selon le prisme de leur relation possible, quasi matricielle, aux violences de guerre du XXe siècle, elles-mêmes liées au développement des idéologies totalitaires à l'occasion de la Seconde Guerre mondiale (Olivier Le Cour Grandmaison par exemple). Le mouvement historique ainsi esquissé trouve dans les violences coloniales le point de départ des violences de guerre (on est à proximité de la notion de « brutalisation » des sociétés européennes dont Georg Mosse cherchait l'origine dans la Grande guerre elle-même), lesquelles sont à leur tour repérables comme héritage dans certains affrontements contemporains.

Ce qui importe ici n'est pas tant la validité d'une thèse controversée, que la procédure qui entraîne la réflexion historique à faire retour sur le présent, dans une perspective différente de l'idée plus ancienne d'un passé éclairant linéairement le présent.

L'épaisseur historique de l'analyse de l'événement d'actualité peut trouver ici sa source historiographique et épistémologique dans *L'Étrange Défaite* de Marc Bloch en 1940, essai dont on peut d'une part faire l'origine de l'histoire immédiate (ce qui pourrait être discuté), et que l'on peut d'autre part, ce qui est davantage lié à la question générale de cette troisième partie d'exposé, rapporter à la question de l'utilité de l'histoire dans la réflexion citoyenne.

[2. L'implication citoyenne]

S'arrêter aux ressources que la réflexion historique présente au regard d'un phénomène contemporain serait appauvrir significativement cette perspective. Ce serait oublier que l'expérience sociale de l'historien nourrit sa réflexion historique, ce que Bloch (pour l'expérience de guerre justement, lui qui fut combattant dans les tranchées en 1914-1918), Marrou ou Prost (c'est ici l'expérience de guerre du jeune appelé en Algérie qui le conduit à relire celle des anciens de 1914), n'ont de cesse de rappeler.

On peut alors retourner le propos et s'interroger sur la façon dont l'expérience des guerres du XXIe siècle, inscrites dans la « lutte contre le terrorisme » initiée après le 11 septembre 2001, peut inviter à reconsidérer des expériences de guerre antérieures. Mais notre propos ne serait pas complet, du point de vue civique, si nous ne tenions pas compte de ce que l'interprétation d'un conflit comme celui du Mali et la justification de l'intervention française, relève d'une procédure qui n'est pas étrangère à l'inscription d'une bataille comme celle de Stalingrad dans l'horizon conceptuel de la guerre d'anéantissement.

C'est à ce point que la réflexion se fait proprement citoyenne et non plus seulement historienne. Cette réflexion peut tout d'abord porter sur l'exploration de cette matrice interprétative qui informe toute intervention « occidentale » dans le monde dans le cadre de la « lutte contre le terrorisme ». C'est une interrogation politique, au plein sens du terme, dans laquelle le citoyen d'une société démocratique a le droit, peut-être le devoir, de s'immiscer.

Mais cette réflexion peut aussi prendre une tournure plus directement liée à la question de la formation du citoyen, à l'enseignement d'éducation civique donc. Elle pourrait alors porter ici sur la question sous-jacente des procédures par lesquelles se décide une telle intervention militaire, et celle concomitante des possibilités de contrôle ou d'action des citoyens dans le cadre d'un État démocratique, relativement à de telles décisions (ce qui renvoie d'une part à l'action citoyenne, de l'autre au fonctionnement des institutions).

[Conclusion]

La réflexion à laquelle invite la situation professionnelle considérée ici, c'est-à-dire les objectifs de l'étude de l'événement « bataille de Stalingrad » dans le cadre du programme de 3e, fait apparaître au moins trois dimensions d'analyse. Tout d'abord, cette étude s'inscrit dans le cadre d'un programme scolaire destiné à connaître et comprendre les spécificités de la Seconde Guerre mondiale. Mais ce faisant, elle invite à pénétrer la question de l'interprétation historique d'un phénomène donné. Sur ce point, elle permet de déployer deux niveaux de compréhension : le niveau proprement événementiel, le niveau plus sociologique et anthropologique. Enfin, cette situation peut être réinvestie dans la compréhension de réalités sociales et civiques contemporaines. Elle répond ainsi à la triple finalité intellectuelle, civique et culturelle de l'enseignement de l'histoire.

18. Écrit 1.
Composition (géographie) :
Les territoires de l'industrie en France

Réflexion sur le sujet

Termes du sujet

Un territoire est un espace transformé par l'activité humaine, l'industrie, une activité économique de transformation des matières premières en produits manufacturés, les territoires industriels sont donc des espaces ou territoires de production des produits manufacturés, finis ou semi-finis.

L'espace et les temps du sujet

La France est à comprendre ici comme la France métropolitaine. Il faut rappeler rapidement que les DROM, POM, COM… ne comptent que très peu de territoires industriels et qu'ils relèvent d'une autre logique spatiale. Le sujet renvoie à la situation actuelle des territoires industriels. On peut se concentrer sur les 20 dernières années qui ont été le moment de nombreuses mutations, mais on ne s'empêchera pas de faire également des retours historiques plus anciens pour comprendre les différentes logiques industrielles.

Quels problèmes géographiques ?

Les termes de « délocalisations » et « relocalisations » reviennent comme des leitmotivs dans l'actualité. Il va donc falloir les définir pour les intégrer dans la problématique. La délocalisation est le transfert par une société de capitaux ou/et d'emplois vers un territoire lui apportant des avantages (impôts peu élevés, infrastructures innovantes, coût de la main-d'œuvre…). La relocalisation est le mouvement inverse quand une société réinvestit dans son territoire d'origine après avoir réalisé une délocalisation plus ou moins ratée.

Les nouvelles entreprises industrielles sont confrontées au choix de leur localisation en fonction de différents critères : infrastructures, main-d'œuvre disponible, salaire minimum, impôts sur les sociétés, matières premières… Ces critères peuvent évoluer dans le temps. Une fois qu'elles sont installées sur un territoire, les entreprises sont confrontées à un deuxième choix : rester ou partir… vers un territoire plus attractif. Il y aura donc des territoires gagnants et des territoires perdants face à ces différents choix (typologie).

Problématique

Le choix de la localisation industrielle évolue dans le temps. Lors de la première Révolution industrielle, l'industrie se localise sur les bassins exploitant les matières premières et les sources d'énergie (charbon, minerai de fer…). Quels sont aujourd'hui les facteurs de localisations permettant de créer des territoires industriels ? Il existe plusieurs modèles théoriques économiques qui expliquent ces localisations, Elles peuvent être présentées sous forme de croquis (modèle de Weber ou de Christaller…). Avec un tel sujet, il est impérativement nécessaire de réaliser une carte de synthèse qui sera utilisée dans la troisième partie typologique.

Sujet rédigé

[Introduction]

[Accroche]

L'annonce de la fermeture en 2014 de l'usine PSA (Peugeot) d'Aulnay-Sous-Bois a été vue par de nombreux analystes comme un symbole de la désindustrialisation de la France. En effet, cette usine moderne (créée en 1973) a produit jusqu'à 430 000 véhicules par an au début des années 2000. Dans le même temps, en 2012, Renault créait une nouvelle usine à Tanger au Maroc produisant 170 000 véhicules par an pour arriver à une capacité de 400 000 véhicules d'ici quelques années. Certains journalistes ou hommes politiques ont ainsi pu parler de délocalisation. À travers ces deux exemples on a l'impression que la production automobile disparaît du territoire français. Mais la situation est, bien sûr, plus complexe, car il reste des usines Renault ou Peugeot en France (Renault : Flins, Sandouville, Le Mans… Peugeot : Sochaux, Rennes…) et des constructeurs étrangers sont également venus s'installer en France comme Toyota à Onaing près de Valenciennes. Le constructeur japonais fait d'ailleurs la publicité de son modèle (la Yaris) en indiquant qu'il est « made in France » car plus de 50 % des composants y sont fabriqués et assemblés.

[Définitions des termes du sujet]

Le sujet est donc sensible. En effet, l'industrie — la transformation des matières premières en produits finis — peut être vue comme la base de la puissance d'un État. La vente de ces produits finis permet aux entreprises de dégager des marges plus importantes que celle des matières premières. Les industries se localisent dans des lieux précis. Ces territoires concentrent et transforment les activités humaines, ils deviennent de véritables territoires de production industrielle à l'échelle d'une région, d'une ville ou d'un quartier et ils obéissent à certaines logiques spatiales.

[Espace et temps du sujet]

C'est pourquoi nous pouvons exclure les départements et régions d'outre-mer (DROM) ainsi que toute la France d'outre-mer (COM, POM…) car l'industrie y est peu présente et les logiques spatiales sont différentes de celles de la métropole. Ces logiques spatiales évoluent dans le temps, chaque période apportant ses nouveautés (train, autoroutes, téléphone, internet…) qui modifient les choix de localisations. L'étude sera centrée sur les vingt dernières années pour comprendre les logiques de localisations et l'évolution des territoires industriels, ce qui n'empêchera pas les retours historiques plus anciens pour tenter d'expliquer les héritages actuels encore visibles dans les implantations industrielles. Ainsi lors de la première Révolution Industrielle, l'industrie se localise sur les bassins exploitant les matières premières et les sources d'énergie, comme en Lorraine ou dans le Nord ou dans les petits bassins en bordure du Massif Central comme à Saint-Etienne ou au Creusot.

[Problématique]

Depuis, les industriels se sont affranchis de cette contrainte des ressources et choisissent la localisation de leur entreprise en fonction d'autres facteurs (infrastructures, taxes ou impôts, présence d'une main-d'œuvre formée, coût de la main-d'œuvre…) Quels sont ces nouveaux facteurs de localisations ?

[Annonce du plan]

On répondra à cette question en trois étapes. La première traitera de la désindustrialisation en France. Nous définirons ce terme et nous présenterons les secteurs et territoires de la désindustrialisation. Dans un deuxième temps, nous nuancerons ce constat en montrant comment la mondialisation induit de nouvelles logiques spatiales en France. Enfin dans une troisième partie, nous élaborerons une typologie des territoires gagnants et perdants de ces dernières années.

[I. Une France désindustrialisée ?]

Des usines ferment sur le territoire national mais, dans le même temps, d'autres s'y créent. Y a-t-il vraiment désindustrialisation ? Comment mesurer le bilan entre création et destruction d'emplois ? Comment en mesurer le mouvement ? Quels indicateurs sont les plus pertinents pour comprendre ces phénomènes ? Le nombre de fermetures d'usines, le nombre de créations, le nombre de salariés dans l'industrie, le nombre de produits fabriqués, le chiffre d'affaires ou la valeur ajoutée des entreprises industrielles ?

[1. Constats]

On constate depuis 1973 une forte baisse des effectifs dans l'industrie. En effet, à cette date, on comptait 39,8 % des emplois dans le secteur secondaire. Aujourd'hui (moyenne 2007-13) les effectifs sont descendus à 13 % seulement. Et les pertes d'effectifs dans ce secteur continuent (- 11 % entre 2007 et 2013). Le nombre des fermetures d'usines est d'environ de 1 357 entre 2009 et 2013 alors que dans le même temps 834 usines ont été ouvertes. Les créations ne parviennent donc pas à compenser les disparitions. L'industrie compte seulement pour 12 % du PIB en 2012.

Les raisons de cette désindustrialisation sont multiples. La raison mise en avant est souvent la concurrence de nouveaux pays, notamment du fait du faible coût de leur main-d'œuvre ou de leurs prélèvements fiscaux moins contraignants qu'en France. On invoque aussi parfois l'évolution technologique comme la robotisation qui entraîne une diminution du nombre de salariés ou la volonté d'un grand nombre d'entreprises d'externaliser les activités tertiaires des entreprises industrielles. Ce dernier phénomène augmente artificiellement le nombre de salariés travaillant dans le secteur tertiaire alors qu'ils sont en réalité au service de l'industrie. Malgré cette nuance, il est indéniable que des secteurs industriels entiers ont beaucoup souffert en France. Le textile est l'un des plus touchés.

[2. Un secteur sinistré : le textile]

Le textile n'emploie aujourd'hui que 200 000 personnes, et les entreprises qui résistent se cantonnent dans des stratégies industrielles limitées (niches, excellence qualitative de la production, luxe). La plus grande partie des produits textiles vendus en France provient de Chine, du Bangladesh ou de Tunisie… L'industrie textile est une activité dans laquelle la main-d'œuvre a un poids important. De nombreuses entreprises ont fermé leurs usines dès les années 70 (Boussac, Provost, La Lainière de Roubaix a suivi en 1999), subissant de plein fouet la concurrence de pays à faible coût de main-d'œuvre.

De nombreuses entreprises françaises ont délocalisé leurs ateliers vers ces pays. Les territoires touchés en France sont le Nord Pas-de-Calais ou les vallées vosgiennes. Cet exemple montre que les industries de la première et deuxième génération industrielle ont beaucoup souffert. Ce sont ces anciens territoires industriels que l'on peut qualifier de territoires désindustrialisés.

[3. Les territoires désindustrialisés]

Pour étudier ces territoires désindustrialisés, on peut en prendre un exemple à l'échelle régionale. Le cas de la Lorraine et de son activité sidérurgique est emblématique. Au XIXe siècle, l'industrie s'est implantée près des gisements de ressources naturelles (ici le minerai de fer). Ces dernières décennies, les sites ont fermé les uns après les autres : Herserange en 2005, Gandrange en 2009 et Florange en 2013. On observe notamment la fermeture de tous les sites dans la vallée de l'Orne. C'est la fin de la logique industrielle des bassins et de la logique linéaire le long de la vallée. [Faire un croquis à grande échelle]

On observe d'autres territoires désindustrialisés comme les régions autour de Decazeville ou de Carmaux qui témoignent de l'effondrement des petites villes n'ayant qu'une seule activité industrielle. [Renvoyer à la carte de synthèse : en citant d'autres régions que vous aurez placées sur cette carte]. Ces territoires souffrent de nouvelles logiques spatiales apparues avec la troisième révolution industrielle. Si on prolonge l'exemple de la sidérurgie, les usines ferment en Lorraine ou dans le bassin minier du Nord dans les deux dernières décennies du XXe siècle et sont transférées à Dunkerque ou à Fos-sur-Mer. Cette sidérurgie sur l'eau est le témoin de l'insertion de la France dans la mondialisation qui bouleverse les territoires industriels de notre pays.

[II. Les effets de la mondialisation]

La mondialisation serait « l'émergence du monde comme espace, et les processus par lequel l'étendue planétaire devient un espace », C'est la définition qu'en donne Jacques Lévy en 2003 dans son *Dictionnaire de la géographie et de l'espace des sociétés.* Certains chefs d'entreprise réfléchissent donc à l'échelle planétaire et non plus à l'échelle de leur région ou de leur pays. C'est le cas notamment des chefs de grosses entreprises (les FTN, Firmes TransNationales).

[1. Le territoire de l'entreprise n'est plus national]

Pour une entreprise de la taille de Renault, le « territoire industriel » n'est plus national mais international. Il s'agit pourtant, à son origine d'une entreprise française créée en 1899. Elle est nationalisée en 1945 puis privatisée en 1996. En 1999, elle fait alliance avec Nissan (entreprise japonaise) et Dacia (entreprise roumaine). L'année suivante, elle rachète Samsung Motors (entreprise coréenne). En 2013, elle prend une participation supérieure à 50 % dans Lada-AvtoVaz. (entreprise russe) et la même année un accord est signé avec Dongfeng Motor Corporation pour créer une coentreprise qui sera active en 2016 et produira des voitures en Chine à Wuhan (capacité 150 000 véhicules). Le groupe est devenu mondial et son chiffre d'affaires est de 42 milliards d'euros. Il emploie 122 000 salariés dans le monde, est présent dans 118 pays et a vendu 2 722 000 véhicules en 2011 (6 610 000 avec Nissan).

Dans un premier temps, Renault s'est développé en France (treize usines) puis dans un deuxième, il s'est déployé en Europe, notamment en Espagne, au Portugal et en Slovénie. Le groupe se déploie aussi en Amérique latine. Grâce à son alliance avec Nissan — le groupe possède 44 % de Nissan — et son rachat de Samsung, Renault s'implante en Asie, et peut enfin voir s'ouvrir le marché américain, africain et celui du Moyen-Orient. Renault et Nissan sont présents dans tous les États développés et/ou très peuplés (Brésil, Chine, Inde, Iran, Turquie) mais dont le pouvoir d'achat est encore faible. C'est dans ces pays que Renault vend en masse sa voiture à faible coût, la Logan. Renault est-elle devenue une *World Company*, c'est-à-dire une compagnie qui envisagerait son activité de manière totalement mondialisée ? Les ventes du groupe à l'international augmentent chaque année (37 % des ventes hors Europe en 2010) mais Renault vend encore plus d'un quart de sa production en France (27 %) et y possède plus de 10 usines. Néanmoins, on voit apparaître un début de logique spatiale avec de plus en plus d'entreprises Renault-Nissan en position littorale (ex : Curitiba au Brésil, Casablanca et Tanger au Maroc, Chennaï en Inde ou Busan en Corée du Sud…) ce qui pourrait faciliter les échanges à l'intérieur du groupe.

Si les entreprises françaises investissent dans des pays étrangers, de nombreuses entreprises étrangères investissent également en France. On mesure souvent ce mouvement en termes d'IDE (investissements directs à l'étranger). Le terme IDE regroupe deux types d'opérations. D'une part, celles réalisées *par croissance interne* au sein d'une même firme transnationale entre la maison mère et ses différents établissements implantés à l'étranger (filiales, bureaux de représentation, etc.) : création ex-nihilo d'unités nouvelles, extension des capacités de production des unités déjà existantes ; flux financiers entre établissements (augmentation de capital, prêts et avances de trésorerie par la maison mère, etc.), réinvestissement local des bénéfices. D'autre part, celles réalisées *par croissance externe*, à condition d'atteindre au moins 10 % du capital de l'entreprise étrangère convoitée : ce seuil est désormais retenu internationalement pour distinguer les IDE des « investissements de portefeuille », par définition beaucoup plus volatils et correspondant aux prises de participation inférieures à 10 % du capital d'une entreprise.

Par exemple, une entreprise chinoise nommée Synutra a organisé une opération par croissance interne en créant une nouvelle unité locale de production de lait en poudre pour nourrissons hors de Chine. Cette nouvelle unité sera située en Bretagne, dans la ville de Carhaix. Synutra va investir entre 60 et 80 millions d'euros pour construire sa nouvelle usine. C'est donc plus de 100 millions d'euros (avec les premiers frais de mise en route) d'IDE qui vont sortir de Chine pour se diriger vers la France.

En 2012 la France a ainsi bénéficié de 25 milliards d'IDE entrants. Ces IDE se développent notamment dans les secteurs de l'innovation.

[2. Les territoires de l'innovation, les technopôles, « cluster »]

Pour présenter ces territoires de l'innovation, on peut prendre un exemple à grande échelle, celui du technopôle de Sophia-Antipolis. Il concentre des universités, des laboratoires de recherche où sont mis en avant les liens entre universités et entreprises, selon le modèle de la Silicon Valley. Dans ces territoires, il existe de forts investissements dans le secteur Recherche et Développement (R&D). Les choix de la localisation sont complètement différents des logiques industrielles passées. En effet, ce qui compte ici, est le climat, la proximité de la mer ou de la montagne, l'importance du cadre de vie, la présence d'universités… Sur la carte de synthèse, nous retrouverons plusieurs de ces pôles innovants : périphérie française Ouest, Sud, Le terme à la mode pour désigner ces territoires de l'innovation est le mot anglais « cluster ». On l'utilise notamment pour Saclay : on parle ainsi de cluster de Saclay ou de Paris Sud.

[3. Les nouvelles logiques spatiales]

Ces nouvelles logiques spatiales sont en premier lieu la littoralisation des activités industrielles, comme la sidérurgie sur l'eau (Dunkerque, Fos), ou la pétrochimie (Le Havre) (cf. : carte de synthèse). On voit également apparaître des déconcentrations industrielles dans les grandes villes comme à Rennes avec l'industrie automobile, ou encore le glissement de la production de la région parisienne vers l'Ouest. Par contre la décision et la conception restent en Ile-de-

France. De plus en plus d'entreprises industrielles se localisent le long des axes de transport et notamment le long des autoroutes et aux échangeurs à la périphérie des grandes villes [faire un croquis].

Certaines entreprises reviennent en France après une délocalisation plus ou moins ratée. C'est le cas par exemple de Décathlon qui avait délocalisé sa production de cycles en Chine et qui n'arrivait pas à satisfaire ses clients en raison des délais de livraison trop importants. Décathlon décide alors de rouvrir une usine à Lille pour être plus proche de la clientèle. On parle alors de relocalisation. Les deux dernières logiques spatiales sont l'héliotropisme et le cadre de vie. Le sud de la France est privilégié avec la proximité de la mer, de la montagne et l'importance de l'ensoleillement. La proximité des universités favorise encore les grandes villes en concentrant les activités et les hommes : c'est ce que l'on appelle la métropolisation, qui a tendance à structurer le territoire en archipel.

Ces nouvelles logiques spatiales supplantent les précédentes et dessinent une nouvelle France industrielle avec des territoires perdants et des gagnants.

[III. Les territoires industriels perdants et gagnants]

[1. Carte de synthèse]

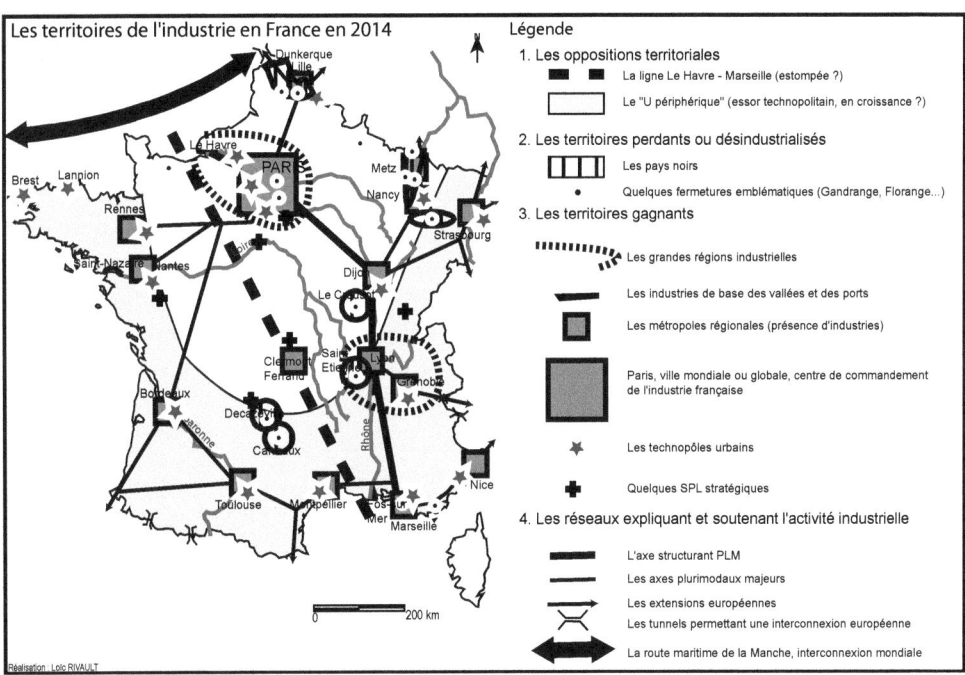

La traditionnelle ligne Le Havre – Marseille opposant un Est industrialisé et un Ouest sous-industrialisé s'estompe aujourd'hui. Par contre, il existe toujours une opposition entre la France du Nord plus industrielle et celle du Sud. Sur la carte de synthèse, il apparaît également que la « France du vide » moins peuplée est forcément moins industrielle. Ce sont les régions périphériques qui sont actuellement les plus dynamiques, on a pu parler de « l'U périphérique » qui va de l'Atlantique au Sud en remontant vers Est jusqu'à l'Alsace.

[2. Les territoires perdants]

Ce sont avant tout les « anciens pays noirs » : le bassin minier du Nord, les vallées industrielles (vallée du Gier entre Saint-Etienne et Lyon). Les logiques linéaires d'implantation industrielle qui les caractérisaient sont en complète disparition en France. Les villes petites et moyennes mono-productives (et donc très sensibles à la fermeture d'une usine) ont, elles aussi, beaucoup souffert, à l'image de Florange. L'industrie en milieu rural (et notamment les industries agroalimentaires) est également très touchée, ainsi en Bretagne autour de Locminé et de Josselin.

[3. Les territoires résistants ou gagnants]

Ce sont avant tout les grandes régions industrielles comme la région lyonnaise et parisienne qui concentrent de nombreux emplois et activités et notamment de nombreux technopôles. La politique des pôles de compétitivité a renforcé ses territoires. Des anciennes villes industrielles — comme Clermont-Ferrand avec la présence de Michelin — résistent, notamment grâce à l'accroissement des effectifs en recherche-développement.

Il n'y a pas que les grandes villes qui « gagnent ». De petites villes en milieu rural peuvent également tirer leur épingle du jeu comme Saint-Chély-d'Apcher et son usine sidérurgique. En effet, Arcelor-Mittal continue d'investir alors qu'il ferme les hauts fourneaux de Florange. Imphy dans la Nièvre avec ses aciers spéciaux résiste également à la crise sidérurgique. On a parlé alors de système productif local (SPL) pour la Mecanic Vallée, c'est ainsi que l'on a nommé un territoire interrégional allant de Tulle à Rodez, et passant par Brive, Saint Céré, Figeac, Villefranche et Decazeville. Dans cet espace s'est construit peu à peu un ensemble cohérent de plus de 210 entreprises et 14 000 emplois autour d'entreprises leaders au plan mondial : Blanc-Aero à Villefranche de Rouergue, Borg Warner à Tulle, Robert Bosch à Rodez, AD Industrie à Brive, Forest Line à Capdenac, Ratier Figerac à Figeac, Figeac Aero à Figeac, SAM Technologie à Decazeville) ou pour Plastipolis à Oyonnax.

[Conclusion]

De nombreux hommes/femmes politiques prétendent avoir la solution pour réindustrialiser la France. Il suffit de rétablir (plus ou moins) le protectionnisme et de fabriquer en France les produits dont on a besoin. Mais si produire en France peut être une alternative, il ne faut pas oublier qu'une part importante de la production française est exportée. Si on change de politique économique en intégrant un peu plus de protectionnisme, des territoires industriels gagneront des emplois et peut-être de nouvelles usines. En revanche, d'autres territoires souffriront et perdront des emplois (ceux liés aux exportations certainement) montrant que la localisation des activités industrielles est toujours évolutive et que de nombreux facteurs interviennent dans les choix des entrepreneurs, d'autant plus que notre planète n'a jamais compté autant d'ouvriers fabricant de nouveaux produits industriels mis sur le marché de plus en plus vite par rapport à leur conception.

19. Écrit 2. Commentaire d'un dossier de documents (géographie) : Les dynamiques d'adaptation des agricultures et des systèmes agroalimentaires en France

1. Analyse critique (notée sur 10 points).

Faites le commentaire composé des cinq documents proposés, en soulignant leur intérêt et leurs limites éventuelles pour la compréhension du thème.

2. Exploitation adaptée à un niveau donné (notée sur 10 points).

Rédigez un écrit de synthèse et élaborez un croquis, résultant de l'analyse critique des documents et visant à la transmission d'un savoir raisonné, en mettant en évidence les notions, les connaissances que vous jugerez utiles à un enseignement de géographie.

Document 1. Les stades d'évolution des systèmes agroalimentaires

Au stade agro-industriel, le développement de la consommation alimentaire hors foyer (dans les restaurants, mais aussi dans les cantines d'écoles, d'hôpitaux, d'entreprises, etc.) prend de plus en plus d'importance: elle représente une moyenne de 30 % de la consommation alimentaire totale. Les produits alimentaires subissent des conditionnements et des transformations de plus en plus poussés (première, seconde, troisième et même quatrième transformations) dans le cadre de filières agroalimentaires de plus en plus intégrées. Dans les cas où l'intégration est la plus poussée, comme pour les élevages industriels hors sol, l'agriculteur devient un travailleur à façon pris entre des firmes industrielles d'amont et d'aval auxquelles il est lié par des-contrats. Dans ce contexte, qui implique le passage à des productions de masse, la part du prix final qui revient au producteur agricole n'est plus que de 30 % en moyenne: elle est donc du même ordre de grandeur que celle qui revient aux services. La part la plus importante (40 %) va aux firmes industrielles, en particulier d'aval: ce sont elles qui pilotent le fonctionnement de l'ensemble de la filière et en déterminent les stratégies, y compris les stratégies territoriales. On relève ainsi une dissociation croissante entre aires de consommation et aires de production, cette dissociation pouvant opérer à l'échelle mondiale.

Les élevages industriels, en particulier ceux qui se trouvent implantés à proximité de ports, s'approvisionnent sur les marchés mondiaux de céréales et d'oléagineux et peuvent ensuite expédier leurs productions sur plusieurs continents (Diry, 2006). Cette forte intégration dans des flux mondialisés fait que, à l'image de bien des industries, les élevages industriels font désormais l'objet d'implantations nouvelles dans des pays tels que le Brésil, où la main-d'œuvre est moins chère et où les normes de respect de l'environnement sont moins contraignantes.

Avec le stade agrotertiaire, nous parvenons à l'étape ultime d'évolution des systèmes agroalimentaires. La consommation alimentaire hors domicile y devient à peu près équivalente à la consommation à domicile, avec des régimes alimentaires qui peuvent être très différents selon ces deux types de consommation. Le pilotage de l'agriculture demeure pour une bonne part le fait des industries alimentaires d'aval, mais il passe de plus en plus souvent aux mains des chaînes de la grande distribution de masse (supermarchés et hypermarchés). Même si les firmes de la grande distribution cherchent à conserver des approvisionnements locaux ou régionaux pour leurs différents magasins, une très grande part de ces approvisionnements s'effectue aux échelles nationale et internationale. Grâce à des sources d'approvisionnement de plus en plus mondialisées, la grande distribution se trouve à même de fournir tout au long de l'année des gammes très larges de produits à ses clients, en particulier des fruits et légumes, qui proviennent de tous les continents. Ces firmes sont aujourd'hui bien présentes dans les pays riches (en France, plus de 75 % des achats de produits alimentaires sont effectués dans des supermarchés ou des hypermarchés) et de plus en plus dans les pays émergents: Carrefour est implanté dans plus de trente pays; le groupe américain Wal-Mart, internationalisé plus tardivement, possède des magasins dans une quinzaine de pays. Le nombre de kilomètres parcourus par les produits agricoles et agroalimentaires avant de parvenir dans les caddies des consommateurs, ce que les auteurs anglo-saxons mesurent en *food miles,* est de plus en plus élevé: pensons aux fruits et légumes qui nous arrivent de l'hémisphère sud. Dans ces conditions, la part du prix final payé par le consommateur qui revient aux producteurs agricoles eux-mêmes ne peut être que de plus en plus limitée: 10% en moyenne à ce stade ultime d'évolution. Ceci s'applique à des agriculteurs qui, à l'image de certains producteurs brésiliens de café ou de soja, se trouvent à la tête d'exploitations géantes, couvrant des milliers et des milliers d'hectares, mais aussi à de petits producteurs qui sont souvent rémunérés en dessous des cours mondiaux. La part des services peut prendre une ampleur encore bien plus considérable. Ainsi, à Paris, un paquet d'un kilogramme de café permet aux patrons des bars et brasseries de vendre une centaine de « petits noirs », donc d'encaisser en moyenne 150 euros alors qu'à l'origine, le café peut être acheté aux producteurs à peine plus d'un euro le kilo... (Boris, 2005). Les consommateurs de produits alimentaires achètent désormais principalement du conditionnement, de la transformation, de la logistique et des services, et, au travers de la publicité, de plus en plus d'imaginaire.

Charvet J.-P., 2007, « L'agriculture mondialisée », *La documentation photographique*, n°8059.

Document 2. Les bassins agroalimentaires

Les grands bassins peuvent s'appréhender en tant que véritables « systèmes spatiaux » spécialisés, largement structurés par les flux qui animent la filière agroalimentaire et les rapports entre agents économiques. Ils sont notamment situés à la croisée du site d'implantation des industries agroalimentaires de première ou seconde transformation et du bassin d'approvisionnement en produits agricoles. Les productions s'articulent donc autour des outils de la filière, que ces derniers soient situés à l'extrême aval, autour des villes et des marchés de consommation, ou bien qu'ils restent proches des aires de production, sachant qu'une usine de transformation peut « exploiter » la matière première agricole présente antérieurement sur le territoire ou bien en susciter une nouvelle. Si le concept recouvre en partie la vieille notion de «

région agricole », on voit bien que le bassin et ses ateliers sont largement tributaires de la stratégie des industriels ou des services. Ainsi, la recherche de la régularité de l'approvisionnement et du moindre coût de la matière première — et donc la réduction des frais de collecte et de livraison — joue un rôle essentiel dans la constitution de ces aires. L'articulation entre entreprises et agriculteurs est déterminante: pour un industriel, il est toujours préférable de travailler avec des domaines de bonne dimension et, si possible, rapprochés les uns des autres, fournissant des matières premières avec une excellente traçabilité et des prix avantageux. Lorsque les achats sont fréquents et selon la théorie des coûts de transaction, l'industriel souhaite un réel partenariat avec ses fournisseurs, en passant par des contrats à moyen terme ou par une internalisation de la production du bien désiré, soit par contrôle partiel (sous-traitance) ou total (intégration). Quoi qu'il en soit, les logiques de concentration et de proximité géographiques ont tendance à s'imposer, au moins lorsqu'il s'agit de produits « génériques » pour lesquels l'avantage comparatif relève de données à caractère économique (meilleure maîtrise technique, structurelle et organisationnelle des unités de production et de transformation, rente d'innovation, etc.), Le véritable « bassin agroalimentaire » est une aire géographique dans laquelle on aboutit à cette juxtaposition, à ces chevauchements, entre l'espace des entreprises agroalimentaires et le bassin de production. Mais d'autres formes se dessinent également lorsque les firmes cherchent à constituer des réseaux de producteurs « professionnels », disposés à innover et qui dégagent des économies d'échelle. L'organisation spatiale repose alors sur des réseaux complexes (dispositif en archipel. association d'un noyau central et de noyaux secondaires), parfois à petite échelle : un « club » de producteurs efficaces, même éloignés les uns des autres, peut fournir la matière première nécessaire en recourant à des modes de transports rapides ; ce coût logistique relevant au final du livreur (prix rendu usine). Enfin, des organisations d'une tout autre nature apparaissent lorsque des ressources spécifiques sont présentes sur le territoire, en particulier lorsque l'on valorise une « qualité » particulière *via* un label ou un signe officiel de qualité et d'origine.

Guibert M., Jean Y. (dir.), 2011, *Dynamique des espaces ruraux dans le monde*, Editions Armand Colin, 201.

Document 3. L'aire d'appellation Roquefort

Carte consultable au lien suivant :

http://www.cairn.info/zen.php?ID_ARTICLE=SCPO_CIHEA_2007_01_0147

Frayssignes Julien, « Chapitre 5 — L'AOC Roquefort : une filière emblématique », dans CIHEAM, MediTERRA, 2007.
Presses de Sciences Po « Annuels », 2007 p. 147-184.

Document 4. Schéma synthétique des types de processus de territorialisation de l'agriculture

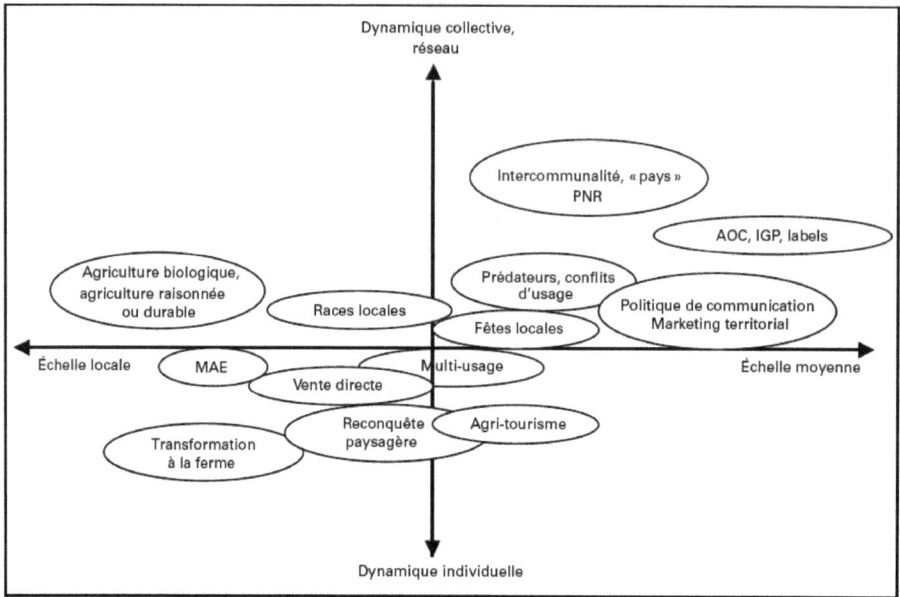

Rieutort L., 2009, « dynamiques rurales françaises et re-territorialisation de l'agriculture », *L'Information géographique*, 2009/1 — Vol. 73, pages 30 à 48

Document 5. Histoires d'AMAP franciliennes : quand manger met le local dans tous ses états

Les quinze dernières années ont vu le renouveau des circuits courts alimentaires dans tous les pays du nord quand l'internationalisation croissante des marchés et le développement d'instruments efficaces de distribution alimentaire les avaient partout fait reculer au point de les rendre « désuets » et, de toute façon, « antiéconomiques » dans la dernière moitié du XXe siècle (Aubry et Chiffoleau, 2009 ; Amemiya, 2011). Inquiétudes écologiques et crises alimentaires répétées ont en effet conduit à des revendications fortes d'un « bien manger » qui tient tant du « manger sain » (Zimmer, 2011) que du « manger juste » dont une des déclinaisons est le « manger local » (Fumey, 2010). Les *short food supply chains* sont ainsi plébiscitées en lieu et place du *globalized agrifood system* (Morgan et *al.*, 2006) : elles placent l'agriculture sous le regard vigilant du consommateur et permettent la traçabilité du champ à l'assiette ; elles requièrent une main-d'œuvre importante, réduisent les *food miles* et contribuent à la création de liens sociaux entre producteurs et consommateurs, tous éléments constitutifs d'un développement durable devenu nouveau paradigme depuis le rapport Brundtland. Loin des modalités anciennes, à l'image des marchés de plein air, la plupart de ces initiatives récentes « *comportent des allégations de nouveaux liens entre production et consommation, ou entre producteurs et consommateurs, en rupture avec le système dominant* » (Deverre et Lamine, 2010) si bien qu'elles ont été qualifiées, dans la littérature anglo-saxonne d'abord (Venn et *al.*, 2006 ; Goodman et Goodman, 2009) puis française, de « *systèmes agroalimentaires alternatifs* » (Maréchal, 2008).

Les Associations pour le Maintien de l'Agriculture Paysanne ou AMAP, nées en France en 2001, participent de ces processus nouveaux dans le cadre d'une Économie Sociale et Solidaire (Dubuisson-Quellier et Lamine, 2004 ; Lamine, 2008). Fruits de la rencontre entre un groupe de consommateurs et un ou plusieurs agriculteurs, elles veulent promouvoir un modèle alternatif tant de consommation que de production. D'un côté une consommation « *engagée* » (Dubuisson-Quellier, 2009) ou « *critique* » (Pleyers, 2011), qui brise avec les circuits conventionnels de la distribution, de l'autre un modèle agricole quasi militant autour de nouvelles manières de produire (le bio à tout le moins le raisonné) et autour de circuits courts dans un rapport direct avec le consommateur (Amemiya, 2007 ; Le Caro, 2011). Dans ce nouveau pacte solidaire entre les deux parties qui partagent désormais les aléas de la production, le consommateur deviendrait un « *consom'acteur* » (Verhaegen, 2011) et l'agriculteur un paysan soucieux de son bien-fonds – la terre considérée comme un bien commun – engagé dans une agriculture de proximité et désireux de s'inscrire dans une logique de durabilité. Le maître-mot est celui d'un retour au local tant de la production que de la consommation, avec tous les effets de développement attendus dans une nouvelle synergie entre la ville qui abrite les consommateurs et la campagne les agriculteurs – campagne désormais périurbaine pour près de 75 % du potentiel de production agricole (Agreste Primeur, 2013 – (De lindt et Bingen, 2007 ; Rieutort, 2009).

Monique Poulot, « Histoires d'AMAP franciliennes : quand manger met le local dans tous ses états », *Territoire en mouvement Revue de géographie et aménagement* [En ligne], 22 | 2014, mis en ligne le 15 juin 2014, consulté le 17 octobre 2014. URL : http://tem.revues.org/2388.

ANNEXE

Programme d'histoire et de géographie en classe de seconde générale et technologique. Bulletin officiel n° spécial 4 du 29 avril 2010.

Sociétés et développement durable

Thème introductif – Les enjeux du développement *7-8 h*

Question obligatoire	Mise en œuvre L'étude de cette question prend appui sur les problématiques indiquées et intègre des exemples.
Du développement au développement durable	Un développement inégal et déséquilibré à toutes les échelles. - De nouveaux besoins pour plus de 9 milliards d'hommes en 2050 - Mettre en œuvre des modes durables de développement .

Thème 2 - Gérer les ressources terrestres *14-15 h*

On choisit deux questions parmi les trois proposées	Mise en œuvre Chaque question est abordée à partir d'une étude de cas mise en perspective et prend appui sur les problématiques indiquées.
Nourrir les hommes	- Croissance des populations, croissance des productions. - Assurer la sécurité alimentaire. - Développer des agricultures durables ?

L'eau, ressource essentielle	- Inégalité de répartition et d'accès à la ressource. - Maîtrise de l'eau et transformation des espaces. - Gérer une ressource convoitée et parfois menacée ?
L'enjeu énergétique	- Besoin en énergie et gestion des ressources. - Impacts environnementaux et tensions géopolitiques. - Quels choix énergétiques pour l'avenir ?

Site Éduscol

Géographie 1re

France et Europe : dynamiques des territoires dans la mondialisation

Thème 2 – Aménager et développer le territoire français (24 – 26h)

Question – Les dynamiques des espaces productifs dans la mondialisation

« Les dynamiques des espaces productifs dans la mondialisation » est l'une des quatre questions à traiter dans le cadre du thème 2 « Aménager et développer le territoire français » auquel le programme préconise de consacrer 24 à 26 heures au total. Le professeur peut donc construire son projet sur la base de **6 à 7 heures**.

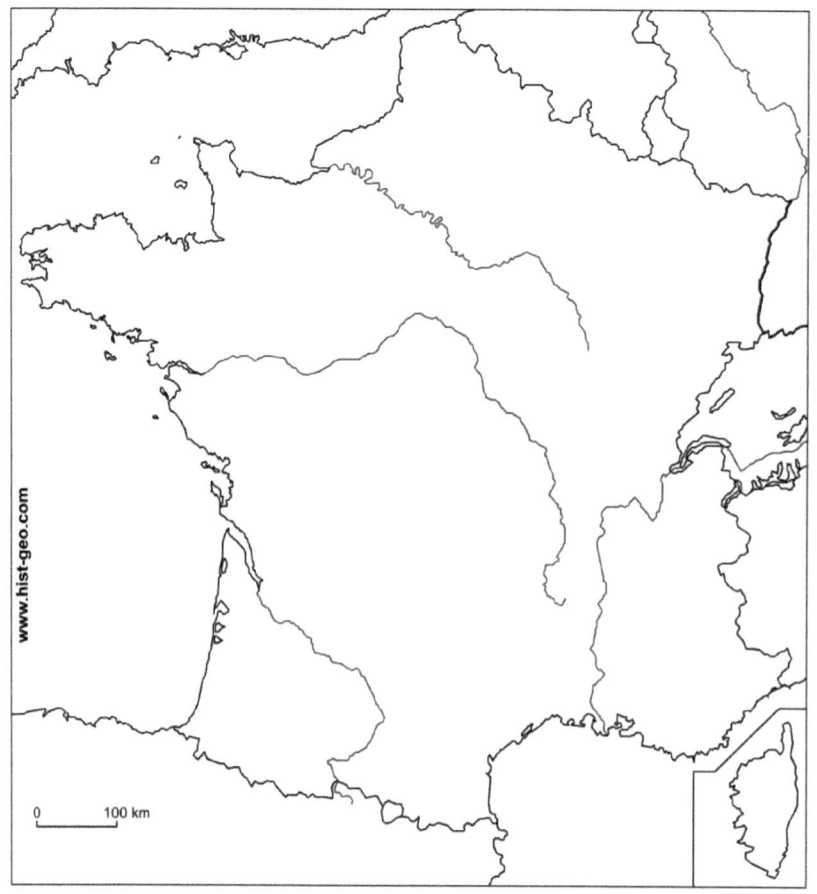

Réflexion sur le sujet

Un sujet tel que celui-ci implique une analyse attentive des termes. Il y est question de « dynamiques » et « d'implications territoriales ». Il conviendra donc de se focaliser sur les seules évolutions ou mutations et de s'attacher à la lecture dans l'espace de ces mutations. Le mot « adaptation » a également son importance. Il ne s'agit pas tant de s'attacher au décroît du nombre d'exploitations, mais plutôt aux stratégies ou trajectoires les plus contemporaines. Le terme de système désigne une entité ou un ensemble dont les éléments sont en interaction et en interdépendance les uns avec les autres, mais également avec un environnement extérieur. Ce principe d'interdépendance met en jeu des acteurs, des espaces et implique un raisonnement multiscalaire. Il fait bien sûr ici référence au concept de système productif (« l'ensemble des facteurs et des acteurs concourant à la production, à la circulation et à la consommation de richesses » — Carroué L., 2013). Ainsi « système agroalimentaire » ou « système alimentaire » peut être défini comme la « façon dont les hommes s'organisent et organisent l'espace aux différentes échelles afin de consommer et de produire leur nourriture » (Charvet J.-P., 2007). Il vous faut bien sûr relever les pluriels et en particulier celui d'« agricultures ». L'auteur du sujet suggère ainsi d'emblée une différenciation des trajectoires et des espaces agricoles.

Le thème proposé par le libellé peut tout à fait faire l'objet d'une accroche fondée sur des éléments d'actualité tels que les débats suscités par la mise en œuvre d'une nouvelle Politique Agricole Commune ou les tensions sociales générées en Bretagne par la déstabilisation du système agroalimentaire. Il convient donc de souligner l'intérêt du sujet et la sensibilité d'un débat qui touche tant à la vitalité de régions entières qu'à l'alimentation et à l'environnement, un sujet donc dont les implications sociales, sociétales et territoriales dépassent de très loin la seule activité économique agricole.

La présentation des documents doit souligner le fait que ceux-ci ont tous pour auteur des géographes. Ces documents sont extraits de revues ou ouvrages spécialisés, mais également de publications dont la vocation est de proposer des approches plus synthétiques ou des mises au point (*Documentation photographique, Information géographique*). Ces textes, schémas ou cartes proposent de prendre en compte tant l'échelon mondial (Charvet) que l'échelon local (Frayssignes, Poulot). Ces mêmes documents invitent à appréhender la complexité, la différenciation et les bifurcations des trajectoires agricoles et agroalimentaires et ceci par l'examen des dynamiques propres aux bassins de production (Guibert et Jean), par la mise en relief de processus de concentration et d'exclusion (Frayssignes) ou encore par le décryptage de « systèmes alternatifs » (Rieutort, Poulot).

La problématique peut être déclinée par un questionnement emboîté.

La première des interrogations est naturellement relative à la mondialisation et à la lecture de celle-ci. La seconde peut porter sur les différenciations induites en termes de stratégies et de trajectoires agricoles et agro-industrielles (une agriculture à la croisée des chemins ?). Enfin, le questionnement portera sur les capacités de l'agriculture à répondre aujourd'hui à l'ensemble des demandes sociales qui lui sont adressées.

Il est possible de concevoir un plan en trois parties :

I. Un système productif puissamment intégré, encadré et régulé

II. Le redéploiement d'une « agriculture multiforme »

III Des implications territoriales majeures

Première partie : analyse critique

[I. Un système productif puissamment intégré, encadré et régulé]

Il s'agit ici de mobiliser les documents 1 à 4. L'idée est de démontrer l'intégration des activités agricoles dans un système de plus en plus complexe.

On soulignera notamment des exploitations, des productions agricoles et des espaces agricoles aujourd'hui tributaires des industriels. Il faut faire mention des contrats et du développement des formes d'agriculture intégrée (Guibert et Jean). Ce processus de mise en dépendance de l'activité et des espaces agricoles s'opère également vis-à-vis de l'aval. Jean-Paul Charvet dépeint notamment un système agrotertiaire, « ultime stade d'évolution des systèmes alimentaires », dans lequel les firmes d'aval et notamment la grande distribution contribuent tout à la fois aux dynamiques de mondialisation et de concentration des activités de production alimentaire (la moitié des élevages hors sol se situe en Bretagne et Pays de la Loire — 77 % pour le cheptel porcin —, un tiers des bovins-viande est installé dans le Massif Central, les deux tiers des exploitations en viticulture d'appellation sont situés dans quatre régions, Rieutort L., 2009).

Les dynamiques d'intégration ou d'encadrement ne relèvent pas cependant des seuls acteurs privés ou du seul marché de masse. Il convient ici de faire référence au rôle d'une institution telle que l'INAO et à la définition de signes officiels de qualité (Frayssignes), au rôle croissant également des PNR ou des intercommunalités (Rieutort) dans la définition des trajectoires agricoles.

On soulignera qu'en matière de définition et d'encadrement des dynamiques agricoles aucun des documents ne porte explicitement sur la Politique Agricole Commune et les réorientations de cette politique (aides directes, déclinaison en piliers), ni même sur les négociations OMC. Ce sont pourtant là des éléments de contexte majeurs dont les implications sont essentielles à la compréhension des dynamiques qui aujourd'hui affectent tant l'agro-industrie que les exploitations agricoles.

[II. Le redéploiement d'une « agriculture multiforme »]

Les processus de mise en concurrence des producteurs et des espaces agricoles à un échelon désormais mondial (Charvet) engendrent des formes de marginalisation des espaces et des exploitations agricoles les moins aptes à contribuer à la production de masse de denrées standardisées et à bas coût. Par voie de conséquence, ce même processus fonde des stratégies de différenciation des produits fondées sur la qualité. Julien Frayssignes livre l'exemple de l'AOP (Appellation d'Origine Protégée) Roquefort dont le cahier des charges repose tout à la fois sur une délimitation territoriale (territorialisation) et sur des savoir-faire (itinéraire technique et mode de production). La définition de ces AOP implique très directement les exploitations agricoles mais également les industries agroalimentaires y compris d'envergure mondiale (la marque Société est majoritairement détenue par le groupe Lactalis). Laurent Rieutort invite à embrasser ces stratégies de différenciation et les acteurs de ces stratégies dans toute leur diversité. Nous relevons des dynamiques réellement collectives (projets agricoles associés à des intercommunalités, mise en place de filière de qualité). À l'opposé, d'autres actions à « forte dimension territoriale » (renaissance de races ou variétés végétales locales, produits agritouristiques, reconquête paysagère) sont portées par de petits noyaux d'exploitants. Les échelles mises en jeu sont de même très inégales. Ainsi, alors qu'une AOP ou la charte d'un PNR s'appliquent à l'échelle moyenne, d'autres créneaux (vente à la ferme) sont pensés à l'échelon le plus local. L'idée selon laquelle nous assistons à une divergence des trajectoires est enrichie par le document extrait d'un article de M. Poulot. Celle-ci traite de l'engouement actuel pour les circuits-courts, fait référence à des systèmes agroalimentaires alternatifs », « post-productivistes » dans l'esprit (« la terre comme bien commun »). Les AMAP en l'occurrence sont un exemple des dynamiques de relocalisation des productions alimentaires et une traduction des attentes contemporaines des populations citadines vis-à-vis d'une agriculture de proximité.

[III Des implications territoriales majeures]

Il existe une convergence entre l'ensemble des dynamiques précédemment exposées. Les unes comme les autres impulsent des formes d'exclusion territoriale. L'exclusion s'opère par la disqualification d'une fraction des espaces et des exploitations agricoles sur les marchés conventionnels. M. Guibert et Y. Jean font référence à un dispositif en archipel et à un club de producteurs. Il est ici question de sélection des espaces et des exploitations agricoles aux dépens des structures les moins concentrées ou des espaces les plus contraignants (exclusion par exemple des exploitations périurbaines d'un certain nombre de contrats légumiers). Les démarches qualité et en particulier les plus territorialisées d'entre elles (AOC – AOP) contribuent de même à une forme de ségrégation territoriale par une double marginalisation soit des exploitations hors de l'aire d'appellation, soit des exploitations en incapacité de satisfaire aux cahiers des charges.

Dans un contexte où la notion de durabilité fonde l'essentiel des discours relatifs à l'alimentation, à l'environnement et à l'espace agricole, la tendance à la reterritorialisation d'une certaine agriculture (Rieutort, Poulot) concourt cependant au renouvellement des liens ville-agriculture-nature (Poulot) et pourrait contribuer à la redéfinition de bassins tournés vers la satisfaction des besoins urbains. Parmi « les effets de développement attendus » (Poulot), on peut entendre maintien d'un tissu agricole suffisamment dense susceptible de servir de véritables projets de territoire (attention portée à la fonction nourricière, mais également attribution aux exploitations de fonctions paysagères, environnementales, sociales…). La dynamique est concomitante au processus de métropolisation et à la législation qui aujourd'hui accompagne ce processus (loi SRU). Elle s'inscrit donc dans un projet territorial et de société plus global.

[Conclusion]

La conclusion souligne une différenciation de plus en plus marquée des stratégies qui aujourd'hui fondent les dynamiques des agricultures et des systèmes agroalimentaires, et rejoint L. Rieutort qui, dans l'article dont est extrait le schéma, décrit une sphère agricole plus « multiforme » que duale. Il convient de noter la résurgence d'une problématique nourricière et la restructuration des espaces agricoles dans un triple contexte qui est celui de la mondialisation, de la métropolisation et de l'affirmation d'un « paradigme » de la durabilité. Ce dernier permet d'ouvrir ou de proposer un prolongement de la réflexion sur les défis posés en termes d'emplois, d'animation des territoires, de cohésion sociale et de préservation des ressources naturelles et foncières.

Seconde partie : exploitation adaptée à un niveau donné

Le sujet offre deux niveaux possibles de transposition didactique : soit la classe de seconde relativement à la notion de développement durable, soit la classe de première dans une approche de la mondialisation. Les questionnements ou problématiques d'enseignement pourraient être : en seconde : « en quoi l'agriculture constitue-t-elle un enjeu et un vecteur privilégié d'un développement durable ? » ; en première : « comment les espaces agricoles français relèvent-ils les défis de la mondialisation ? » La trame exposée ici propose une exploitation didactique relative au premier des deux questionnements.

Le paragraphe de transition-introduction s'appuie directement sur la dernière phrase de la conclusion précédente qui reprend les trois piliers du développement durable.

Les notions

Les notions à mobiliser sont relativement nombreuses. Il faut naturellement commencer par rappeler ce que l'on entend par « agriculture » (activité de production végétale à renouvellement rapide ou animale, à destination alimentaire ou industrielle).

Le questionnement imposera également de bien faire identifier aux élèves les catégories d'espace concernées. Il conviendra de leur faire distinguer les notions de « campagne », « espace agricole » et « espace rural ». L'espace rural n'est pas exclusivement agricole, l'espace agricole n'est pas nécessairement rural. La campagne est certes agricole, mais elle est composite et elle peut être « urbaine » ou périurbaine.

Les autres notions incontournables sont celles de mondialisation, territoire, territorialisation et éventuellement terroir. Chacune de ces notions doit être développée dans toutes ses dimensions, y compris culturelle. Il conviendra d'en souligner le caractère polysémique (notamment pour « territoire » et « terroir ») et de caler les propos sur une approche accessible à des élèves de 15-16 ans, mais conforme aux concepts géographiques.

La notion de développement durable devra faire l'objet d'un paragraphe plus étoffé. Le candidat rappellera les origines de la notion, sa filiation (jusqu'au club de Rome ?) et précisera donc qu'avec le développement durable, nous sommes bien en présence d'un projet de société ou politique et qu'en soi la géographie n'a pas pour finalité d'éduquer au développement durable. Le géographe peut néanmoins relever que l'injonction au développement durable fonde une relecture des fonctions de l'agriculture et des espaces agricoles. Autrement dit, un certain nombre d'inflexions dans les dynamiques territoriales sont directement imputables à la généralisation de l'objectif de développement durable et à sa traduction dans le dispositif législatif. Le candidat pourra noter que l'éducation au développement durable peut objectivement trouver sa place, par la logique de responsabilisation des acteurs qu'elle sous-tend, dans un enseignement à la citoyenneté.

Des notions plus spécifiques au thème de l'agriculture ou plus factuelles devront également faire l'objet d'une présentation : circuit court, signes officiels d'origine et de qualité, multifonctionnalité, agriculture de proximité, PAC, Surface Agricole Utile...

Narration

En quoi l'agriculture constitue-t-elle un enjeu et un vecteur privilégié d'un développement durable (exemple de la France) ?

Le plan de la narration pourra être structuré selon la logique suivante :

1. Un premier paragraphe introductif peut souligner que l'agriculture, dans la mesure où elle occupe les sols, a un impact direct sur les milieux naturels et assume la responsabilité de nourrir les hommes. Elle est donc au cœur des problématiques du développement durable.
2. Une agriculture française mondialisée. Il s'agira ici de dresser un tableau tout à la fois des grandes spécialisations régionales, de la puissance productrice et exportatrice française, de la mise en dépendance de cette agriculture vis-à-vis d'approvisionnements extérieurs (alimentation animale), des marchés internationaux, mais aussi et bien sûr des politiques européennes (PAC) et des négociations conduites dans le cadre de l'OMC.
3. Une agriculture dont les modalités sont cependant remises en cause (impact environnemental, crises sanitaires, recul du nombre d'exploitations et d'actifs agricoles...). Ce deuxième temps contextualisera ce processus de remise en cause en faisant référence notamment au renouvellement des attentes citadines vis-à-vis des espaces ouverts et conformément à l'émergence de la notion de développement durable. Ce même paragraphe fera mention de la reconnaissance officielle de la

multifonctionalité agricole par la dernière Loi d'Orientation Agricole et bien sûr explicitera l'orientation des réformes de la PAC.

4. On assiste aujourd'hui par voie de conséquence à une reterritorialisation de certaines exploitations agricoles fondée sur les produits dont l'origine et la qualité sont identifiées, sur des circuits courts. Parmi les voies empruntées, il faut citer les AOP et autres signes officiels d'identification de la qualité. Au-delà, nous pourrions distinguer et définir une agriculture de proximité et multifonctionnelle dont on veut qu'elle nourrisse la ville, crée du lien social, entretienne les paysages et préserve l'environnement. On ne peut cependant que mesurer les limites de cette agriculture notamment en termes de poids relativement aux filières conventionnelles. Par ailleurs ces mêmes dynamiques de territorialisation contribuent à une sélection des territoires (Aires des AOP, périphéries urbaines, zones touristiques) et donc à un processus d'exclusion. Enfin, elles n'impliquent pas nécessairement des itinéraires techniques conformes aux principes du développement durable (l'agriculture bio ne représente encore que 4 % de la SAU française).

5. La conclusion mettra en avant l'importance des enjeux économiques, mais également sanitaires, environnementaux, territoriaux. Elle soulignera que nous assistons bien à une bifurcation générale de la trajectoire agricole qui va dans le sens des objectifs du développement durable, que cette bifurcation néanmoins nous conduit aujourd'hui non plus à parler de l'agriculture, mais des agricultures françaises.

Le croquis

Celui-ci doit permettre d'étayer et d'éclairer les lignes de force de la narration didactique. Le plan de la légende fait donc directement écho à cette narration.

Le croquis proposé doit permettre aux élèves d'appréhender très concrètement l'effacement des « petites régions agricoles » traditionnelles, mais aussi et bien sûr les interdépendances tant avec l'agro-industrie qu'avec les échelons internationaux (exemples d'entreprises agroalimentaire, ports, pôle européen d'échanges agricoles, siège de la PAC…). Il est également possible de signifier des éléments de remise en cause d'un certain productivisme (pollution aux nitrates). L'indication de conflits autour de grands projets d'équipement doit permettre de souligner une forme de crispation autour des valeurs liées à l'écologie et l'implication de mouvements altermondialistes.

Le croquis met également en avant les deux formes majeures qui aujourd'hui consacrent un retour aux territoires : les AOP-AOC d'une part, le développement d'une agriculture de proximité (notamment autour des principaux organismes urbains) d'autre part. Il conviendra néanmoins de faire saisir que la première des deux démarches peut être conçue comme une adaptation à la mondialisation et donc comme argument de diffusion des produits à l'export. Inversement, l'agriculture de proximité est bien une forme de relocalisation des activités de production alimentaire soutenue dans le cadre des politiques de mise en œuvre de la « ville durable ».

La carte et sa légende sont pages suivantes >>>

Les agricultures en France, Mondialisation, territorialisation et développement durable.

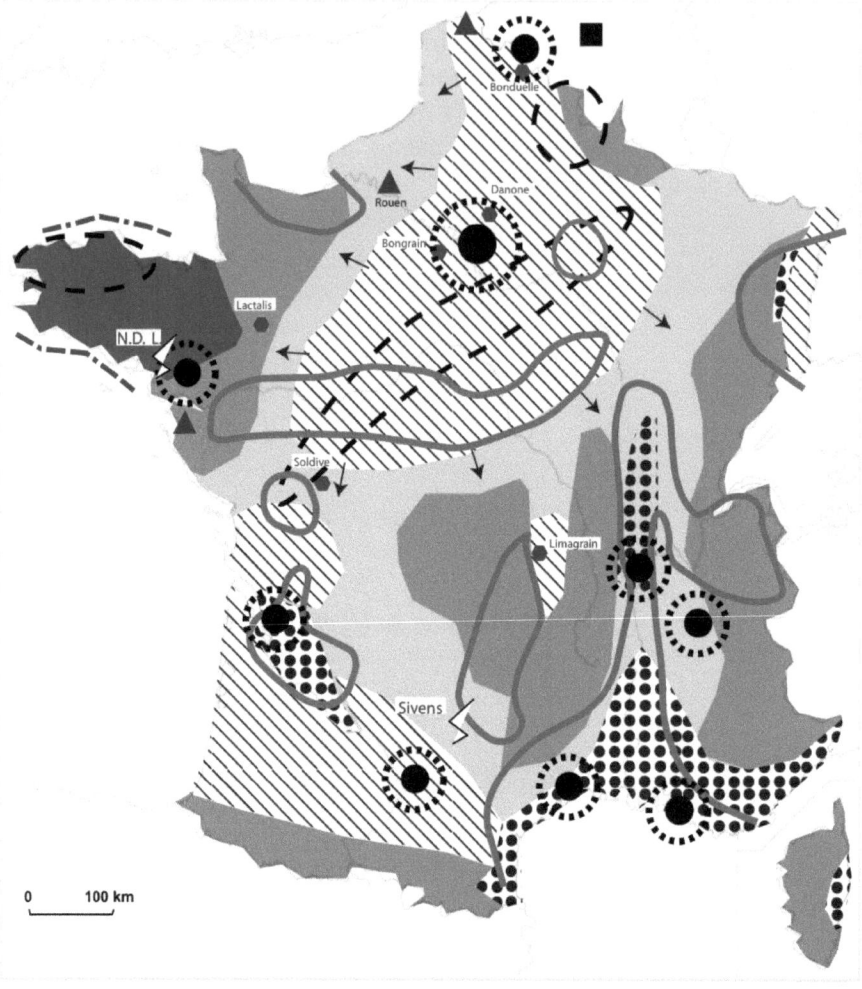

Légende :

Concentration spatiale et mondialisation :

Des espaces agricoles spécialisés,

- ﹨﹨﹨ Grandes cultures à dominante céréalière
- → Progression de la grande culture
- ■ Elevage intensif
- ■ Elevage plus ou moins extensif
- ■ Polyculture-élevage
- ⦂⦂⦂ Cultures spécialisées

intégrés aux marchés européens et mondiaux,

- ▲ Ports exportateurs de produits agricoles
- ■ Bruxelles - Echelon européen   ⌐⌐ L'Europe, premier pôle mondial d'échanges agricoles
- ⬢ Bonduelle Entreprises du secteur agroalimentaire présentes sur les marchés internationaux.

avec externalités négatives.

 "Algues vertes"

 Fortes teneurs en nitrates des eaux souterraines.

Territorialisation et développement durable :

Des stratégies de differenciation des territoires avec cahier des charges.

- ⬭ Aires principales d'ancrage des AOP et AOC.

Une dynamique de renouvellement des liens villes- campagne

- ☀ Développement d'une agriculture de proximité autour des principaux organismes urbains, promotion d'une "agriculture urbaine" durable.

De l'usage des sols. Tensions et conflits.

- ⟨ Manifestations pour la préservation d'un "patrimoine naturel" et foncier.
  Sivens

20. Oral 1. Mise en situation professionnelle (géographie) : Les conflits maritimes (plan détaillé)

Introduction

Définir les termes du sujet

Conflits maritimes : rivalités de territoires relatifs à la mer ou en mer. Dans son sens large, la mer est l'ensemble des eaux salées à la surface du globe dont la plus grande partie constitue en fait les océans. Dans un sens étroit, la mer s'oppose à l'océan. C'est une partie d'océan identifiée souvent partie bordière d'un océan comme la mer d'Irlande ou une étendue maritime relativement isolée de l'océan comme la Méditerranée ou encore une nappe d'eau salée intracontinentale comme la mer Caspienne.

On choisira les 20 dernières années comme bornes temporelles (depuis l'entrée en vigueur de la convention de Montego Bay en 1994).

Il existe des conflits maritimes sur l'ensemble de la planète, mais à différentes échelles. Il faudra donc essayer de varier les exemples et les échelles.

Problématique

Les conflits terrestres se poursuivent en mer, car les espaces maritimes sont de plus en plus appropriés par les hommes.

Bibliographie

Ouvrages particuliers :

LOUCHET André, (2014), *La planète océane, précis de géographie maritime*, Paris, Armand Colin.

MARTINAUD Claude et PARIS Franck, (2013), *Océans Mers et Iles. Appuis de la mondialisation. 50 fiches*. Paris, Ellipses.

MARCHAND Pascal, (2007), *Atlas géopolitique de la Russie. Puissance de demain ?*, Paris, Éditions Autrement.

ORTOLLAND Didier (dir.), (2010), cartographie, Jean-Pierre Pirat, avec la participation de Jean-Marie Auzende, Yann Bécouarn, Michel Brumeaux… [et al.], *Atlas géopolitique des espaces maritimes frontières, énergie, transports, piraterie, pêche et environnement/première cartographie exhaustive du plateau continental*, Paris, Éditions Technip,

SEBILLE-LOPEZ Philippe, (2006), *Géopolitique du pétrole*, Paris, Armand Colin.

Numéros de revue :

HERODOTE, 2009, 3ᵉ trimestre, *Pillages et pirateries*, article d'Alain Gascon, « La piraterie dans le Golfe d'Aden : les puissances désarmées », p. 107-124.

CARTO, n° 26, novembre-décembre 2014, le « continent » arctique.

Première partie (scientifique)

[I. Le problème de la frontière maritime]

Définition de la frontière : limites entre deux États

a. Liberté des mers contre contrôle des États de plus en plus important sur les mers. Cette volonté de contrôle débouche sur des tensions ou des conflits. Prendre un exemple : le rétrécissement de la mer Caspienne et sa transformation (discutée) en lac impliquent un changement dans la définition des frontières. On retrouve de ce phénomène dans plusieurs ouvrages : MARCHAND Pascal, (2007) *Atlas géopolitique de la Russie. Puissance de demain ?* Paris, Éditions Autrement, p. 62. Le titre de la carte est « Mer ou lac ? » ORTOLLAND Didier, (dir.), (2010), *Atlas géopolitique des espaces maritimes frontières, énergie, transports, piraterie, pêche et environnement/première cartographie exhaustive du plateau continental*. Paris, Éditions Technip, p. 89 à 94.

b. Accords de Montego Bay (entrés en vigueur en 1994), faire un croquis avec les différentes zones (12 miles, ZEE, plateau continental…). On pourra s'inspirer par exemple de TETARD Franck, (dir.), (2011) *Géographie des conflits,* Paris, SEDES. Le chapitre VI s'intitule « Mers et conflits » est rédigé par Mélanie Fournier, p. 132-150.

Voici le croquis qu'il faudrait présenter au jury et commenter.

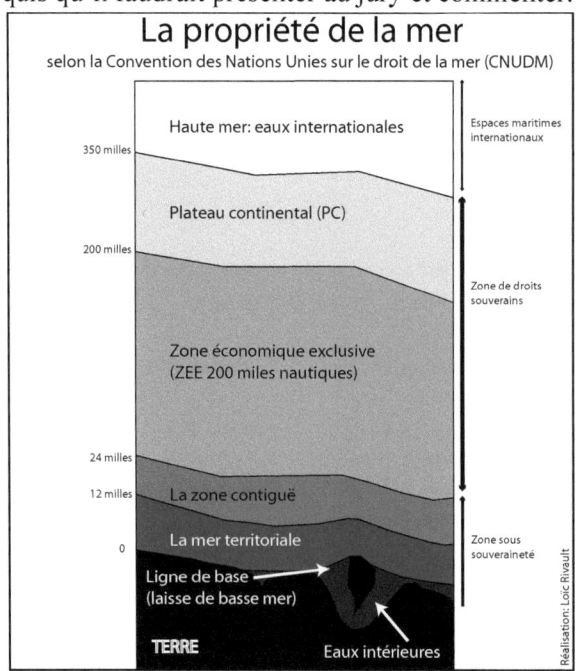

c. Prendre un exemple de conflit non résolu lié à la fixation des frontières, par exemple celui des îles Kouriles entre l'URSS (puis la Russie) et le Japon depuis la Seconde guerre mondiale.

Utiliser la carte de MARCHAND Pascal, (2007) *Atlas géopolitique de la Russie. Puissance de demain ?* Paris, Éditions Autrement, p. 66-67. Les îles contestées — Itouroup (Etorofu-to pour les Japonais) et Kounachu (Kumashiri-to) — y sont indiquées.

Transition

Ces conflits liés à la fixation des frontières maritimes prennent toute leur valeur pour l'exploitation du sol et du sous-sol.

[II. Ressources et enjeux]

Définir ressources : une ressource naturelle est un bien, une substance ou un objet présent dans la nature, et exploité pour les besoins d'une société humaine. Il peut donc s'agir d'une matière première (ex : pétrole), d'une ressource minérale ou d'origine vivante (le poisson).

a. Les conflits en mer de Chine : Spratley/Paracels

Partir de SEBILLE-LOPEZ Philippe, (2006), *Géopolitique du pétrole*, Paris, Armand Colin, p. 301, on y trouve une carte sur les contentieux et revendications maritimes en mers de Chine méridionale.

On peut également utiliser ORTOLLAND Didier, (2010), *Atlas géopolitique des espaces maritimes frontières, énergie, transports, piraterie, pêche et environnement*, Paris., Éditions Technip, p. 140-141.

On peut ici évoquer la puissance maritime chinoise qui s'étend en mer de Chine méridionale et envahit ces petites îles. Le but est de contrôler la route maritime et de pouvoir forer sans autorisation de ses voisins (pétrole offshore).

b. Vers le partage des mers et des ressources

Dans certains cas les États peuvent se mettre d'accord et arriver à un partage des ressources. Ainsi, l'accord de 2011 entre la Norvège et la Russie sur l'océan glacial arctique, ou celui de 2010 entre le Japon et la Chine à propos des Iles Senkaku et du pétrole.

Utiliser ORTOLLAND Didier, (2010), *Atlas géopolitique des espaces maritimes frontières, énergie, transports, piraterie, pêche et environnement.* Paris. Éditions Technip, p. 166, 146-147. Dans cette sous-partie on pourrait ne choisir qu'un seul exemple pour gagner du temps.

c. Malgré les tentatives d'accord, les tensions peuvent persister

On peut prendre ici l'exemple de la pêche dans le golfe de Gascogne. Un accord a été signé du 29 janvier 1974 entre France et Espagne. La France y a obtenu une compensation car la superficie de ses côtes est plus importante, surtout son plateau continental est plus vaste. Comme l'Espagne est légèrement désavantagée par l'accord, elle a obtenu une zone d'exploitation commune (que l'on peut représenter sur un croquis). Cet accord règle les conflits pour le sol et le sous-sol marin (cf. : pétrole) mais il ne règle pas les conflits pour les eaux surjacentes (cf. : pêche) et les Espagnols revendiquent une ZEE plus vaste) d'où la poursuite des tensions entre pêcheurs malgré les contraintes liées à la politique européenne de la pêche.

Faire un croquis (carte de ORTOLLAND Didier, 2010, *op. cit.*, p. 44-45).

Ces conflits liés à la ressource sont présents sur l'ensemble des mers et océans sur notre planète. Mais les conflits se cristallisent dans des lieux emblématiques de la mondialisation : les détroits et canaux

[III. Détroits et Canaux : les lieux emblématiques des conflits]

Un détroit est un bras de mer resserré entre deux rives, faisant communiquer deux mers, un canal est une construction d'un bras de mer artificiel permettant de relier deux mers entre elles (cf. de Suez, de Panama…)

a. Les routes maritimes : détroits et canaux, passages obligés

Partir d'une carte à l'échelle mondiale montrant les flux de pétrole dans le monde, car c'est le produit le plus échangé en tonnage sur la planète.

SEBILLE-LOPEZ Philippe, (2006), *Géopolitique du pétrole*, Paris, Armand Colin, p. 301. Deux cartes de ce livre peuvent être utilisées : une carte sur les flux de pétrole en 2003 (p. 39) et une carte sur les routes maritimes du pétrole avec les passages stratégiques (p. 45).

Il peut être bon à cette étape de changer d'échelle et de penser à faire le croquis d'un détroit, par exemple celui de Malacca en indiquant les tensions et conflits générés dans cet espace.

ORTOLLAND Didier, (2010), *op. cit.*, p 210-211.

Conflits environnementaux souvent en lien avec les routes maritimes (marées noires au large de la Bretagne, par exemple)

b. Nouvelles routes, nouveaux canaux, conflits environnementaux

Dans cette partie, il faut montrer que les nouvelles routes maritimes peuvent déboucher sur des conflits. On arrive ici à la fin de la leçon, donc il faut commencer à s'adapter en fonction du temps. S'il reste peu de temps, on pourra réutiliser la carte de Philippe Sébille-Lopez (p. 45), montrer les nouvelles routes et amorcer la problématique en espérant que le jury reviendra dessus dans la reprise.

S'il reste du temps au candidat, il pourra développer un autre exemple avec un nouveau document, par exemple dans *CARTO* n° 26, novembre-décembre 2014, plusieurs cartes sur le « continent » arctique (p. 19).

Le candidat doit notamment parler de banquise et de nouveaux détroits.

c. La piraterie

Voir Alain Gascon, « La piraterie dans le golfe d'Aden : les puissances désarmées », *HERODOTE*, 2009, 3e trimestre, « Pillages et pirateries », p. 107-

124 On peut utiliser la carte page 111 intitulée « la piraterie au large des côtes somaliennes et yéménites en 2009 ».

Dans cette troisième partie le candidat doit ajuster ou réduire son propos.

[Conclusion]

Faire un bilan des tensions et conflits qui peuvent aller jusqu'à la guerre (exemple de la guerre anglo-argentine des Malouines en 1982.

La liaison entre la partie scientifique et la partie pédagogique peut s'appuyer sur l'actualité d'un conflit maritime comme les négociations en cours entre le Japon et la Chine à Pékin. Cela permet de relativiser la prégnance du conflit et les emballements médiatiques liés à celui-ci.

Deuxième partie (pédagogique)

Un tel sujet peut être traité dans plusieurs parties du programme, mais ce doit être en lien avec la mondialisation et donc plutôt dans le cadre du programme de quatrième soit vers celui de terminale. Comme la notion de conflit est complexe, il semble ici plus judicieux de choisir le programme de terminale. Le thème 2 du programme de Terminale ES/L est intitulé « Les dynamiques de la mondialisation ». Dans ce thème, l'enseignant doit étudier avec ses élèves les territoires de la mondialisation et notamment les espaces maritimes avec une approche géostratégique qui correspond bien au terme de « conflits » du sujet.

Le document ou les documents qui pourraient servir de base pour cette leçon seraient les deux cartes de Philippe Sébille-Lopez sur les flux de pétrole et sur les routes maritimes du pétrole. À cette période de l'année, les élèves doivent déjà connaître cette carte des flux, il s'agit donc d'un rappel. En revanche, la deuxième carte permet de faire la liste des territoires de conflits et de comprendre donc les enjeux géostratégiques. On peut placer ensuite avec les élèves ces lieux sur une carte du monde. On pourra ensuite changer d'échelle et présenter les enjeux et acteurs à l'échelle d'un conflit local, par exemple dans le détroit de Malacca ou à l'entrée dans la mer Rouge (au large de la Somalie et du Yémen).

Quels objectifs pour cette leçon ?

Compléter les connaissances (détroits et canaux) pour l'élaboration d'une carte de synthèse.

Connaître les routes maritimes (aborder les nouvelles routes avec changement climatique).

Géostratégie ou géopolitique : décrypter un conflit, avec un travail à différentes échelles pour bien comprendre les enjeux et surtout les acteurs.

Quelle production graphique réaliser ?

Une carte du monde avec les routes maritimes, les grands ports et les lieux de tensions. On peut y ajouter par exemple les actes de piraterie pour mettre en évidence le lien entre routes maritimes et piraterie.

Reprise : principales questions qui pourraient être posées à un candidat

Quelles sont les conférences ayant eu lieu avant sur le droit de la mer ?

Dans quel pays se situe Montego Bay ?

Comment les îles sont-elles intégrées dans cette convention ?

Dans la convention de Montego Bay, on parle également des « eaux archipélagiques », pouvez-vous nous expliquer ce terme ?

On parle de plus en plus de l'extension du plateau continental ?

Définissez les concepts de géopolitique et géostratégie

Quel géographe français a réhabilité ce concept de géopolitique en France ? Quand ? À quelle occasion ?

Vous évoquez la guerre des Malouines. Pouvez vous développer, nous parler des belligérants, des acteurs, des enjeux…

Vous avez parlé de banquise et de cercle polaire, définissez.

Vous n'avez pas parlé de conflits maritimes en lien avec l'immigration. Connaissez-vous un exemple de ce type de conflits ?

Idem avec trafics illégaux et drogues ?

Existe-t-il des conflits maritimes en lien avec la protection de la nature ?

Connaissez-vous des marées noires ayant touché une région française ou/et une région américaine ?

Peut-on traduire *offshore* en français ? Qui fore le pétrole *offshore* ?

Pourquoi la Somalie n'arrive-t-elle pas à arrêter les pirates ?

Pour les États-Unis, on parle souvent de « puissance navale ». Définissez ce concept de puissance.

La France est-elle une puissance navale ? Autres exemples ?

Quel type de projection est utilisé dans la carte empruntée de la Revue *CARTO*, n° 26, page 19 ? Quels sont les avantages de ce type de projection ?

Quel document auriez-vous pu choisir pour la classe de 4e ?

Comment définir la mondialisation en quatrième ? Et la géopolitique ?

21. Oral 2. Analyse de situation professionnelle (géographie)

Enseigner les espaces productifs au collège.
Qu'apportent les dimensions culturelles à la compréhension des espaces ?

I. Éléments de présentation de la situation professionnelle : espaces productifs et aménagement du territoire

Document 1 : extrait *Eduscol* « Aménagement et développement du territoire français », Thème 1, *Les espaces productifs* (9 à 10 heures, évaluation comprise).

Connaissances	Démarches
Les espaces productifs industriels, agricoles et de service sont étudiés dans leurs permanences et leurs dynamiques.	Trois études de cas à l'échelle locale : - Un espace de production à dominante industrielle ou énergétique - Un espace de production à dominante agricole - Un espace touristique ou de loisirs, ou un centre d'affaires. Chaque étude de cas débouche sur une mise en perspective à l'échelle nationale et intègre les problématiques du développement durable.
Capacités	
Localiser et situer les espaces retenus pour les études de cas Décrire et expliquer : - des paysages agricoles, industriels et de service et/ou touristique - les facteurs de localisation d'une activité à l'échelle locale Identifier des activités et des acteurs économiques Expliquer le fonctionnement d'un espace productif, en recourant à différents niveaux	

Document 2 : manuel d'histoire-géographie de la classe de 3ᵉ. Paris, Magnard, 2013, p. 254-255.

II. Éléments d'analyse scientifique et méthodologique de la situation professionnelle :

Document 3 : Di Méo Guy, « La géographie culturelle : quelle approche sociale ? », *Annales de géographie*, 2008/2 n° 660-661, p. 47-66.

« Quelques apports positifs de l'approche culturelle en géographie,

Pour des géographes sans doute trop attachés aux phénomènes visibles, aux réalités matérielles et concrètes du terrain, aux causalités linéaires comme à l'empirisme méthodologique, pour une géographie sociale parfois focalisée sur les inégalités et les rapports dissymétriques de type centre/périphérie, la prise en compte majeure des cultures a permis, selon le mot d'Augustin Berque, « d'être un peu plus loin des faits et un peu plus près des significations » (*L'Espace géographique*, 1981). Ainsi, la géographie culturelle, à partir des années 1970-1980, s'inscrit dans tout un courant de remise en question des conceptions positivistes de la science en général et de la géographie en particulier. C'est loin d'être un mal, à la condition toutefois que cette dimension culturelle ne survalorise pas et n'éclipse pas les autres, économique et politique en particulier. À la condition, également, qu'elle s'inscrive dans le cadre des logiques sociales et de leurs enjeux ; que la culture ne soit pas conçue comme une détermination définitive des rapports humains et de leur dimension spatiale… À l'approche culturelle pourrait alors revenir, dans la figure d'une répartition des tâches de la compréhension du monde par la géographie, celle que propose Christine Chivallon, à savoir « la prise en compte des phénomènes liés aux systèmes de valeurs, aux idéologies et aux langages symboliques en général pour montrer comment l'espace est en mesure de les traduire » (Chivallon, 2003). Admettons cependant, dans la mesure où ces phénomènes relèvent, comme on l'a vu, d'une production sociale, que cette approche se concilie parfaitement avec la géographie sociale, dans le cadre d'une géographie cognitive et critique dont nous dirons quelques mots en conclusion.

L'un des intérêts majeurs du tournant culturel en géographie est peut-être d'avoir introduit, dans les méthodes de notre discipline, une approche interprétative, une herméneutique soucieuse de déconstruire et de contextualiser largement les faits qu'elle étudie. Fidèle à Max Weber, Clifford Geertz considère la culture comme des filets tissés par l'être humain, dans lesquels il serait suspendu. Pour lui, analyser et comprendre ces « filets » n'est pas « du ressort d'une science expérimentale à la recherche d'une loi, mais une entreprise interprétative à la recherche du sens » (Geertz, 1973). David Ley a bien précisé la nature de cette « recherche interprétative », en lui assignant pour objectif « de rendre compte des actions et des intentions de personnes considérées comme des acteurs compétents » confrontés aux événements et aux opportunités « qui se présentent à elles dans leur vie quotidienne » (Ley, 1988). Comprendre le rapport à l'espace, la territorialité de ces personnes, n'est-ce pas entrer dans les logiques qui président à leurs actions ? C'est faire la part de leur habitus et de leur capacité d'innover, mais aussi de leur aptitude à tirer parti de l'interaction sociale. »

III. Éléments d'analyse de la dimension civique de la situation professionnelle :

Document 4 : article de presse « À Helsinki, les anti-Guggenheim s'organisent », Emmanuelle Jardonnet, *Le Monde*, 16 septembre 2014.

La réalisation du futur Guggenheim Helsinki est l'une des grandes compétitions architecturales du moment. La mairie de la capitale finlandaise prévoit en effet de construire un vaste complexe culturel pour accueillir une nouvelle antenne de l'institution américaine. L'immense site choisi à cet effet, sur le port de la ville, devrait changer la physionomie d'Helsinki, lui donnant par là même une nouvelle identité… Et c'est bien ce qui dérange ses détracteurs.

Alors que l'appel à candidatures pour le projet vient tout juste de se clore, une contre-compétition propose de bousculer la belle mécanique. Un groupe d'acteurs artistiques locaux et internationaux (architectes, chercheurs, galeristes, commissaires d'exposition…) regroupés sous la bannière « The Next Helsinki » a ainsi lancé un appel à projets alternatifs.

« Le miracle Bilbao »

« On dirait que toutes les villes du monde rêvent d'être sauvées par l'effet Bilbao. Et si un bâtiment très spécial, conçu par un architecte très spécial, et sponsorisé par un musée privé très spécial s'installait et transformait une économie moribonde et une population sous-cultivée d'un seul coup en un noyau du tourisme et de l'art international ? », peut-on lire sur le site de The Next Helsinki.

Au-delà de moquer la démarche, le collectif estime que la ville risque de perdre son âme dans l'opération : *« La Fondation Guggenheim a lancé une compétition sur l'un des sites les plus beaux et les plus chers de la ville pour construire un nouveau bâtiment Guggenheim, avec l'espoir d'une transformation semblable au « miracle » de l'Espagne. La ville d'Helsinki est tentée de dépenser des millions d'euros municipaux afin que la ville bénéficie d'une marque qui appartient à quelqu'un d'autre. »*

Problématiques du thème, réflexion sur le sujet

Cette question vise à décrire quelques logiques d'organisation de l'espace économique français. Les frontières traditionnelles entre les secteurs d'activité (primaire, secondaire et tertiaire) s'effacent, du fait des liens de plus en plus étroits qu'ils tissent entre eux, et dans le contexte d'une économie dominée par le tertiaire. Le rapport entre activité économique, acteurs et territoire s'incarne aujourd'hui dans la notion d'espace productif, espace aménagé et mis en valeur par des acteurs dans le cadre d'une activité économique. Étudier la géographie des espaces productifs, c'est donc passer de leur description statique et économique à la prise en compte des dynamiques spatiales qui sont responsables de leurs transformations et qui prennent sens à différents niveaux d'échelle. Ces dynamiques mettent en évidence les changements qui sont à l'œuvre dans les localisations des populations et de leurs activités, dans les aménagements et les capacités de maîtrise des territoires ; elles ne peuvent être uniquement interprétées en termes de croissance positive ; une dynamique peut-être négative et traduire le déclin, la déshérence, la déprise.

Vous venez de tirer votre sujet en salle de préparation, et vous le découvrez : « Enseigner les espaces productifs au collège : Qu'apportent les dimensions culturelles à la compréhension des espaces ? » Comment traiter un tel sujet ?

Il n'est pas question, ici, de vous donner un « corrigé type » mais plutôt de vous fournir des pistes de réflexion, des indications et des propositions qui pourraient utilement être mobilisées pour traiter un tel sujet. Tout d'abord, un premier conseil : ne vous précipitez pas sur les divers documents du dossier. Lisez très attentivement le titre et le sous-titre de votre sujet, et notez toutes les références bibliographiques, tous les exemples qui vous viennent en tête alors que vous êtes en train de décortiquer chacun des termes.

Le titre de ce dossier fait clairement référence à un contenu d'enseignement qui correspond à une partie du programme de classe de troisième : « Les espaces productifs », sous-thème de la thématique plus générale « Aménagement et développement du territoire français ». Les espaces productifs, enseignés en classe de troisième selon leurs diverses appartenances (à dominante industrielle ou énergétique, à dominante agricole, touristique ou d'affaires) ont beaucoup évolué au cours des trente dernières années. La quasi-disparition des industries traditionnelles, ou, à tout le moins, leur recul, liés à la nouvelle division internationale du travail se sont traduites par la reconversion d'anciennes régions industrielles. Dans le même temps, d'autres activités ont émergé, notamment dans les grandes aires urbaines favorisées par leurs insertions physiques et/ou réticulaires avec les grands centres de la mondialisation.

Le sous-titre interroge la problématique des approches culturelles en géographie. Il s'agit là d'une question épistémologique classique à propos de laquelle vous avez nécessairement des références si vous avez sérieusement préparé votre concours. Vous regardez ensuite, stabilo en main, les différents documents qui composent votre dossier.

Rapide analyse du document 1 : il s'agit d'un extrait *Eduscol*, à ne pas confondre avec les programmes officiels. Il s'agit bien d'une fiche ressource, publiée sur le site *Eduscol* du Ministère de l'Éducation nationale dans le but d'aider les enseignant.e.s dans leur travail et leur réflexion. En l'occurrence, la problématique du thème précise d'emblée les mutations qui ont affecté l'espace économique français. L'ancienne partition en secteurs d'activités socioprofessionnelles de Colin Clark (primaire, secondaire, tertiaire) est aujourd'hui devenue obsolète au regard des mutations rapides qui ont affecté l'organisation de la production industrielle. L'industrie ne concerne plus seulement les produits matériels, elle englobe aussi de plus en plus des activités de production de biens immatériels ou d'objets comportant plus « d'esprit » que de matière (les ordinateurs, les logiciels par exemple). Les frontières entre secteur secondaire et secteur tertiaire sont de ce fait devenues de plus en plus insaisissables, d'autant que les entreprises industrielles ne peuvent se développer sans le concours de la recherche, de la gestion, des banques, des assurances, des services aux entreprises, autant d'activités considérées comme appartenant traditionnellement au secteur tertiaire. L'imbrication entre l'industrie et ce tertiaire « périproductif » est telle que l'on parle désormais de *système productif* pour évoquer cet ensemble complexe. Les auteur.e.s de la fiche ressource précisent, pour analyser ces mutations, qu'il convient de prendre en compte les dynamiques spatiales responsables de ces transformations, c'est-à-dire prendre en compte à la fois les modifications au cours du temps, le changement des interactions spatiales qui modifient le système spatial et la modification de la qualité des lieux. La « dynamique des territoires » représente assurément un domaine de la recherche géographique en plein essor depuis quelques années.

La démarche préconisée pour étudier ces différentes dynamiques repose sur une étude de cas à l'échelle locale. Cette démarche a été initiée en classe de 6e, et poursuivie en classes de 5e et 4e. L'étude de cas s'inscrit dans une démarche inductive ; à partir d'une situation précise (un territoire, un espace, un aménagement, un réseau, un phénomène), l'étude de cas invite à mettre en perspective progressivement les enjeux majeurs des mutations et les acteurs qui participent à ce processus.

Rapide analyse du document 2 : la double page de manuel, extraite d'un manuel de collège de 3e, fait le lien entre un grand aménagement urbain (la réhabilitation du quartier des docks à Marseille), et une dimension artistique et culturelle (la réalisation du MuCEM et la désignation de Marseille comme capitale européenne de la culture en 2013). Il s'agit donc d'analyser, à travers cet exemple de valorisation d'un espace, les différentes formes d'hybridation des pratiques et des formes de médiation des savoirs géographiques, où culture, art et espace convergent pour produire un nouveau type d'espace. Cela permet, conformément aux programmes, d'inscrire cet enseignement dans le domaine « arts de l'espace ».

Rapide analyse du document 3 : le texte scientifique est écrit par un géographe contemporain, Guy Di Méo, spécialiste notamment de géographie sociale. Pendant longtemps géographie sociale et géographie culturelle se sont opposées dans leur manière de penser les espaces et les sociétés. La démarche culturelle souligne d'ailleurs que tout chercheur ne peut interpréter la réalité qu'il aborde qu'au travers d'un certain nombre de filtres déformant tenant à son genre, à son âge, à ses origines ethniques ou à ses croyances religieuses, à son idéologie, à son histoire personnelle, à sa condition sociale. Pour toutes ces raisons, des géographes ont proposé une méthode qui relativise toute connaissance et la réfère à des contextes toujours situés, tant collectifs qu'individuels. On retrouve là les options du courant ethno-méthodologique d'origine anglo-saxonne qui s'intéresse de l'intérieur à la manière dont le groupe construit et négocie ses propres notions de l'activité qu'elle est en train de mener. Les partisans d'une géographie sociale « dure » considéraient en revanche que les cultures étaient rarement, et de toute façon insuffisamment, considérées comme des fabrications possiblement manipulées selon les stratégies ou luttes sociales du moment. Ils et elles reprochaient notamment aux tenants de la géographie culturelle de ne pas suffisamment tenir compte des effets primordiaux provoqués par la compétition et la recherche de distinctions, générateurs de ségrégation, relégation, marginalisation ou exclusion.

Aujourd'hui la hache de guerre à double tranchant, si tant est qu'elle ait été incisive, est enterrée. Géographes culturels et géographes sociaux s'accordent à penser que la société n'est pas « donnée » mais construite par des sociétés humaines, et que les groupes n'existent pas sans société et sans lien social. Ce texte de Guy Di Méo s'inscrit donc, en 2008, dans cette période où le tournant culturel intègre le social comme une catégorie culturellement définie et réciproquement.

Rapide analyse du document 4 : il s'agit d'un article de presse, récent, publié dans les colonnes du quotidien *Le Monde*. Il relate les actions d'un Collectif opposé à l'édification d'un musée Guggenheim à Helsinki. S'il ne fait pas référence à un exemple français, cette illustration d'une forme de participation à la vie démocratique s'intègre en revanche complètement au programme d'éducation civique de la classe de 3e (Thème 1 : La vie politique : le citoyen et les différentes formes de participation démocratique). Il permet de lire autrement la politique de régénération urbaine présentée dans le manuel à propos du MuCEM.

Préparation du plan et de l'introduction

Une fois ce travail d'analyse des documents effectué, vous commencez à avoir une connaissance précise de votre dossier. C'est le moment idéal pour faire une courte pause, manger un petit « en-cas » et boire. Cet entracte est généralement fructueux. Il vous permet à la fois de prendre des forces et du recul. Relisez vos notes, relisez le titre et le sous-titre, remaniez vos commentaires, corrigez d'éventuelles erreurs ou approximations qui vous sautent aux yeux, et commencer la réalisation de votre plan.

Le plan doit impérativement articuler les trois dimensions que le jury attend de cette épreuve : didactiques, épistémologiques et civiques. Votre exposé durera trente minutes. Votre introduction (qui reprendra les éléments de votre rapide analyse de chacun des documents avec la présentation de votre problématique et de votre plan) durera entre trois et cinq minutes. Ensuite chacune des parties durera entre sept et huit minutes. Comptez ensuite sur deux minutes de conclusion. Toute votre analyse s'appuiera sur les documents accompagnant le dossier, même si bien sûr vous mobiliserez également des savoirs de votre culture personnelle.

Votre introduction s'appuiera sur la problématique du dossier « qu'apportent les dimensions culturelles à la compréhension des espaces ? ». Vous présenterez tour à tour chacun des quatre documents fournis. Puis vous annoncerez votre plan.

I. La culture : une ressource pour les territoires ?

1. La culture comme ressource

2. La culture au cœur de la régénération urbaine

3. Valoriser un espace par la culture

II. Les apports de la géographie culturelle à la discipline

1. Un peu d'épistémologie

2. L'approche culturelle pour comprendre le processus de régénération urbaine à Marseille

3. La culture comme regard critique

III. Les enjeux civiques : être militant et s'engager pour défendre ses opinions

1. Le.la militant.e : un.e citoyen.ne engagé.e

2. L'exemple des anti-Guggenheim d'Helsinki

3. Les objectifs en termes de compétences de cette séance

[I. La culture : une ressource pour les territoires ?]

[1. La culture comme ressource]

Aujourd'hui, le système productif des pays occidentaux, de l'UE et de la France en particulier, a évolué à la fois dans les modalités de productions et dans les objets produits. Une place croissante est désormais prise par les compétences cognitives, l'originalité ou encore la créativité. Cette économie de la connaissance donne une part toute particulière à la culture et, de ce fait on assiste à l'évolution de l'économie vers une intégration plus grande des sensibilités, des pratiques et des usages. Un rapport français commun au ministère de la Culture et au ministère de l'Économie, datant de janvier 2014, montre que la culture contribue sept fois plus au PIB français que l'industrie automobile.

La culture est donc mobilisée comme « ressource territoriale », c'est-à-dire comme levier de développement pour les sociétés locales. Les travaux de Boris Grésillon[1] montrent que « la culture, au même titre que l'économie, le commerce ou les rapports sociaux, entre dans la composition de l'organisme urbain. Elle peut être analysée comme un élément, parmi d'autres, de l'urbain, s'exprimant à travers des lieux, des acteurs, et selon des logiques spécifiques ». C'est précisément ce que montre la première page du manuel. On remarque que celle-ci n'évoque pas directement la culture comme ressource territoriale mais plutôt le tourisme : « *Valoriser un espace par le tourisme* ». Cette entrée par le tourisme permet ainsi d'être conforme aux intitulés du programme, lesquels demandent d'analyser les espaces productifs à travers trois études de cas à l'échelle locale portant, comme le rappelle le document 1 sur : « un espace de production à dominante industrielle ou énergétique, un espace de production à dominante agricole, un espace touristique ou de loisirs, ou un centre d'affaires ».

---

1. Grésillon Boris, « Ville et création artistique. Pour une autre approche de la géographie culturelle », *Annales de géographie*, 2008/2 n° 660-661, p. 179-19

Indubitablement, l'exemple de Marseille s'inscrit dans cette dernière thématique. Mais, à bien des égards, il permet aussi de comprendre les logiques de reconversions industrielles actuellement en œuvre.

[2. La culture au cœur de la régénération urbaine]

La première page du manuel rappelle le contexte historique dans lequel s'inscrit ce projet du MuCEM (Musée des Civilisations de l'Europe et de la Méditerranée) : « dans les années 1990, un projet de réhabilitation du Vieux Port et du quartier de la Joliette est lancé ». De 1975 à 1999, la ville est passée de 345.500 à 293.000 emplois. En 1999, d'après Simon Ronai[1], la ville comptait encore 24 % d'ouvriers et 34 % d'employés, chiffres qui confirment la moindre mutation économique de Marseille au regard des autres métropoles régionales. La crise des industries traditionnelles a joué un rôle important dans la paupérisation du centre-ville, et, par ailleurs, le départ des couches moyennes vers la périphérie l'a aggravée. Cela n'apparaît pas dans le manuel, mais permet de comprendre le contexte dans lequel s'insèrent ces mutations sociospatiales. La transformation de la ville s'ancre ainsi dans un projet urbain beaucoup plus vaste, appelé Euroméditerranée. Il s'agit de la plus grande opération de rénovation urbaine d'Europe du Sud, reposant sur une reconversion des grands terrains industriels sous-occupés (à l'instar des docks de la Joliette présentés dans le document 2) en nouveaux quartiers économiques, commerciaux et résidentiels. Le MuCEM apparaît alors comme la figure de proue de ce vaste projet, figure de proue au sens propre comme au sens figuré puisqu'il est précisé, en termes de lecture artistique, que « la passerelle du musée rappelle celle des grands paquebots ». Ce processus a été amplifié par la désignation de Marseille comme « capitale européenne de la culture » en 2013, date à laquelle le MuCEM a ouvert. Depuis 2004, les 27 États membres de l'UE sont invités à accueillir à tour de rôle cette manifestation annuelle.

Cette évolution économique, au cœur de la régénération, s'accompagne évidemment de nouvelles activités, à la fois économiques et touristiques, sources de gentrification. La question n°6 de la page 255 peut inciter les élèves à réfléchir en ce sens, bien que peu de données puissent leur permettre d'argumenter : « En quoi des constructions comme celles du MuCEM ou du « Hangar du premier film » participent-elles à changer le système productif d'un territoire ? ». Cela fait écho au document 3, notamment lorsque Guy Di Méo prône l'idée que « la dimension culturelle ne survalorise pas et n'éclipse pas les autres [dimensions], économique et politique en particulier ».

[3. Valoriser un espace par la culture]

Dans ce contexte d'économie post-fordiste et de développement de l'économie basée sur les savoirs et les loisirs, certaines villes sont particulièrement bien placées pour jouer un rôle de villes festives et villes spectacles. Des géographes comme Richard Florida ou Allen J. Scott ont travaillé ces questions.

---

1. Simon Ronai, « Marseille, une métropole en mutation », *Hérodote* 2009/4, n°135.

Richard Florida a mis en avant la notion de « classes créatives » pour évoquer ces catégories sociales à la recherche de qualités des services urbains, et Allen J. Scott a exposé le rôle des activités culturelles dans le phénomène de métropolisation. L'explicitation par le contexte historique de l'étude de cas marseillaise précise de ce point de vue que « [la grande opération de réhabilitation du Vieux Port de Marseille et du quartier de la Joliette] vise à transformer les docks en bureaux et en boutiques, créer une salle de spectacles, des logements, accueillir de nouvelles entreprises et transformer l'image du quartier. Les activités portuaires laissent la place à des activités de services ».

Marseille concentre en effet un grand nombre d'avantages. Un large espace de friches situées en plein centre-ville, comme nous venons de le voir, mais aussi un site et une situation remarquables, comme l'aide visuelle et la photographie le suggèrent : au bord de la Méditerranée, à proximité du Vieux Port... Le dossier de candidature à l'événement « Ville européenne de la culture » doit en particulier, préciser comment, à l'intérieur du thème retenu, la ville européenne candidate entend (art. 3) notamment promouvoir le dialogue entre les cultures d'Europe et les autres cultures du monde, et valoriser le patrimoine historique et l'architecture urbaine ainsi que la qualité de vie dans la cité. Le document 2 issu du manuel est, à cet égard, très intéressant. L'acronyme MuCEM laisse entendre que les civilisations de l'Europe et de la Méditerranée seront à l'honneur dans ce musée. La double page ne présage pas de ce qui est exposé à l'intérieur de l'édifice. En revanche l'encart cartographique qui sert à localiser Marseille fait totalement abstraction de la rive sud de la Méditerranée. Marseille est localisée par rapport à la région PACA, laquelle est coloriée en orange dans un espace national coloré en jaune. La seule référence vraiment méditerranéenne apparaît dans la question 4 du manuel : « De quelle manière l'architecte est-il lié à la Méditerranée » ? La réponse attendue se trouve dans la courte notice biographique de Rudy Ricciotti : « Né en Algérie et d'origine italienne, il réalise ses études d'architecture à Marseille et vit aujourd'hui en Provence ». Le dialogue interculturel entre les deux rives de la Méditerranée apparaît donc relativement limité dans ces deux pages de manuel. En revanche, l'accent est davantage mis sur l'aspect patrimonial de la réalisation : « le hangar où fut tourné le premier film des frères Lumière est finalement conservé et intégré dans un institut dédié à la mémoire du cinéma ». Pourquoi cet inégal traitement entre l'esprit d'ouverture avec les cultures d'une part et la préservation du patrimoine d'autre part ? La réponse est sans doute à trouver dans l'article de Guy Di Méo lorsque ce dernier écrit : « comprendre le rapport à l'espace, la territorialité de ces personnes, n'est-ce pas entrer dans les logiques qui président à leurs actions ? C'est faire la part de leur habitus et de leur capacité d'innover, mais aussi de leur aptitude à tirer parti de l'interaction sociale ».

[II. Les apports de la géographie culturelle à la discipline]

[1. Un peu d'épistémologie]

Dans le livre posthume[1] qui lui a été consacré, Joël Bonnemaison définit la géographie culturelle de la manière suivante : « La géographie culturelle replace l'homme au centre de l'explication géographique : l'homme, ses croyances, ses passions, son vécu. La géographie culturelle se veut une science humaine, une approche particulière de la vie des gens. Cette approche géographique explore la pertinence du champ culturel dans la lecture du monde contemporain ; elle fait autant appel à des symboles qu'à des faits, à des émotions qu'à la raison ». Dans la géographie classique, la géographie est une science des lieux qui ne s'intéresse qu'aux aspects matériels et concrets, qui classe des objets visibles et refuse de s'attarder aux représentations. Jusque dans les années 1960-1970, les géographes concevaient leur discipline comme une science naturelle même lorsqu'elle traitait des aspects humains des distributions. Ils cherchaient dès lors à les expliquer en invoquant soit les conditions naturelles soit la logique économique. Le tournant culturel a opéré une véritable révolution dans la manière d'appréhender les objets géographiques. Désormais c'est bien le regard des autres qui guide celui des géographes. La géographie culturelle s'intéresse ainsi aux signes, aux symboles, aux discours. Elle prend en compte davantage le versant idéel de l'existence que son aspect matériel en portant un intérêt évident aux représentations et aux imaginaires. C'est bien ce que signale Guy Di Méo dans le document 3 lorsqu'il précise que « la géographie culturelle, à partir des années 1970-1980 s'inscrit dans tout un courant de remise en question des conceptions positivistes de la science en général et de la géographie en particulier ». Pour comprendre l'espace géographique, son organisation, les enjeux qu'il représente pour les différents groupes sociaux, n'est-il pas en effet nécessaire de s'interroger sur la perception qu'en ont les individus ? Paul Claval, fondateur en 1994 de la revue *Géographie et Cultures*, propose trois idées directrices de la géographie culturelle. La culture est une création collective et renouvelée des hommes. Elle les dote de codes qui leur permettent de s'adapter à des conditions changeantes et d'innover. La culture fournit aux hommes des moyens de s'orienter, de découper l'espace et d'exploiter les milieux. Les cultures varient dans le temps.

[2. L'approche culturelle pour comprendre le processus de régénération urbaine à Marseille]

Cette étude de cas croise idéalement les problématiques du thème préconisées dans la fiche *Eduscol* du document 1 : « Le rapport entre activité économique, acteurs et territoire s'incarne aujourd'hui dans la notion d'espace productif, espace aménagé et mis en valeur par des acteurs dans le cadre d'une activité économique ». Les années 1960 ont enclenché de profondes mutations

---

1. Joël Bonnemaison, (2000), *La géographie culturelle*, Paris, Éditions du C.T.H.S. Texte établi par Lasseur M et Thibault C.

dans la société marseillaise. L'idée de créer une zone industrialo-portuaire à Fos-sur-Mer et l'initiative de choisir Marseille comme métropole d'équilibre se sont effectuées dans le contexte de crise économique naissante et dans celui de la décolonisation et du rapatriement des Français d'Algérie et des Harkis. La désindustrialisation qui a suivi, puis le projet d'aménagement et de développement économique Euroméditerranée s'inscrivent totalement dans le processus de régénération urbaine qui affecte de nombreux territoires, en France et ailleurs dans le monde. Le MuCEM est l'un des derniers grands chantiers culturels, d'un coût de 167 millions d'euros financés à 65 % par l'État et à 35 % par les collectivités locales.

Il est fait allusion, dans le document 3, aux travaux de Christine Chivallon qui propose « la prise en compte des phénomènes liés aux systèmes de valeurs, aux idéologies et aux langages symboliques en général pour montrer comment l'espace est en mesure de les traduire ». Le document 2 est assez exemplaire de cette prise en compte. En effet, comme il en a déjà été question, la passerelle du musée rappelle celle des grands paquebots. Jusqu'aux guerres coloniales, Marseille, ville portuaire tournée vers la Méditerranée et deuxième ville de France, fut le cœur de l'Empire. Jean Viard a montré à travers ses nombreux travaux combien Marseille « ville passionnément géographique » symbolisait plus que toute autre la difficile relation de la nation France avec l'étranger. Premier port français, deuxième port de Méditerranée et troisième port pétrolier mondial, le port de Fos-Marseille constitue bien un élément phare de l'économie marseillaise, même si ce dernier perd peu à peu de son influence en Méditerranée. Le MuCEM apparaît d'ailleurs comme un phare, ouvert vers l'horizon, à l'entrée du port de Marseille.

Autre allusion symbolique à la culture méditerranéenne de l'œuvre architecturale, la notice biographique de l'architecte, censée incarner une « méditerranéité » plus ou moins réelle. Il est en effet précisé que cet architecte « travaille dans le monde entier (Allemagne, Italie, Corée du Sud...) ». Ces multiples allusions spatiales servent à présenter Rudy Ricciotti comme un acteur proche du star-system architectural (grand prix national de l'architecture en 2006) et à inscrire l'édifice dans une filiation méditerranéenne ; en effet l'édifice est recouvert d'une résille en béton évoquant le moucharabieh. À cet égard, la question 3 du document 2 apparaît quelque peu traîtresse pour des élèves de 3e : « Peut-on dire que le MuCEM s'intègre à son environnement » ? Une réponse tranchée pourrait paraître inappropriée ! Mais ces évocations internationales servent aussi peut-être, et surtout, à enraciner le programme muséal dans le processus mondialisé de la métropolisation. La culture s'affirme en effet comme un élément essentiel des politiques urbaines contemporaines. Esthétisme et émotions participent de cette volonté de transformer l'édification d'un musée en levier de sortie de crise, à l'instar du musée Guggenheim à Bilbao, du Louvre-Lens en France, ou du musée Titanic à Belfast. C'est bien dans cette tendance qu'il convient de situer la première page de manuel du document 2 « construit avec un béton spécialement mis au point, le MuCEM se présente comme une mégastructure de 15 000 mètres carrés comprenant deux étages d'exposition, un auditorium de quatre cents places et une librairie ».

[3. La culture comme regard critique]

Dans l'article du document 3, Guy Di Méo précise que l'approche culturelle n'a finalement de sens que si elle s'inscrit « dans le cadre des logiques sociales et de leurs enjeux » et « que la culture ne soit pas conçue comme une détermination définitive des rapports humains et de leur dimension spatiale ». En effet, la géographie classique ignorait les identités ; pour la géographie culturelle, au contraire, elles sont essentielles. Le territoire, précisément, repose sur un sentiment et sur une vision, et apparaît donc d'abord comme un espace d'identité ou d'identification. Celui-ci peut être imaginé ou rêvé, comme dans le cas des diasporas. Le territoire apparaît alors comme un nouveau paradigme qui répond à un certain nombre de fonctions géographiques, sociales et politiques, mais dont les raisons vont au-delà ; elles s'inscrivent dans l'univers de la mémoire, des représentations et des valeurs, comme le rappelle Christine Chivallon (document 3). Les références identitaires au passé légendaire de Marseille restent tangibles. « L'imaginaire de Marseille », comme l'évoque si bien Marcel Roncayolo, tourné vers les colonies et donc vers l'Afrique, est encore largement idéalisé.

Le cosmopolitisme, inhérent à la fonction portuaire de la ville et à sa position de capitale coloniale, *Porte de l'Orient*, a très tôt marqué l'image de la ville. Le port apparaît ainsi véritablement comme un élément récurrent de l'identité et de l'image marseillaises. La capitale phocéenne ville touristique ? Comment les mutations qui affectent depuis peu la métropole marseillaise sont-elles perçues par les populations locales ? De manière assez schématique, deux alternatives s'offrent finalement à Marseille : préserver d'une part cette identité à la fois méditerranéenne, portuaire, populaire, métissée et quelque peu rebelle qui colle à l'image de la ville, et qui, de ce point de vue fait « l'authenticité » de la ville par rapport à d'autres grandes villes plus ou moins muséifiées ; ou développer, d'autre part, le tourisme, les loisirs, le tertiaire et notamment le tertiaire supérieur, tel que le document 2 le prône. Ce processus de régénération urbaine, on le sait, s'accompagne également d'une transformation de l'habitat, de l'espace public, des commerces et d'une conquête de ces espaces par les catégories sociales les plus aisées, au détriment des plus modestes. La ville, fortement ségréguée entre les quartiers populaires au nord de la Canebière et les quartiers plus aisés au Sud depuis les années Defferre, s'apprête désormais à connaître de nouvelles discriminations sociospatiales. Un certain nombre d'acteurs luttent désormais contre ce processus de gentrification, comme le document 4 le montre à propos de la ville d'Helsinki.

[III. Les enjeux civiques : être militant et s'engager pour défendre ses opinions]

[1. Le.la militant.e : un.e citoyen.ne engagé.e]

En classe de troisième, le programme d'éducation civique amène les élèves à s'intéresser aux aspects de la vie démocratique et notamment de la vie politique. Dans ce cadre, il convient notamment de travailler les questions d'engagement. Dans la mesure du possible, il sera toujours préférable de faire correspondre cet aspect du programme avec des questions d'actualité prises dans la vie politique et sociale, en liens plus ou moins directs avec les programmes d'histoire ou de géographie. Être militant.e, précisément, correspond à un engagement pour défendre des opinions, un projet, dans des actions collectives. Aborder ces notions par le biais de débats argumentés semble tout à fait judicieux pour travailler *in fine* la prise de conscience que la démocratie exige la participation responsable de tous les citoyens.

[2. L'exemple des anti-Guggenheim d'Helsinki]

L'enseignement de la géographie contribue à la formation des citoyen.ne.s. L'exemple du projet du musée Guggenheim à Helsinki montre combien la reconversion d'anciens sites est mondialisée. À Helsinki tout comme à Marseille, ces musées s'inscrivent pleinement dans la longue lignée de projets de réaménagement post-industriels des fronts de mer. À la différence de Marseille, un collectif s'est créé dans la capitale finlandaise afin de sauver « l'identité » de la ville. Un collectif d'acteurs, regroupés sous la bannière « The Next Helsinki » propose de travailler sur des projets alternatifs. La problématique réside finalement, comme à Marseille, dans le choix d'une alternative très contemporaine : soit s'inscrire dans la mondialisation par le biais d'une attraction touristique emblématique telle que le Guggenheim ; soit refuser cette forme d'internationalisation et insérer la ville dans une forme de « singularité », à travers le développement de projets alternatifs. Pour le moment, contrairement à Marseille, le choix reste encore possible à Helsinki. Les différents acteurs du collectif, principalement des architectes, urbanistes, artistes, étudiant.e.s, habitant.e.s, hommes et femmes politiques, ont le projet entre leurs mains.

[3. Les objectifs en termes de compétences de cette séance]

Les compétences 6 et 7 en termes de savoir, savoir-faire et savoir être sont particulièrement travaillées par cette séance. En effet, en termes de savoir ils appréhendent les notions de citoyen et des différentes formes de participation démocratique. En termes de savoir-faire : les élèves devront notamment être capables de jugement et d'esprit critique ; de savoir distinguer un argument rationnel d'un argument d'autorité ; d'être éduqué aux médias et avoir conscience de leur place et de leur influence dans la société ; de savoir construire son opinion personnelle et pouvoir la remettre en question, la nuancer... En termes de savoir être : au terme de son parcours civique scolaire, l'élève doit avoir conscience de la valeur de la loi et de la valeur de l'engagement. Ce qui implique : la conscience de ses droits et devoirs ; l'intérêt pour la vie publique et les grands enjeux de société ; la conscience de l'importance du vote et de la prise de décision démocratique ; la volonté de participer à des activités civiques.

[Conclusion]

L'évolution de la prise en compte de la culture, à la fois dans les programmes d'enseignement (Arts et géographie), dans les politiques urbaines et dans la manière de faire de la (bonne) géographie accompagne les mutations sociales et sociétales dans lesquelles un grand nombre des sociétés contemporaines vivent. Comprendre ces mutations apparaît un enjeu de taille.

ANNEXE
Maquette officielle des épreuves du CAPES externe Section histoire et géographie

A. — Épreuves écrites d'admissibilité

1°. Composition.

La composition porte sur l'une des questions mises au programme.

À la composition peut être ajoutée une question complémentaire sur l'exploitation de la thématique proposée dans le cadre des enseignements.

Lorsque la composition porte sur la géographie, elle peut comporter un exercice cartographique.

Durée : cinq heures ; coefficient 1.

2°. Commentaire de documents.

À partir d'une analyse critique des documents scientifiques se rapportant au programme, le candidat propose une exploitation adaptée à une classe donnée. Il expose et justifie ses choix, ses objectifs et ses méthodes. Une production graphique peut être demandée.

Durée : cinq heures ; coefficient 1.

Lorsque la première épreuve d'admissibilité porte sur l'histoire, la seconde épreuve d'admissibilité porte sur la géographie. Lorsque la première épreuve d'admissibilité porte sur la géographie, la seconde épreuve d'admissibilité porte sur l'histoire.

B. - Épreuves d'admission

1°. Épreuve de mise en situation professionnelle.

L'épreuve porte sur une des deux disciplines, tirée au sort.

Le candidat construit un projet de séquence sur un sujet proposé par le jury, éventuellement accompagné de documents divers notamment de nature pédagogique (extraits de manuels, travaux d'élèves, etc.). L'exposé du candidat est suivi d'un entretien avec le jury, au cours duquel le candidat est conduit à justifier ses choix didactiques et pédagogiques.

Durée de la préparation : quatre heures ; durée de l'épreuve : une heure (exposé : trente minutes maximum ; entretien : trente minutes maximum) ; coefficient : 2.

2°. Épreuve d'analyse de situation professionnelle.

L'épreuve porte sur la discipline (histoire ou géographie) n'ayant pas fait l'objet de la première épreuve d'admission.

L'épreuve prend appui sur un dossier fourni par le jury. Le dossier, constitué de documents scientifiques, didactiques, pédagogiques, d'extraits de manuels, de productions d'élèves..., permet de présenter une situation d'enseignement en collège ou en lycée.

Le candidat en propose une analyse. L'entretien avec le jury permet de mesurer la réflexion du candidat sur les enjeux scientifiques, didactiques, épistémologiques, culturels et sociaux que pose l'enseignement de la discipline. Il permet aussi d'évaluer la capacité du candidat à se projeter dans son futur métier, sa connaissance réfléchie du contexte institutionnel et sa façon d'appréhender la variété des conditions effectives de l'exercice du métier.

Durée de la préparation : deux heures ; durée de l'épreuve : une heure (présentation du dossier : trente minutes ; entretien : trente minutes) ; coefficient 2.

Le programme des épreuves d'admissibilité et d'admission est constitué par trois grandes questions d'histoire et trois grandes questions de géographie articulées aux programmes scolaires. Il est périodiquement révisé et publié sur le site internet du ministère chargé de l'éducation nationale.

Table des matières

Les auteurs 3

INTRODUCTION

1. Les épreuves 7
Économie générale des épreuves 8
Dimensions scientifiques et épistémologiques 8
Dimensions pédagogiques et didactiques 9
Les épreuves écrites 11
Les épreuves orales 12
Dimensions civiques et sociales 14
Éléments de conclusion 14

2. Programmes et calendrier 17
Le programme du concours 17
Calendrier et déroulement des épreuves 17
Épreuve de mise en situation professionnelle 18
Épreuve d'analyse de situation professionnelle 19

Première partie
La préparation des épreuves écrites

3. Planning de travail : histoire 23

4. Préparation des épreuves d'histoire 27
Les bibliographies 27
Les manuels de base 28
Les sources 29
Dictionnaires, encyclopédies, glossaires et atlas 30
Les ouvrages spécialisés 32
Fiches de lecture, résumés 33

Exploiter les traces écrites par des fiches repères.. 34
Les exercices... 36
Fréquenter les bibliothèques 36

5. Les épreuves écrites d'histoire 39
La composition ou dissertation.. 39
L'épreuve de commentaire de documents 51

6. Planning de travail : géographie 63

7. Préparation des épreuves écrites de géographie 67
Suivre les cours et s'entraîner... 68
Établir des priorités.. 69
La géographie n'est pas une culture « hors-sol » 69
Être efficace (le travail personnel de préparation)... 72
Travailler en équipe(s).. 74

8. Passer l'écrit de géographie 77
La dissertation de géographie 77
Le dossier de documents 79
Le commentaire 81
L'exploitation didactique 83
La méthode du croquis 86

Deuxième partie :
La préparation des épreuves orales

9. L'épreuve de mise en situation professionnelle : histoire 101
L'exposé scientifique... 102
La dimension pédagogique 104
Les lectures complémentaires (didactique) 105
L'entretien avec le jury 106

10. L'épreuve de mise en situation professionnelle : géographie 109
Le temps de la préparation... 109
Bâtir la partie scientifique.. 110
Bâtir la partie pédagogique.. 110

Le déroulement de l'oral 111
Deux exemples d'oraux 113

11. L'ÉPREUVE D'ANALYSE DE SITUATION PROFESSIONNELLE :
   HISTOIRE 119
Comment préparer l'épreuve ? 119
Méthodologie générale de l'épreuve 120
Les lectures nécessaires (épistémologie et didactique) 122
L'exposé 126
L'entretien avec le jury 129
Annexe : portail de présentation du sujet zéro d'histoire 132

12. L'ÉPREUVE D'ANALYSE DE SITUATION PROFESSIONNELLE :
   GÉOGRAPHIE 133
Comment préparer l'épreuve ? 133
Les attentes du jury 135
Les lectures nécessaires (épistémologie et didactique) 137
L'exposé 139
L'entretien avec le jury 142

TROISIÈME PARTIE
SUJETS CORRIGÉS

13. ÉCRIT 1. COMPOSITION (HISTOIRE MÉDIÉVALE ET MODERNE) :
   LE PRINCE EN SES DEMEURES (FRANCE, ITALIE, XIVE-XVIIIE SIÈCLE) 147

14. ÉCRIT 1. COMPOSITION (HISTOIRE MODERNE) :
   LA CIRCULATION INTERNATIONALE DE L'INFORMATION
   EN EUROPE, ANNÉES 1680-ANNÉES 1780 169

15. ÉCRIT 2. COMMENTAIRE D'UN DOSSIER DE DOCUMENTS (HISTOIRE
   ANCIENNE) : L'ÉLABORATION DU PRINCIPAT,
   ENJEUX ET CONTENU DES « RÉFORMES » D'OCTAVIEN/AUGUSTE 191

16. ORAL 1. MISE EN SITUATION PROFESSIONNELLE (HISTOIRE
   CONTEMPORAINE) : L'ÉCOLE DE LA RÉPUBLIQUE (1870-1899) 209

17. ORAL 2. ANALYSE DE SITUATION PROFESSIONNELLE (HISTOIRE) :
   ENSEIGNER LA SECONDE GUERRE MONDIALE AU COLLÈGE,
   L'ÉVÉNEMENT EN HISTOIRE 215

18. Écrit 1. Composition (géographie) :
    Les territoires de l'industrie en France 225

19. Écrit 2. Commentaire d'un dossier de documents (géographie) :
    Les dynamiques d'adaptation des agricultures
    et des systèmes agroalimentaires en France 235

20. Oral 1. Mise en situation professionnelle (géographie) :
    Les conflits maritimes (plan détaillé) 251

21. Oral 2.
    Analyse de situation professionnelle (géographie) : 257

Annexe. Maquette officielle des épreuves du CAPES externe.
    Section Histoire et géographie 271